Regina Mahlmann
Was verstehst du unter Liebe?

Regina Mahlmann

Was verstehst du unter Liebe?

Ideale und Konflikte von der
Frühromantik bis heute

Wissenschaftliche Buchgesellschaft

Einbandbild: Mosaik, Darmstädter Hochzeitsturm
(Foto: H. Vogel)

© 2003 by Wissenschaftliche Buchgesellschaft, Darmstadt
Gedruckt auf säurefreiem und alterungsbeständigem Papier
Printed in Germany

Besuchen Sie uns im Internet: www.wbg-darmstadt.de

15926-8

Inhaltsverzeichnis

Liebe ist für die Frau Hingabe an den Mann und für ihn Hingabe an sein Potenzial – die Frau liebt den Mann, der Mann liebt sein Leben, manchmal beide einander.

Psychologische Konzepte und Eheratgeber vom 18. Jahrhundert bis zu den 40er Jahren des 20. Jahrhunderts

Liebe ist die Frage: Und was meinst du mit Liebe? Liebe ist alles bis nichts.
Liebe von den 50er Jahren des 20. bis zum Beginn des
21. Jahrhunderts

Du bist du. Und ich bin ich.
Bin ich ich, dann bin ich du.
Bist du du, dann bist du ich.
Bin ich ich, dann werd' ich du.

Werd' ich du, dann bin ich ich.
Dann bin ich du.
Bist du du, dann wirst du ich.
Dann bist du du. Dann bist du ich.

Annäherungen

Herzlich willkommen im Kreise derer, die über Liebe und Lieben philosophieren, erkennen möchten, welche Wandlungen unser Liebesverständnis durchlebt hat und welche Traditionen in unserem modernen Liebesleben noch heute wirken! Ich möchte Sie gern einstimmen und wähle deshalb Variationen von „Annäherungen". Lassen Sie sich überraschen, und laufen Sie unbefangen mit.

Erste Annäherung: „Ich liebe …"

· „Ich liebe einen Espresso nach einem guten Essen!" – meint: Ich genieße es, einen Espresso nach einem guten Essen zu trinken.
· „Ich liebe Geselligkeit!" – meint: Ich fühle mich wohl, wenn es turbulent zugeht.
· Usw. usf.: Lieben ist hier ein Wort, das betonen soll, wenn wir etwas besonders genießen oder mögen.

Grundsätzlich behalten wir diese Aussagerichtung bei, wenn wir einem Menschen, dem wir uns besonders nahe fühlen, ihn gar an unsere Lebensseite wünschen, unsere Liebe zuflüstern. Dennoch schwingt Diffusität mit und bleibt die Frage:

„Ich liebe dich" meint – ja was eigentlich?

Lassen Sie den Blick über das Panorama von Bedeutungen und Implikationen schweifen. Zur Einstimmung und um Ihre Neugier zu erregen.

· „Ich liebe dich" – meint in der frühromantischen Liebesbeziehung: „Ich verschmelze mit dir seelisch und körperlich" und verspricht Ewigkeit der Liebe. Wahrhafte Liebe ist klar bestimmt und per definitionem ewig.
· „Ich liebe dich" – meint in der romantischen bürgerlichen Ehe: „Ich habe dich gern, ergänze dich, werde dir zuliebe die Normen tugendhaften Verhaltens vorbildlich befolgen" und verspricht Endlosigkeit der Ehe. Liebe ist verknüpft mit Zuwendung und Respekt sowie grundlegend mit der Anpassung an vorgegebene Moralität. Lieben heißt heiraten, und der Ehevertrag hält bis zum Tod.

· „Ich liebe dich" – meint um die Wende zum 20. Jahrhundert: „Ich
bin dir zugeneigt, ergänze dich, werde meine Rolle vorbildlich
ausfüllen und gebe und erwarte seelische und körperliche Zuwendung" und verspricht Endlosigkeit der Ehe. Liebe meint Zuneigung, die – weiterhin – in Eheschließung mündet und sich im Befolgen kanonisierter Pflichten zeigt. Scheidung wird denkbar als
Ultima Ratio und simultan als unreale Option. Prinzipiell währt
die Ehe bis zum Tod.

· „Ich liebe dich" – meint bis in die 60er Jahre des 20. Jahrhunderts:
„Ich habe dich auserkoren, mit dir in zärtlicher und leidenschaftlicher Harmonie zu leben und erfülle selbstverständlich meine geschlechtsspezifische Rolle in unserer Ehe" und verspricht beding-
te Dauer. Liebe ist ein Gefühl, akzentuiert zunehmend den sexuellen Aspekt; erotische Hingabe avanciert zum Liebesbeweis.
Liebe mündet in Ehe, allerdings mit Scheidung als Option (trotz
des Risikos sozialer Deklassierung).

· „Ich liebe dich" – meint ab den 70er Jahren: „Ich weiß nicht so
genau, was es ist, das ich fühle, aber du bist jemand Besonderes
für mich. Und wenn wir uns einigen können und du dich auf meine Bedürfnisse einstellst, dann leben wir zusammen" und verspricht Dauerhaftigkeit bis auf Weiteres: „Solange du mich mich
selbst verwirklichen lässt und ich mich gut fühle und wir einander
das geben können, was jeder von uns braucht." Liebe fließt nicht
notwendig in Ehe; die Liebesbeziehung erscheint als Provisorium,
das sich zu bewähren hat: als Beziehung, innerhalb deren beide
Partner mehr oder weniger diffuse Vorstellungen, Ansprüche und
Erwartungen haben und vorzugsweise sie selbst werden und sein
können. Vorläufigkeit und prinzipielle Aufhebbarkeit schweben
als selbstverständlicher Hinweis über der Beziehung und nicht etwa als Damoklesschwert. Trennung als Ausscheiden aus der Beziehung ist eine „normale" Option, die von jedem jederzeit genutzt werden kann. Daher die Rede vom „Lebensabschnittspartner". Das Dogma lautet: Dauer ist unwahrscheinlich.

Sie haben es bemerkt: Der erläuternde Text wurde immer länger –
fast proportional zum Zuwachs an „bedeutenden" Sinneinheiten dessen, was Liebe heißt. Eindeutigkeit nimmt ab, Mehrdeutigkeit nimmt
zu. Und das in zwei Hinsichten. Zum einen impliziert „Lieben" immer mehr. Zum anderen vervielfältigen sich die Arten von Liebe in
den Epochen. Die eine Bedeutung löst die je ältere nicht ab, sondern
gesellt sich hinzu. Liebe wird diversifiziert, sie erhält zahlreiche Ge-

sichter. Das stiftet einerseits Freiheiten. Andererseits erhöht es Irritationen, macht Missverständnisse wahrscheinlicher und Diskussionen mit dem Titel „Was verstehst du denn unter Liebe?" nötig.

Mit anderen Worten: Jeder Zuwachs an Bedeutungsvarianten verstärkt die Notwendigkeit der Verständigung: der Klärung dessen, welcher Bedeutung von Liebe der andere anhängt, wo er den Schwerpunkt legt, was er genau meint, wenn er seine Liebe gesteht und sich geliebt fühlt. Dies wird, besonders ab den 70er Jahren des vorigen Jahrhunderts, Thema persönlicher Bestimmung. Liebe wird individualisiert und damit zu eigenen Vorstellungen, Visionen und Wünschen in Bezug gesetzt und mit denen des Partners verglichen. Das Resultat dieses Vergleichs- und Aushandlungsprozesses lautet: Wir versuchen es oder eben nicht.

Zweite Annäherung: Eine authentische Szene

Das Paar lebt innerhalb der Woche in zwei Städten. Eine so genannte „Wochenendbeziehung" also. Die beiden telefonieren normalerweise täglich und jedenfalls allabendlich Die Liebenden haben sich am Vorabend telefonisch verpasst. Am nächsten Morgen sitzt sie am Computer und liest diesen einleitenden Satz in einer Mail von ihrem Liebsten: „Damit du keine Vermissten-Anzeige aufgeben musst, schreibe ich dir gleich heute morgen."

Offenkundig verbindet der Liebespartner das Lieben beziehungsweise Geliebtwerden mit dem Zeichen von Gegenwärtigkeit im Leben der Partnerin. Ihm ist es wichtig, in ihrem Leben bedeutend zu sein, mit ihr „mitlaufen" zu können, also im wörtlichen Sinn teilzunehmen an ihrem Leben, dort einen Platz zu haben – und ihr dies zu zeigen. Zumindest offenbart er dies:

„Ich hoffe, wünsche mir und möchte, dass ich dir so wichtig bin, dass du mich schnell vermisst." („Schnell" meint hier: prompt, sobald eine Routine oder ein Ritual unbedient bleibt.) Und vielleicht schwingen in dem Satz auch Fürsorge und Vertrauen mit – zwei weitere Motive, die ihn veranlasst haben könnten, sich per Mail zu melden. Nämlich das Vertrauen in die Bedeutsamkeit für die Geliebte und die Fürsorge um ihr Wohlergehen, das sich als Du-musst-dir-keine-Sorgen-machen äußert. Die Botschaft lautet dann: „Ich weiß, dass ich dir so viel bedeute, dass du besorgt sein könntest – und dem möchte ich vorbeugen."

Die Gewohnheit, täglich miteinander zu telefonieren, sowie auch der Beginn des elektronisch gesendeten Briefes deuten darauf hin, dass das Paar eine intensive Kommunikation pflegt und darüber Intimität herstellt und gewährleistet. Wir spüren den Hauch von Romantik.

Sehr modern und jenseits von romantischer Gestimmtheit klänge die Antwort: „Bevor ich eine Vermissten-Anzeige aufgebe, müsste ich schon eine halbe Woche nichts von dir gehört haben." Diese Replik demonstriert eine Haltung, die wir ab den 70er Jahren des 20. Jahrhunderts in steigender Tendenz beobachten können. Die Wertigkeiten von Gemeinsamkeit und individueller Autonomie in der Liebesbeziehung verschieben sich. Die Frage, wie sich Bedeutsamkeit-für-den-anderen und Intimität manifestieren, wird ab dem siebenten Jahrzehnt eine der brisantesten. Da die Antwort darauf Liebenden immer schwerer fällt, entzünden sich an ihr Sein oder Nichtsein der Liebe.

Die dritte Annäherung schlängelt sich am Leitfaden des Arbeitstitels entlang, der da lautet: Lebenslanges Liebesglück.

Dritte Annäherung: Lebenslanges Liebesglück

Lebenslang:
Der Zeitraum, den wir im Buch Revue passieren lassen, erstreckt sich vom 18. Jahrhundert bis heute. Innerhalb dieser Zeitspanne verändert sich die empirische, also gelebte und daher faktische Bedeutung dessen, was „lebenslang" meint. Lebten Menschen im statistischen Durchschnitt damals ca. bis zum vierten Jahrzehnt, werden sie heute im Durchschnitt ca. 75 Jahre alt. Schon quantitativ wandeln sich mit zunehmendem Alter die Anforderungen an die lebenslange Liebesbeziehung.

Der signifikante, immerhin ungefähr als Verdopplung zu begreifende, Anstieg der individuellen Lebenszeit pflanzt Folgen. Die Konsequenzen können wir als Umschlag der quantitativen in eine qualitative Kategorie formulieren. Die Dauer wirkt sich auf die Inhalte aus. Das heißt, der zeitlichen Dimension von „lebenslang", also dem quantitativen Aspekt, gesellt sich ein qualitativer hinzu. Denn mit wachsender Lebens- und daher Ehezeit (oder wachsender Dauer der Liebesbeziehung) reifen Fragen an Inhalte: Wie wollen wir die Zeit verbringen? Was wollen wir tun? Wie wollen wir das, was wir anstreben, realisieren – und wie wollen wir sicherstellen, dass wir unser Leben lang gemeinsam handeln, zusammen bleiben (wollen und werden)?

„Lebenslang" war lange Zeit identisch mit: „bis zum Tod". Das

Diktum, Ehescheidung sei eine Schande, galt faktisch bis zur Wende zum 20. Jahrhundert. Die gerichtliche Trennung war sozial unerwünscht und drohte, Stigmatisierungen nach sich zu ziehen, sogar noch bis in die 60er Jahre. Zwar gab es Ehescheidungen in erwähnenswertem Umfang bereits nach dem Ersten Weltkrieg, und nach 1945 nahm die Scheidungsrate noch einmal drastisch zu. Dennoch galt Ehescheidung bis in die 60er Jahre als Makel. Geschiedene wurden zwar nicht mehr geächtet, aber „schief angesehen" allemal. Das ist einer der Gründe, weshalb Paare noch lange Zeit auch dann zusammen blieben, wenn sie sich längst auseinander gelebt hatten. Dauer war und ist kein Zeichen für eine glückliche Liebesbeziehung.

Die wörtliche Befolgung von „lebenslang" wurde im Verlauf der Jahrhunderte immer weniger gelebt. Dass „lebenslang" nicht „lebenslang" meint, dass – mit anderen Worten – „lebenslang" mit neuer Bedeutung gefüllt wurde, verdanken wir im Strom gesellschaftlichen Wandels insbesondere zwei Entwicklungen: den Metamorphosen in den Implikationen und Ausdrucksformen von Liebe und Entwicklungen in der psychologischen Wissenschaft und dem Eindringen von deren Erkenntnissen in das Alltagsbewusstsein.

Beginnen wir mit der ersten Veränderung, nämlich mit der Wandlung der Bedeutung dessen, was Menschen mit „Lieben" verbanden und verbinden. Die oben skizzierte „erste Annäherung" offenbart bereits Veränderungen im Liebesbegriff. „Lieben" wurde im 18. und 19. Jahrhundert (auf die Ausnahmen kommen wir noch zu sprechen) vor allem mit Respekt, Vernunft und moralischem Handeln gleichgesetzt, damit also, vorgegebene Pflichten, Aufgaben und Rollen zu erfüllen. Lieben hieß: Gehorsam gegenüber allgemeinen Regeln. Wer liebte, hielt sich an die obligaten Gebote sittlichen Verhaltens. Mit Gefühl hatte das noch wenig zu tun. Man nahm an, dass sich Sympathie oder gar Zuneigung bis hin zu Liebe während des Zusammenlebens entfalten würden – und wenn nicht, sorgten die Gebote und Verbote im Eheleben, ferner gesellschaftliche Verpflichtungen und Zwänge dafür, dass die Ehe hielt. Lebenslange Dauer war per Eheschluss vorgegeben, sozusagen ultimativ und per Dekret. Allmählich wandelte sich dies. Es waren vor allem historische Umbrüche in der Wirtschaft und in Folge kulturelle und gesellschaftliche Entwicklungen, die die Hinwendung zum Gefühl brachten. Zunehmend verbanden die Menschen mit Ehe auch die Anforderung, eine zärtliche und warme Gefühlsbeziehung zu kultivieren. Diese Evolution vollzog sich in Etappen, die wir nachzeichnen werden. Am vorläufigen Ende, nämlich ab den späten 60er Jahren bis heute, steht eine Identifizierung: Lieben ist eine

herausragende Art, zu fühlen, dem Liebespartner emotional in besonders intensiver Weise zugeneigt zu sein. Lieben als Fühlen wurde
zur Basis, zur einzig gültigen Grundlage für eine Liebesbeziehung
und Ehe. Hand in Hand mit dieser Umdefinition lief die Abwendung
von formellen, von juristischen sowie von Regelungen, deren Ursprung die Geschlechtertypologie war. Heute mündet Lieben nicht
notwendig in eine Heirat, und ebenso wenig muss die Liebesbeziehung, ob als Ehe oder nicht, ein Leben lang dauern. Denn Gefühle
sind launisch. Sie können vergehen. Und wenn das Liebesgefühl
schwindet, ist die gemeinsame Zeit der Liebenden zu Ende. Lebenslang ist verwoben mit „solange die Liebe lebt" – und lebt sie nur
kurz, ist das gemeinsame Leben ebenfalls kurz.

Zum zweiten Strang: Zwei Entwicklungen in der psychologischen
Wissenschaft infiltrieren das Fühlen, Denken, Reden und Handeln
von Liebenden. Zum einen nimmt sie sich heraus zu definieren,
worin sich Lieben zeigt. Zum anderen – vom Liebesdiskurs entkoppelt – gliedert die Psychologie die persönliche Biographie eines Menschen in Etappen oder Epochen. Sie konstruiert Abschnitte im Leben
eines Menschen und besetzt sie mit Inhalten. Die Epochen lauten:
Kindheit, Teenager und Pubertät, Twen (junge Erwachsene), Erwachsene und deren Midlife-Crisis sowie das Alter: die „wilden" Alten/die
„jungen" Alten. Mit diesen Etappen in der Ontogenese, dem individuellen Lebenslauf, atomisiert die Psychologie jede Biographie in Le-
bens- und Entwicklungsabschnitte mit spezifischen und unterschiedlichen Lebensinhalten und Sinnhorizonten. Wir können auch von
differenten „Sinnzeitabschnitten" sprechen. Der Bezug zum Thema
„lebenslange Liebe" ist schnell hergestellt. Da für uns in jedem Abschnitt unterschiedliche Relevanzen gelten, wir Etappen-spezifisch
Sinn suchen und finden können, benötigen wir pro Etappe einen anderen Sparringspartner. Bezogen auf die Liebesbeziehung hat sich in
den 80er und 90er Jahren des vergangenen Jahrhunderts die Rede
vom „Lebensabschnittspartner" durchgesetzt. Denn nehmen wir ernst,
dass sich die individuelle Entwicklung eines Menschen in Sinn-Teil-
stücke aufsplittert, ist es nur konsequent, die Freiheit, den Partner zu
wechseln, zumindest vorzusehen. Eine Wurzel dieser Einstellung von
dem Liebespartner als Lebensabschnittspartner (welch ein Wort!) finden wir also in der psychologisch begründeten Gliederung des individuellen Lebenslaufs eines jeden Menschen. Eine weitere finden wir in
dem Psychoboom der 70er Jahre. Dieser lenkte den Blick des Einzelnen auf sich selbst. Das Credo lautete: „Liebe dich selbst. Verwirkli-
che dich selbst. Deshalb tu das, was dich glücklich macht. Bleibe so

lange in der Liebesbeziehung, wie du dich wohl fühlst." Mit anderen Worten, eine Ego-Zentrierung brach sich Bahn. Wir werden diskutieren, was das in der gelebten Liebesbeziehung auslöste und noch heute gilt. Drastisch formuliert, ist eines evident: Dauer misst sich an dem persönlichen Wohlbefinden, daran, dass die Kosten-Nutzen-Kalkulation zum eigenen Vorteil ausfällt. Vergeht das Gefühl und meint ein Partner, mehr zu geben als zu erhalten, endet die Liebesbeziehung.

Liebe und Lieben:

Mithin haben Sie, vielleicht mit Erstaunen, registriert, dass Liebe und Lieben im Verlauf von Jahrhunderten unterschiedliche Realitäten beschreiben. Kursorisch und pointiert betrachtet: Zunächst galt: „Lieben ist Respekt", dann zusätzlich: „Lieben ist vernünftig und moralisch"; in der Frühromantik hieß es: „Liebe ist die Auflösung der Individualität, Symbiose und Ergänzung"; davon blieb in der bürgerlichen Romantik übrig: „Lieben ist moralisch gutes und komplementäres Fühlen und Tun." Um die Wende zum 20. Jahrhundert erweiterte sich Lieben um die erotische Komponente, die in den 60er Jahren – dank Oswald Kolle – ins Zentrum geschoben wurde. Lieben war jetzt leidenschaftliches Fühlen und „funktionierende Sexualität". Mit dem Psychoboom gesellte sich ein weiteres Merkmal dazu. Lieben wurde insofern psychologisiert, als die Partnerliebe Eigenliebe und Selbstverwirklichung als Bedingung der Möglichkeit, überhaupt zu lieben, festschrieb. Und heute ist alles im Fluss. Alles ist möglich und damit nichts klar. Nichts ist selbstverständlich. Über alles, was in der Liebesbeziehung gelten soll, müssen die Liebenden sprechen. In diesem unbestimmten Raum von Optionen finden wir alte Bekannte: sowohl die genannten traditionellen Bedeutungen von Liebe und Lieben. Und zur Verwunderung mancher Zeitgenossen kehren Bedeutungen aus der Antike, vor allem aus der griechischen Philosophie zurück. Sie prägten das Verständnis von Liebe – neben den christlichen Geboten der Gatten- und Nächstenliebe – in besonderer Weise. Bemerkenswert ist, dass die verschiedenen Bedeutungen heute als Forderungen an die Liebe und die Liebesbeziehung zurückkehren. (Im Folgenden habe ich diese Begriffe kursiv geschrieben.)

Weil also noch unsere aktuellen Begriffe, mit denen wir Liebe und Lieben beschreiben, auf antike Wurzeln deuten, in Idiomen im Sprechen über Lieben wiederkehren und die Varianten der frühzeitlichen Auffassung von Liebe als zeitgenössische Wünsche und Sehnsüchte auftauchen, lassen Sie uns kurz diese Wurzeln und Bedeutungen betrachten (zusammengefasst bei Regenbogen/Meyer 1998).

Liebe: gr. philia, eros, agape, lat. amor, mhd. liebe, urverwandt mit
lat. lubens „gern" und mit Lob, geloben, Glaube zu der idg. Wurzel
leubh-, lubh- „begehren", gutheißen, gehörig. Mhd. liebe ist zunächst
„Wohlgefallen", Freude, später: Liebe, mhd. minne, von der idg.
Wurzel „men": ge-denken. Vom Indogermanischen hergeleitet, meint
Liebe „liebevolles Gedenken".
Beginnen wir bei dem wohl berühmtesten antiken Philosophen, bei
Plato. Plato begründet einen Begriff der Liebe als Überhöhung des
natürlichen Eros. Diese Stilisierung offenbart sich im Anblick des
Schönen, das seinerseits an das von der Seele vor der Geburt erfahre-
ne Urschöne erinnert. Die Wendung „platonische Liebe" ist noch heu-
te populär. Plato verstand darunter, dass sich der Eros zum geistigen
Eros steigert und als Forschens- und Schaffensdrang, als geistiger
Vereinigungs- und Zeugungstrieb erst Befriedigung findet im Schau-
en des Wahren, Schönen, Guten im Reich der Ideen (*platonische Liebe*). Platonische Liebe transzendiert die leibliche Begierde, liebt die
Seele mehr als den Leib und meint heute eine Liebesbeziehung, die
sinnliche Leidenschaft ausschließt. – Aristoteles rückt die Liebe als
philia, die vorzugsweise *Freundschaft* meint, in den Mittelpunkt. Daher bezieht er Liebe auch auf Liebe zu gleichartigen oder gleichge-
sinnten Menschen. Die „zärtliche Liebe" der bürgerlichen Romantik
wird beide Akzente wieder aufgreifen. – In der Antike zeigte sich Liebe zudem als *neigungsbestimmte Fürsorge* (gr. agape), im Unterschied zu epitymia (gr. Begierde, Geschlechtsneigung, lat. auch libi-
do) und zur passio, also der *leidenschaftlichen Liebe*. Die erstge-
nannte schwingt in allen Liebesvorstellungen mit, während das
Pathos für die Leidenschaft als Manifestation von Liebe nur in einigen Varianten aufscheint.

Eros gilt als Gott der Liebe. Bei Hesiod und den Orphikern repräsentiert Eros als einer der ältesten Götter das Weltprinzip der Zeu-
gung und des schöpferischen Lebens. Bei Plato vollzieht Eros, wie erwähnt, eine metaphysische Wende. Eros ist hier der in der Freundschaft wurzelnde Trieb oder Drang nach philosophischer Erkenntnis
und verkörpert die Kraft des Aufschwungs von der Sinnenwelt zu den
Ideen (vgl. agape). Sie finden diese Bedeutung in den ersten tiefenpsychologischen Theorien wieder. So in der psychischen Instanz des
„Es" von Sigmund Freud. Dort firmiert Eros unter dem Namen „Li-
bido" und meint Sexual- und später Lebensenergie.

Agape: die Liebe, wurde durch das Neue Testament zum festen Begriff. Sie unterschied sich, wie oben angedeutet, dem Inhalt nach von Eros und philia. Das griechische Zeitwort agapan bedeutet: sich zufrieden geben mit etwas; auch: jemanden mit *Achtung* behandeln und bevorzugen – ein Schlüsselmotiv für die romantische Liebe. *Achtung* nimmt in den Liebesauffassungen von Beginn an einen prominenten Platz ein. Die germanische Wurzel im Althochdeutschen zielt auf „meinen, denken" und deutet hin auf Aufmerksamkeit, erhalten in den Verben „Acht haben" und „Acht geben". Von hier aus verengte sich die Semantik von „Achtung" auf Wertgefühl und Hochschätzung, insbesondere die Anerkennung einer Person. Achtung zielt auf die Person selbst, nicht auf die Leistung des Menschen. Sie ist eine sittliche Haltung.

Philia meint gr. Neigung, auch Liebe, und zwar mit der Betonung auf *Freundschaft*. Dies gründet in dem Umstand, dass bei Griechen und Römern Männerfreundschaften aus Hochschätzung, also *Achtung*, hervorgehen und sich auf sie gründen. Für Aristoteles bezeichnet Freundschaft eine Beziehung, in der Freunde bewusst einander wohl wollen. Dabei unterscheidet er drei Arten der Freundschaft: die um des Vergnügens, die um des Nutzens und die um der Tugend willen geschlossene Freundschaft. Nur die dritte sei von ethischem Wert. – Das werden wir im Liebesbegriff des 18. und 19. Jahrhunderts explizit wieder finden.

Glück: Eine Liebesbeziehung, ob als Ehe oder nicht, gehen wir auch heute noch ein, weil sie uns Heil verspricht. Wir sehnen uns danach, glücklich zu sein – ohne allerdings genau zu wissen, woran wir das messen oder erkennen. Glück und Glücklichsein verbinden einige vage mit einem Zustand des Wohlsein und Wohlgefühls. Liebesglück ähnelt hier einem seichten Gewässer, einem ruhigen, friedvollen und harmonischen Plätschern oder Fließen. Andere verknüpfen das Glücksgefühl mit einem „Kick", dem populären „Flowerlebnis", ein Ausdruck, der durch den Psychologen Mihaly Csikszentmihalyi geprägt wurde (1992 und 1996). Glück währt hier nur einen Moment. Das Glücksversprechen, das mit der Liebesbeziehung verwoben ist, ist nur einzulösen, wenn es zahlreiche dieser Momente gibt. Das macht es so schwierig, die Liebe zu dem Einen oder zu der Einen auf Dauer zu stellen. (Darauf werden wir ausführlich zu sprechen kommen. Der ersten Version begegnen wir heutzutage, wenn wir über Lieben, der zweiten, wenn wir über Verliebtsein reden.)

Schauen wir uns zunächst einmal an, welchen mentalen Wurzeln wir unsere Glücksverständnisse verdanken. Im Griechischen meint Eudaimonia das Gefühl der *Harmonie* als den Zustand des inneren Einklangs von Wunsch und Befriedigung. Eudaimonia meint auch den einzelnen günstigen Umstand (*Zufall*) und schließt das günstige Zusammentreffen von inneren Tendenzen mit äußeren Umständen sowie die Freude über diese gute Fügung ein. In der Antike bei den Griechen ist der glückliche Zufall als *Tyche* (Glücksgöttin), bei den Römern als *Fortuna* personifiziert. Das Glück hat seine Ursache weniger in den Glücksgütern; sie führen nicht notwendig zu Glücksgefühlen. Vielmehr liegt das Glück in der eigenen Glücksfähigkeit verborgen, die von äußerem Besitz und Schicksal weitgehend unabhängig ist.

Zufall (zuerst bei Meister Eckhart „zuoval", für lat. accidens) steht für alles, was nicht als notwendig oder beabsichtigt erscheint und für dessen unvermutetes Eintreten wir keinen Grund angeben, nicht erklären, herleiten oder prognostizieren können. Dementsprechend hat der Terminus die drei Bedeutungen des Nichtwesentlichen, des Nichtnotwendigen oder des Nichtbeabsichtigten. Zufall als das Nichtnotwendige gilt als *absoluter Zufall*. Hier durchbricht das zufällige Ereignis das Kausalgesetz und setzt die Möglichkeit eines (teilweise) freien und willkürlichen Geschehens voraus. Vom *relativen Zufall* sprechen wir, wenn wir ausdrücken möchten, dass ein Geschehen von uns nicht berechnet, kalkuliert oder vorausgesagt wurde bzw. werden konnte. (Psychologen werden uns ab dem späten 19. Jahrhundert beziehungsweise Anfang des 20. Jahrhunderts belehren, dass wir unsere Liebespartner eben nicht zufällig wählen! Und – wer weiß – vielleicht lebt in den psychologischen Überlegungen die Überzeugung der Frühromantik auf. Nach ihr ist wahre Liebe schicksalsbestimmte Begegnung. Allerdings ernüchtert die Psychologie dadurch, dass sie dem Schicksal ein Netz psychologischer Termini überstülpt und den Zufall berechenbar macht.)

Lebenslanges Liebesglück hängt indes nicht nur davon ab, welche Erwartungen und Wünsche die Liebenden aneinander und an die Beziehung herantragen. Das Liebesglück gestalten Liebende zusätzlich durch ihr Handeln. Und da ein Zusammenleben immer auch *Konflikte* mit sich bringt, werden wir uns auch mit der Frage beschäftigen, welche Art von Konflikten in der Liebesbeziehung oder Ehe „erlaubt" sind und daher erwartet werden; ferner, wie sich Lieben in der Weise, wie Konflikte ausgetragen werden, zeigt und wann Konflikte die Liebesbeziehung zerstören bzw. unter welchen Bedingungen das Liebesglück Konflikte erträgt. Kurzum, woran sich Konflikte entzünden, was sie auslöst, wie sie sich manifestieren und wie die Liebenden mit ihnen umgehen – auch dies unterliegt historischen Wandlungen. Wir werden zeigen, dass auch diese Seite des Liebeslebens eng mit dem verschlungen ist, wie Liebe verstanden wird.

Einladung und Hinführung

Einladung

„Lebenslanges Liebesglück" – welch eine Verheißung!

Jedesmal, wenn ich Paare, Eheleute oder Singles danach fragte, was sie zum lebenslangen Liebesglück meinten, erntete ich ein Lächeln mit spurhaft spöttischem und deutlich wehmütigem Blick: „Jahaaa, das wäre schön!" Und nach kurzer Pause: „Früher, ja früher – da war das wohl möglich. Aber heute –?!"

Werte Leserin, werter Leser: Wir werden näher betrachten, was „früher" der Fall war und was nicht. Dabei haben wir durchaus das Heute im Blick. Wir schauen zurück auf das Gestern, um für das Heute zu lernen. Lassen Sie sich einladen zu einem bedächtigen Rundgang durch die Galerie unserer „Liebes-Ahnen". Erkunden Sie mit, was wir heute noch von unserer Ahnenschaft in uns tragen, welche Traditionen unsere Liebesbeziehungen noch immer mitgestalten und woher es rührt, dass wir als Liebende oft verwirrt und unsicher sind.

Sie kennen das: Sie schlendern durch eine Galerie, die Werke von Künstlern unterschiedlicher Epochen ausstellt. Selbst wenn Sie kein spezifisches Erkenntnisinteresse verfolgen, verweilen Sie vor dem einen oder anderen Werk, und in Ihnen wird sich die klassischste aller interpretativen Fragen formen: „Was möchte der Künstler mitteilen?" Diesem hermeneutischen Gedanken schließt sich prompt ein anderer an: „Was könnte ich heute daraus lernen?", oder neudeutsch: „Was kann ich davon mitnehmen?"

Beide Fragestellungen helfen uns, Erkenntnisse zu generieren. Die erste konzentriert sich darauf, das Werk beziehungsweise die von uns gedeutete Botschaft in die Zeit und persönliche Situation einzubetten, in der der Künstler das Werk gestaltet hat. Wir möchten die künstlerische Intention verstehen. Die Zielrichtung dieser interpretativen Anstrengung können wir Verstehens-Wissen nennen – sie ist Objektgerichtet. Die zweite Frage eröffnet Handlungs-Wissen. Sie tut das, indem sie das Tradierte in die Gegenwart, präziser: in die persönliche, also subjektive, Lebens- und Sinnwelt einspeist und das Erbe auf die Möglichkeiten abtastet, inwiefern es uns etwas lehrt und uns genau dadurch in der individuellen Lebensführung Impulse geben könnte. Zu einer ähnlichen Betrachtung und sinnierenden Einstellung möchte ich Sie einladen. Auf dem Rundgang durch unsere Galerie möchte ich Ihnen nahe bringen, wie sich das Verständnis von Liebe sowie das Leben der Liebe innerhalb von Intimbeziehungen (Ehe, Partnerschaft) vom 18. Jahrhundert bis heute verändert und inwiefern wir dieses Wissen um die Metamorphosen nutzen können, um uns in der eigenen Liebesbeziehung besser, das heißt verstehender, zurechtzufinden. Damit ist der Anwendungs-bezogene Aspekt thematisiert: Indem wir klären, welche „An-Sichten" von Liebe und Konflikt kolportiert werden, gewinnen wir „Ein-Sichten" in Determinanten, die noch heute im Reden und Leben von Liebe und Konflikthandhabung – implizit wie explizit – wirken. Die An- und Ein-Sichten erweitern die Anzahl der persönlichen Perspektiven, aus denen wir Liebe und das Umgehen mit Konflikten betrachten, und vermehrten im Gefolge die Optionen, über die wir verfügen, um Liebesbeziehungen oder Lebensgemeinschaften so zu gestalten, wie es den Liebenden „vorschwebt".

Hinführung

Der historische Blick und die Aktualität des Themas

Warum lohnt sich ein historischer Blick auf die Liebe und das Liebesleben? Was macht eine historisierte Betrachtung sinnvoll?

Der erste Teil der Antwort fokussiert Sinnkomponenten früherer Auffassungen der idealen Liebe. Wir sind Erben und haben Leitideen der idealen Liebe aus vergangenen Jahrhunderten verinnerlicht. Am deutlichsten wird dies anhand der frühromantischen Vorstellung. Sie verspricht das Einswerden mit dem geliebten Menschen, die Symbiose und vollendete Ergänzung in der wahrhaften Liebe. Ihr verdanken wir die Vision des selbstgenügsamen Glücks zu zweit, eines Inseldaseins in Vollkommenheit. Dieser Vision sind wir verfallen, mehr oder weniger bewusst. An ihr messen wir unser alltägliches Beziehungsleben. Auf sie nehmen wir Bezug, wenn wir uns glücklich fühlen oder unglücklich. In Filmen, Liedern und anderen Medien wird uns dieses exklusive Glück zu zweit, diese Verschmelzung zu dem Vollkommenen vorgegaukelt, als möglich in Aussicht gestellt. Und wir streben es an, ja, sehnen uns danach. Und gleichgültig, für wie kritisch wir uns halten, gleichgültig auch, ob wir mit abgeklärter Arroganz auf die

Ausdrucksformen frühromantischer Liebe zeigen, sie mit lässiger Miene auf ein Klischee reduzieren und über das Illusionäre spötteln: Es sind genau diese frühromantischen Werte, die ein dauerhaftes Liebesglück heute so schwierig machen, gar als unmöglich erscheinen lassen – und den Gang zum Ehe- und Paartherapeuten veranlassen. Einer der heute bekanntesten Paartherapeuten, Hans Jellouscheck (1992, 2001) erfährt in seiner Praxis, wie sehr das frühromantische Liebesideal das praktische Paarleben prägt. (Wir kommen darauf noch zurück.)

Der zweite Teil der Antwort rückt die unterschiedlichen Realitäten des Zusammenlebens in den Vordergrund. Vergangenheit lebt in der Gegenwart weiter. Nur die Akzentuierungen fallen verschieden aus. Wir finden heute zum einen die traditionale Konstellation der „Elternliebe" als Partnerliebe. In dieser Beziehung, die meist die Form der Ehe hat, repräsentiert der Mann für die Frau die Vaterfigur, die Frau für den Mann Mutterfigur. Eine andere Realität des Beziehungslebens erkennen wir in der traditionellen asymmetrischen Dependenzbeziehung. Typischerweise leben die Partner diese Abhängigkeit in den klassischen Rollen der Geschlechterideologie: die Frau als Dienerin des Mannes im Haus, der Mann als Versorgender und Repräsentant außer Haus. Diese Figur der Intimbeziehung erscheint mit und ohne Trauschein. Und denken Sie nur nicht, sie sei reserviert für die „ältere Generation"! Drittens hat sich eine Form des Zusammenlebens im Verlauf der 90er Jahre etabliert, die man als funktionierendes Arbeitsteam bezeichnen kann. Auch wenn das Reden über dieses Intimteam rhetorische und quasiemanzipatorische Nuancen zeigt – der Mann bringt den Müll raus und kocht sonntags, die Frau sorgt für Sauberkeit und lässt sich sonntags bekochen –, erscheint die Architektur vertraut. Die ehemals strikte Rollen- und Arbeitsteilung ist heute aufgeweicht und wird weniger (aber nicht nicht!) an die Anschauung der Geschlechter gebunden. Dies gilt auch dann, wenn beide Partner berufstätig sind. Als vierte Konfiguration des Liebeslebens seien Wochenendbeziehungen genannt. Die Liebenden leben in unterschiedlichen Städten und begegnen einander meist an den Wochenenden.

Auffällig ist: Die unterschiedlichen Formen des Zusammenlebens verfolgen das Ideal der ewigen Dauer und des Liebesglücks. Was sie voneinander abhebt, sind die Wege, die sie einschlagen. Die einen orientieren sich am frühromantischen Ideal immerwährender Leidenschaft, zärtlicher Liebe und Vereinigung in metaphysischen Höhen; die anderen gewichten das bürgerliche Ideal des harmonischen und eher von Vernunft geleiteten, der friedlichen und kompromissereichen Liebe; wieder andere erheben die Devise Oswald Kolles zum maßgeblichen Moment ihrer Liebe und konzentrieren sich auf lebhafte und abwechslungsreiche Erotik, und schließlich seien noch jene genannt, deren Meister die platonische Liebe ist und die ihr Glück in steter und enger Kommunikation und Freundschaft finden.

Bereits diese hinführenden Bemerkungen zeigen: Noch heute können wir uns nicht freisprechen, so modern zu sein, dass wir unabhängig und unbeeinflusst sind von Traditionen und früheren Vorstellungen und Werten. Im Gegenteil. Wir tragen sie in uns, und sie gestalten die Wirklichkeit der Liebesbeziehung in einem entscheidenden Maße mit. Der Umstand, dass uns dies selten bewusst ist, verursacht Missverständnisse und trägt zu Unglück bei. Denn da wir nicht wissen, was wir warum tun, so tun oder unterlassen, können wir uns nicht bewusst dazu verhalten. Wir schlittern „blindlings" in Konfusion und Irritation, weil internalisierte Werte und Leitvorstellungen in das Beziehungsleben unbemerkt hineinsickern.

Dieses Buch beabsichtigt, diesen blinden Fleck zumindest zu verkleinern und dabei zu assistieren, das Gestalten der Liebesbeziehung bewusst auf uns zu nehmen. Dazu benötigen wir den historischen Blick. Denn er ist es, der uns mit dem Wissen versorgt, das uns zu Agenten und Gestaltern umformen kann. Dabei ist es übrigens unerheblich, ob von Ehen oder nichtehelichen Lebensgemeinschaften, ob von heterosexuellen oder homosexuellen Liebesbeziehungen die Rede ist. Die Liebesbeziehung fühlen und suchen Menschen über die geschlechtliche Zusammensetzung hinaus als eine Sinnprovinz. Das heißt, sie ersehnen Liebe als einen Ort, der existenziellen Status hat und Sinn sowohl hervorbringt als auch vermittelt. Dabei ist auch der Weg – das Lieben – das Ziel – die Liebe.

Die historische Betrachtung allein genügt indes nicht, um die genannte Absicht zu verwirklichen. Wir benötigen zudem den gesellschaftlichen Blick.

Der soziologische Blick und die Aktualität des Themas

Die soziologische Ausrichtung sichtet gesellschaftliche und kulturelle Gegebenheiten und Veränderungen. Diese Sichtung schließt ein, genauer darauf zu schauen, was sich aus welchen Gründen im Reden über Liebe (im Liebesdiskurs) und im Liebeshandeln verändert. Wir werden erkennen, dass jede Epoche besondere Vorstellungen von Liebe hat und entsprechende Erwartungen und Anforderungen an die Liebe und die Liebenden transportiert. Wir werden wesentliche Quellen aufsuchen, die diese Wandlungen hervorbringen oder beschleunigen. In diesem Zusammenhang wird die Psychologie eine herausragende Rolle spielen.

Die bisherigen kursorischen Ausführungen deuten bereits an, dass sich unsere gegenwärtige Epoche dadurch auszeichnet, Liebe in vielfältiger Weise zu verstehen und zu leben. Die Vielfalt hat ihren Preis: Liebe ist nicht mehr klar definiert. Liebende können sich heute nicht mehr darauf verlassen, das gleiche Verständnis von Liebe zu haben. Die Semantik, die Bedeutungsfolie, ist nicht mehr eindeutig. Folglich müssen sie sich zunächst darüber klar werden, welche Erwartungen und Wünsche sie mit einer Liebesbeziehung verbinden und welche Anforderungen sie als Liebende an sich selbst und an den Geliebten stellen. Da sich die Implikationen voneinander unterscheiden können, sind Liebende in einem zweiten Schritt dazu aufgerufen, sich darüber zu verständigen, was sie unter einer gemeinsamen Liebe begreifen und wie sie sich als Liebende verstehen. Entschließen sie sich, das Wagnis einer Liebesbeziehung einzugehen, finden sich Liebende normalerweise damit konfrontiert, nicht nur individuelle Lebensläufe in einen gemeinsamen Weg zusammenzuführen, sondern auch, die Abweichungen in ihren Erwartungen zu harmonisieren. Selbst unter der Annahme, dass Liebende dies alles gegenwärtigen, wird die Vereinigung zweier Biographien und Liebesvisionen als schwierig erlebt.

Davon zeugen aktuelle Veröffentlichungen in der popularisierten psychologischen Literatur (Monographien, Reader) sowie zahlreiche Artikel in Magazinen/Zeitschriften unterschiedlicher Provenienz (z. B. >Der Spiegel< als primär politischem, >P.M.< und >Bizz< als Life-Style- und >Psychologie heute< als populärwissenschaftlichem Fach-Magazin). Ein weiterer zuverlässiger öffentlicher Indikator, der zeigt, in welchem Ausmaß Menschen Hilfe in der Liebe suchen, ist das Genre der Ratgeber-Literatur. Bevor ich die gewichtige Funktion, die diese Literaturgattung für uns übernimmt, näher erläutere, lassen Sie uns notieren, was uns die gegenwärtigen Publikationen lehren.

Ihren gemeinsamen Nenner entdecken wir in Fragestellungen, die sie fokussieren. Der Brennpunkt des Interesses legt uns ein Sowohl-als-auch nahe, eine spezifische Ambivalenz und deutet ein Paradox an – jeweils mehr oder weniger explizit. Um nicht zu theoretisch zu werden, kleiden wir das Erkenntnisinteresse in zwei Fragen: „Wie können Menschen ihre Sehnsucht nach einer tragfähigen und dauerhaften Intimbeziehung in einem Zeitgeist- und Lebensumfeld verwirklichen, das seinerseits Mobilität und Flexibilität einfordert, auf Tempo setzt und ungeduldig macht?", und: „Wie können Menschen heute ihre Sehnsucht nach einer tragfähigen und dauerhaften Intimbeziehung und gleichzeitig ihr Bedürfnis nach leidenschaftlicher Liebe verwirklichen?" Diese Fragen stützen sich auf empirische Fakten. Menschen sehnen sich nach einer verlässlichen Zweisamkeit, die Kontinuität und daher Geborgenheit verheißt. Ferner empfinden sie es als problematisch, diese Sehnsucht zu verwirklichen, weil sie in ein gesellschaftliches und kulturelles Umfeld eingebettet sind, das genau das Gegenteil fordert, nämlich flexibel und mobil zu sein. Und drittens möchten sie nicht nur eine zuverlässige Beziehung, in die sie sich vertrauensvoll hineinfallen lassen können, sondern sie möchten auch Leidenschaft, also Gefühl pur, auf Dauer stellen.

Ganz vor- und beiläufig sei schon hier erwähnt, dass sich in den neuesten Abhandlungen dieser Problematik zwei Antworten finden. Bezüglich der ersten Frage wird uns empfohlen, die Bedingungen der Möglichkeit, sowohl in einer „festen Beziehung" zu leben als auch mobil zu sein, in der mentalen und quasi infrastrukturellen Umwelt zu suchen. Wird den Liebenden dort wenig geholfen, sollen sie sich anstrengen, die „richtige Organisation" ihres Zusammenlebens zu finden. Paartherapeuten sehen die Lösung des zweiten Problems, nämlich sowohl verlässliche Geborgenheit als auch abwechslungsreiche und belebende Erotik zu realisieren, einerseits in therapeutisch flankierten erotischen Spielen sowie andererseits in der (subjektiv) befreienden und (die Paarbeziehung) bereichernden Wirkung von Seitensprüngen (so etwa Jellouscheck 1992, 2001).

Dem soziologischen Blick erscheint die Trennung der zwei Brennpunkte künstlich und bestenfalls heuristisch wertvoll. Sie zeigen zwei Facetten einer Frage, nämlich: „Was verstehe ich unter Liebe in der Intimbeziehung, und – damit einhergehend und implizit – welche Anforderungen stellt dieses mein Liebesverständnis an mich und meinen Liebespartner?" Das Gleiche anders formuliert: „Worin zeige ich/zeigt mein Liebespartner Lieben?" Die Frage genießt Meta-Charakter; denn sie verweist auf das Vorzeichen vor der Klammer von Fühlen, Denken, Handeln. Sie markiert die mentale Folie für den Diskurs über Liebe und deutet auf jene Liebesideologie, die das Fühlen, Denken und Handeln jeweils prägt. Sie zielt auf den Hintergrund des Offensichtlichen, Pragmatischen, Gelebten. Sie gestaltet die Bühne, auf der die Akteure „Lieben" spielen.

Dieses Buch lädt Sie ein, hinter die Kulissen zu schauen und auf diese Weise zu entdecken, warum die Akteure so fühlen und denken,

reden und handeln, wie sie es tun. Aus diesem Grund setzen wir die
soziologische Brille auf und laufen die Landschaft von Verständnis-
weisen und Handlungsfolien ab. Wir beleuchten, was sich in der Vor-
stellungswelt von Liebe verändert, und erforschen, welche Konsequenzen diese Wandlungen für das Liebesleben haben. Wie erwähnt,
stellen wir dabei – neben dem Liebesbegriff – zwei Ausschnitte in
den Mittelpunkt. Erstens interessiert uns das Konfliktverständnis, das
Umgehen mit Konflikten sowie Varianten, die als Lösung betrachtet
werden. Und zweitens verfolgen wir, inwiefern psychologisches Wissen das Fühlen und Denken, Reden und Handeln in der Liebe beein-
flusst. Diesen Prozess bezeichnen wir als Psychologisierung. Er
meint, dass psychologisches Wissen und psychologische Denksche-
mata sozusagen in Kopf und Herz von Menschen diffundieren und
auf diese Weise prägen, warum und was sie was in der Liebe ersen-
nen oder nicht und welche Rede- und Handlungsweisen sie als Zeichen des Liebens empfinden und begreifen (ausführlich: Mahlmann
1991).

Zusammenfassung

Mithin leuchtet ein, warum das historische Sichten sinnvoll ist. Es
liefert Erklärungen, transportiert Sinn(haftigkeit) und ist aus beiden
Gründen praktisch nützlich. Gehen wir von dem aktuellen Status aus,
sehen wir, dass sich die Liebes-Semantik diversifiziert hat. Es kursieren unterschiedliche Auffassungen von dem, was Liebe „ist" und
worin sich Lieben zeigt sowie von dem, wie Konflikte zu handhaben
sind und unter welchen Bedingungen die Liebe(sbeziehung) an Konflikten scheitert. Empirisch zeigt sich, dass Menschen implizit und
häufig unbewusst verschiedene bis antagonistische Sehnsüchte, un-
vereinbare Vorstellungen in sich tragen und mit sich selbst sowie mit
dem Partner darum ringen, alles simultan zu verwirklichen. Der his-
torisierende Blick hilft zunächst einmal, zu begreifen, welche innere
Stimmen um Gehör bitten. Er ermöglicht, das eigene Sehnen, Fühlen,
Denken und Handeln semantisch zu kontextuieren, es „sinnvoll" einzuordnen in eine den unmittelbaren Sinnhorizont überschreitende Bedeutung und geschichtliche Entwicklung. Damit legt er die Basis dafür, sich bewusst für das Eine und gegen das Andere zu entscheiden.
Auf diese Weise vermittelt er – als Resultat des Begreifens – Hand-
lungs-Kompetenz.
    Die historische Betrachtung ist unterlegt mit soziologischem
Schauen. Es visiert zwei Stränge gesellschaftlicher Entwicklungen

an: die soziokulturellen oder gesamtgesellschaftlichen Verhältnisse
sowie die Entfaltung des psychologischen Diskurses in Bezug auf
Liebe und Konfliktmanagement. Beide Aspekte dienen dem (oben
skizzierten) soziologischen Fragen nach der Infiltration psychologischen Denkens und Redens über Liebe, Ehe, Partnerschaft (anhand
Ratgeber-Literatur) in den Alltag von Liebenden und ihren Wirkungen bezüglich der oben genannten Meta-Frage.

Programm

Auf unserem Rundgang werden wir also nach den Bedingungen der
Möglichkeit Ausschau halten. Wir befragen den Diskurs über Liebe
und Konflikt im Kontext der jeweiligen historischen Gegebenheiten.
Unser selektiver Blick richtet sich zum einen auf die soziokulturellen
Verhältnisse und zum anderen auf die Entfaltung des psychologischen
Redens. Die diesbezüglichen Ausführungen helfen uns, die Aussagen
über Liebe und Konflikthandhabung einzuordnen. Ferner unterstützen sie uns darin, zu begreifen, warum diese und nicht andere normative Haltungen vorherrschen und Liebende in bestimmter Weise
agieren.
   Anhand des Inhaltsverzeichnisses sehen Sie, dass die Zeiträume in
zeitliche Epochen gegliedert sind. Geschichtliche Entwicklungen
vollziehen sich im Fluss, und insofern haben Epochisierungen immer
einen Hauch von Willkür. Übrig bleibt also, dass die Unterscheidungen plausibel, und das heißt: nachvollziehbar sind. Dieses Bemühen,
denke ich, gelingt dadurch, dass sich die zeitliche Strukturierung an
gravierenden Veränderungen festmacht, an solchen also, die augenfällig und nachhaltig sind. Als Richtschnur und Auswahlkriterium
dienen uns qualitative Wandlungen im Reden über Liebe und im Handeln von Liebenden. Kurzum, die Epochen orientieren sich an auffäl-
ligen semantischen Veränderungen in der Liebeswirklichkeit und im
Liebesdiskurs. Dieser Fokus verweist auf eine wichtige Eigenheit der
Anmerkungen zu den einzelnen geschichtlichen Zeitspannen. Die
Schilderungen zur historischen Lage beleuchten vorzugsweise jene
Aspekte, die sich im Umfeld unseres Erkenntnisinteresses befinden.
Insofern sind sie auf das enggeführt, was zum Thema gehört. Die No-
tizen zur geschichtlichen Situation, die Sie in jedem Kapitel finden,
liefern folglich keine Gesamtdarstellung des jeweiligen Zeitraums,
sondern Notizen zu einem Ausschnitt des gesellschaftlichen Lebens.
   Um das Erkenntnisinteresse hervorzuheben und diese programma-

tischen Aussagen zu konkretisieren, seien folgende zentrale Fragen aufgeworfen. Sie markieren den Bereich, dem wir uns beschreibend nähern, und formen den Filter, den unsere Analysen und Interpretationen kanalisieren.

Liebesverständnis und Liebeshandeln:
· Was bedeutet Liebe und Lieben? Wie zeige ich als Liebende/Liebender, dass ich liebe?
· Welche Vorgaben liefert die Ideologie der Geschlechterdifferenz in der Liebes-Semantik und folglich im Lieben? Welche Rolle spielen psychologische Erkenntnisse im Liebeshandeln, in der gelebten Gemeinschaft?
· Welchen Stellenwert hat die Liebe?

Konfliktverständnis und Konfliktbehandlung:
· Wie zeigt sich ein Konflikt in der Liebesbeziehung?
· Welche Normen werden den Liebenden vorgelegt?
· Welche Gebote resultieren aus der Geschlechtertypologie? Welche Rolle spielen sie im Verständnis von Konflikten, Konfliktgenese und Konfliktbehandlung?
· Welche Empfehlungen, mit Konflikten umzugehen, geben psychologische Konzepte?

Verstehens-Leistung und Anwendungs-Bezug:
· In welcher Weise helfen die Ausführungen für die Gestaltung einer Paarbeziehung heute?

Aufbau der Kapitel

Am Beginn jedes Kapitels können Sie sich einen Überblick verschaffen. Er bietet eine knappe Darstellung des historischen Zusammenhangs, in den die Liebesauffassungen und die Praxis der Liebesbeziehung eingebettet sind, und gibt Aussicht auf die Entwicklungen in Fragen der Liebe. (Wie gerade betont, beschränken wir uns dabei auf jene gesellschaftlichen Aspekte, die für unsere Fragestellung bedeutsam sind.) Dem folgen Ausführungen, die sich aus unserer empirischen Quelle, nämlich Ratgeberliteratur speisen (dazu siehe unten). Dieser Abschnitt ist jeweils mit zahlreichen Zitaten gespickt. Sie dokumentieren Ihnen, wie in Fragen von Liebe gesprochen und Empfehlungen, Gebote und Verbote begründet wurden. Jedes Kapitel schließt mit einer Zusammenfassung, die an den oben genannten Fragen entlangläuft. Sie bietet Ihnen an, die vorhergehenden Erörterungen jedes Kapitels komprimiert zu rekapitulieren.

Ratgeber als Quelle

Woher nehmen wir den Stoff, der es uns ermöglicht, sowohl analytische als auch beschreibende Aussagen darüber zu machen, woran sich Liebende orientieren? Warum sie so reden und handeln, wie sie es tun? Was ihnen möglich und was ihnen unmöglich erscheint? Selbstverständlich geben allgemeine Abhandlungen zur Geschichte von Ehe und Familie Aufschluss darüber, und auch der Sozialgeschichte im Speziellen entnehmen wir Erkenntnisse dazu. So ergiebig dieses Material für die Fragestellung ist, sie stellte mich nicht zufrieden. Die Suche nach sozusagen nur einmal vermittelten Quellen konfrontierte mich mit einer bunten Vielfalt; beispielsweise Romane, Gedichte, Belletristik, Bilder, Zeitschriften, Biographien und Autobiographien, Briefe, Lieder. Die Entscheidung, Wandlungen im Diskurs, also im Reden über Liebe, folglich auch in der Semantik und Praxis der Liebesbeziehung zu dokumentieren, fiel auf Ehe- bzw. Partner-Ratgeber. Sie nehmen einen quasiauthentischen, insofern einmal vermittelten Status ein. Zudem sind sie als öffentliches und explizit belehrendes Medium konzipiert, das sich ungefiltert (unvermittelt) an die Betroffenen wendet. Sie existieren bereits im 18. Jahrhundert und geben Auskunft über Sichtweisen und (empfohlene) Praktiken in der Liebe. Sie präsentieren ein Medium, das Wertewelten, Leitbilder des Fühlens, Denkens, Sprechens und Handelns kolportiert. Sie erzeugen einen gemeinsamen Kosmos des Fühlens und Denkens, des Redens und Handelns und skizzieren gesollte und ideale Wirklichkeiten des Liebens und der Liebesbeziehung. Sie formulieren Möglichkeiten und Grenzen, stellen Verbindlichkeit her und geben Rat. Sie vermitteln Normen und Werte und offerieren, gemeinsam über das Gleiche zu reflektieren. Ratgeber ermöglichen zudem, eigene Bedürfnisse und Gefühle zu artikulieren. Kurzum, sie liefern das empirische Material, das die Liebenden darin unterweist, welche Zeichen sie benutzen dürfen: wie sich Liebe zeigt, was eine „gute" oder „glückliche" Liebesbeziehung (Ehe, Partnerschaft, Paarbeziehung) ausmacht und was die Liebenden (Eheleute, Partner) tun sollten, um eine beglückende Lebensgemeinschaft zu führen.

Ratgeber eignen sich folglich dazu, Geschehnisse systematisch zu rekonstruieren. Das tun sie exemplarisch und typisierend, beschreibend und normierend. Auch sind sie notwendig selektiv. Sie begrenzen ihren Geltungsbereich auf bestimmte Gruppen in der Bevölkerung. Im historischen Verlauf wächst die – journalistisch formuliert – Zielgruppe an und wird heterogener. Dennoch fangen Ratgeber kei-

nesfalls sämtliche Facetten der Wirklichkeit ein. Das hängt sowohl
mit dem Adressatenkreis als auch mit historischen Umständen zusammen, die in den Kapiteln ausgeführt werden. Doch immerhin werden sie ihrer Verweisfunktion gerecht. Sie verweisen auf kulturhisto-
rische Gegebenheiten, Zusammenhänge und normative Vorstellungen.
Zudem können wir davon ausgehen, dass verändertes Reden früher
oder später verändertes Handeln nach sich zieht. (Das trifft beispielsweise auf die frühromantische und bürgerliche Liebe nachweislich
zu.) Insofern nehmen Ratgeber – ähnlich wie etwa Liebesdramen –
die „Perspektive des evolutionären Wandels" ein (Saße 1996, 21, 29).
Ratgeber in Sachen Liebe, Ehe, Partnerschaft offenbaren uns einen
wesentlichen Ausschnitt der psycho-, sozial- und mentalitätsge-
schichtlichen Einbettung der Liebe. Sie geben dem Lieben eine jeweils spezifische Gestalt, die mit den herrschenden Wertordnungen
verwoben ist. Sie entlarven, dass Liebe nicht ein „ahistorisches Gefühl" ist, sondern ein Ausdruck kulturellen Lebens und „diskursiver
Eingriffe". Wie Menschen Liebe idealisieren, wie sie sie leben, welche Seiten sie hervorheben und welche sie vernachlässigen – all dies
wächst im Zuge des Zeitgeistes, zu dem auch das Reden über Liebe,
der Liebesdiskurs, zählt. Insofern können wir sagen, dass Ratgeber
(neben anderen Kulturleistungen) die Art und Weise prägen, in der
Liebe mitteilbar mitgeteilt wird (für Dramen, vgl. Saße 1996, 20). Belegen und illustrieren werden wir dies im Rahmen exemplarischer
Analysen besonders populärer und weit verbreiteter Ratgeber. Auf
diese Weise können wir nachvollziehen, dass neben bestimmten moralischen Codizes gerade das Eindringen psychologischen Wissens in
Ratgeberliteratur maßgeblich mitbestimmt, wie Liebe verstanden und
wie sie von Liebenden gelebt wird.

Lesehinweis

Jenen unter Ihnen, die zunächst daran interessiert sind, einen Überblick über die Hauptinhalte und -ergebnisse des Buches zu gewinnen,
sei empfohlen, nach den „Annäherungen" und der „ Einladung und
Hinführung " das Schlusskapitel zu lesen. Vielleicht neigen Sie dazu,
die Lektüre selektiv zu beginnen, also nicht von vorn bis hinten, sondern, beispielsweise, mit den Ausführungen zum heutigen Liebesleben einzusteigen. Können Sie. Die Kapitel sind gleichsam modular
komponiert, also jedes für sich verständlich. Jene Entwicklungen und
Erkenntnisse aus vorangegangenen Epochen, die für das Verständnis

des jeweils diskutierten Zeitraums bedeutsam sind, habe ich noch einmal aufgenommen. Dies erfordert selbstverständlich einige Wiederholungen, die sich allerdings auf die je wesentlichen Daten beschränken.

Und nun wünsche ich Ihnen einen angenehmen und an Aha-Erlebnissen reichen Rundgang!

Liebe ist Verschmelzen, zärtliche Zuwendung, arrangierte Übereinkunft. Liebe im 18. Jahrhundert

Überblick

Historisches Panorama

Das 18. Jahrhundert verdient eine ausgiebige Betrachtung, weil es Weichen stellt für nachfolgende Entwicklungen. Seine Themen bereiten den Boden für spätere Träume vom Liebesglück und bestimmen die unterschiedlichen Akzente im Liebesdiskurs. Seinen Liebesentwürfen wohnen außerdem jene Quellen ehelicher Konflikte inne, mit denen wir auch heute noch ringen, immerhin über zwei Jahrhunderte später.

Es ist die ständische Struktur, die das gesellschaftliche und das Leben des Einzelnen im 18. Jahrhundert prägte. Die Menschen waren eingebunden in ein festes, ein statisches Gefüge. Neben korporativen Einrichtungen, Zünften und der Dorfgemeinschaft war es vor allem die Organisation des „ganzen Hauses", in der sie verwurzelt waren und wo sie normalerweise ihr Leben verbrachten. Die Lebensform war eine soziale, das heißt, der Einzelne existierte durch die Gemeinschaft. Sie bestimmte seine Lebensführung. Sein Handeln und Unterlassen, seine Möglichkeiten und Grenzen wurden von Regeln geleitet, die in seinem unmittelbaren Umfeld galten. Die Gebote und Verbote, die sein Leben reglementierten, waren sowohl kirchlichen als auch weltlichen Ursprungs.

Die Kirche vereinnahmte jeden Menschen von Geburt an, und ihre Autorität versorgte die „Schäfchen" mit einem normativen und disziplinierenden Regelwerk. Dessen Funktion lag – neben der Sicherung herrschaftlicher Strukturen – vor allem darin, der Lebensführung eine Orientierung zu geben und dafür ein Raster bereitzustellen. Zusätzlich vermittelten christliche Glaubensinhalte Sinn. Die theologisch abgeleiteten Regeln definierten, wie das Tun und Lassen der Menschen moralisch zu bewerten war, und reduzierten die Vielfalt möglichen Strebens dichotomisch auf „gut" und „böse". Die Glaubenssätze, die die Institution Kirche deklarierte, spannen den Leitfaden, den jeder befolgen sollte, um ein guter Mensch zu sein. Kurzum, die Kirche und ihre Bewertungsmaßstäbe schwebten über allen und allem und gebärdeten sich als letztinstanzliche Autorität. Zünfte und andere Formen der wirtschaftlichen Organisation ergänzten oder bereicherten den Regelsatz, dem das menschliche Handeln untergeordnet war. Diese Verbände organisierten das Leben eines jeden, der in ihnen lebte, einschließlich der Vorschriften, wer wen ehelichen durfte. Insofern ist deutlich, dass die menschliche Existenz wesentlich eine soziale war und der Einzelne sich in seinem Lebensradius formal und normativ, materiell und substanziell geborgen vorfand. – Wenn wir sagen „geborgen", so ist das vor dem Hintergrund der damaligen Verhältnisse zu sehen. Heute würden wir die Vokabel auswechseln und vielleicht „eingekesselt" oder „fremdbestimmt" sagen. Im 18. Jahrhundert lag solche Etikettierung fern. Denn vor dem Ende des Jahrhunderts verschwendete noch niemand einen Gedanken daran, sich als (relativ) autonomes Individuum zu begreifen. Das bleibt dem auslaufenden 19. Jahrhundert und in letzter Konsequenz gar erst den letzten zwei Jahrzehnten des 20. Jahrhunderts vorbehalten.

Noch also galt der Mensch als Individuum nichts, sondern definierte sich und wurde definiert über die Zugehörigkeit zu einem „ganzen Haus", einer Gruppe, einem Stand, einer Zunft, einem Dorf. Diese seine Zuordnung versicherte den Einzelnen seiner Existenz: Wer und was er war, suchte nicht er sich aus, sondern war qua Geburt vorbestimmt, durch seine Lebenspraxis untermauert und durch seinen Gehorsam den geltenden Regeln gegenüber gefestigt. Diese Starrheit erodierte allerdings noch innerhalb desselben Jahrhunderts!

Die Nähe zur Jahrhundertwende brachte einige essenzielle Neuerungen. Allmählich zeichnete sich in der sozialen Struktur ein Wandel ab, der die Hinwendung zur kapitalistischen Wirtschaftsweise spiegelte und die Entstehung der bürgerlichen Gesellschaft ankündigte. So hatte sich etwa um 1800 bereits die neue Wirtschaftslogik in Verlagen und Manufakturen durchgesetzt. Die wirtschaftlichen Umwälzungen führten weitere Revolutionen im Gefolge. Sie dienten als Katalysatoren und verhalfen der bürgerlichen Gesellschaft zur Geburt. Ihr Signum war zunächst die Säkularisierung. Diese vollzog sich sukzessiv, in kleinen Schritten und zeitigte in den differenten Gesellschaftsebenen unterschiedliche Wirksamkeit. Die Verweltlichung offenbarte sich darin, dass allmählich der Kirche das Recht und damit die Legitimität genommen wurde, in weltlichen Angelegenheiten zu intervenieren und ein „Machtwort" zu beanspruchen. Ihre Autorität, in allen Lebensdingen Sinnlieferant und Deuterin zu sein, wurde zunehmend untergraben oder, präziser gesagt, sie wurde ihres Monopols auf Sinn beraubt. Fortan konkurrierte sie in diesen Hinsichten mit weltlichen Instanzen. Allgemein formuliert: Das Leben außerhalb des kirchlichen Dunstkreises wurde enttheologisiert. Die Institution Kirche und der christliche Glaube büßten mittelfristig ihre Geltung ein, höchste Instanz für Normierungen und des Richtens über gut und böse, richtig und falsch zu sein. Sie verloren die Kraft und Macht, die einzige Welt zu sein, die Sinn stiften und vermitteln sowie allgemein verbindliche Verhaltensnormen und Maßstäbe bereitstellen konnte. Zunehmend wurde sie ihres gesamten Arsenals enteignet, das der Disziplinierung diente. (Dieser Prozess begann damals erst und dauerte gut zwei Jahrhunderte!) In der Übergangszeit erwuchs ihr aus der Welt der Ökonomie ein Mitbewerber und später ein echter Gegner.

In dem Maße, in dem die Erodierung kirchlicher Hoheit sich vollzog, reüssierten Werte und Normen kapitalistischen Wirtschaftens. Eklatant und deshalb hervorzuheben ist, dass die sein Schicksal prägenden, determinierenden Merkmale der Geburt eines Menschen abgelöst wurden durch das Ethos von individueller Leistung und durch die Zugehörigkeit zu einem Beruf. Leistung und Beruf wurden zunehmend in das Entscheidungsfeld des Einzelnen platziert. Mit anderen Worten: Es wurde unterstellt, dass es im Belieben und in der Macht des Individuums steht, Leistung zu zeigen, sich zu qualifizieren und eine berufliche Laufbahn zu wählen. „Jeder ist seines Glückes Schmied!" Bereits diese Andeutungen demonstrieren den Beginn eines neuen Zeitalters: Ohne Gott als Lenker der Welt und des Menschen thront nun der Mensch als Maß aller Dinge, und es liegt an jedem selbst, etwas zu erreichen. Am Ende des 18. Jahrhunderts flackert das Morgenrot der Individualisierung.

Allerdings wird die Sonne durchgreifender Individualisierung sowie der Ernüchterung des gesellschaftlichen Lebens durch die Säkularisierung erst im 19. Jahrhundert richtig scheinen und das Ehe- und Familienleben bestrahlen. Bis dahin gilt, dass im „ganzen Haus" oder anderen Formen des Zusammenlebens von außen bestimmte Vorschriften einzuhalten sind und kein Raum für Intimität frei ist. Ehe und Familie formten zu jener Zeit noch keine Inseln intimer Verhältnisse, sondern öffentliche Räume. Liebende oder Gatten waren einem Netzwerk von geregelten Beziehungen einverleibt. Sie bildeten eine vitale Komponente dieses Netzes von Verwandtschaftsbeziehungen, das sich zu einem Teil aus Blutsbande speiste, zu einem andern soziale Verkettung meinte. Menschen lebten unauflöslich „vernetzt" in der Organisationsform der Hausgemeinschaft. Diese soziale ebenso wie die mentale und regulatorische oder normative Einkreisung hatte – selbstverständlich – für Liebe und Ehe Folgen.

Die Betrachtung beschränkt sich, wie angekündigt, auf jenen Bereich sozialen Lebens, in den die Ratgeber eindringen und ihre Botschaften an die Frau und an den Mann bringen. Diese Engführung mündet in den Ausschluss von drei Ehetypen. Wir vernachlässigen für das 18. Jahrhundert die adelige, die großbürgerliche und die bäuerliche Liebe und Ehe, weil sie nicht zu dem Kreis derer gehören, an die sich die Eheratgeber wenden. Zwar schließen die Ratgeber aus ihrem Publikum zunächst noch Unterschicht-Ehen aus. Wir streifen sie in der Darstellung trotzdem, denn ab dem 19. Jahrhundert gehören sie erklärtermaßen zum Club der Angesprochenen dazu. In der ersten Phase nehmen die Ratgeber jene Gruppen ins Visier, die dem Kleinbürgertum zugeordnet werden.

Schon hier sei darauf hingewiesen, dass im 18. Jahrhundert „Liebe", Zuneigung und andere Gründe, sich als Paar zusammenzutun, nahezu zwangsläufig in die Eheschließung mündeten. Ehe im Sinn des reinen Gattendaseins war zudem nur ein kurzes Übergangsstadium zur Familiengründung. Erst viel später, zur Mitte des 20. Jahrhunderts hin, verliert die Heirat sichtbar und mit Breitenwirkung diesen Status, nur ein Intermezzo, ein Zwischenspiel, Übergang und Mittel zum Zweck zu sein. Erst dann mutiert sie zu einer eigenständigen Beziehungsform.

Beginnen wir mit dem typischen Kleinbürgertum. Die Lebensverhältnisse der kleinbürgerlichen Frau kürten sie zum „guten Engel" (Freudenthal 1980) des Haushalts und des Hauses. Ihr Aktionsradius war dementsprechend begrenzt. Ihre Rollen überschritten allerdings die „drei Ks", die für Kinder, Küche, Kirche stehen. Die Lebensverhältnisse nahmen sich zu großen Teilen dermaßen bescheiden aus, dass sie den Haushaltsetat durch Heimarbeit aufbesserte, während der Mann auswärts Geld verdiente. Ihre Existenz erfüllte sich idealerweise als Mutter, Gattin und Hausfrau. Auf diese Funktionen wurde sie mit wachsender Dringlichkeit verwiesen; denn in zunehmendem Ausmaß etablierte sich die Anschauung der Geschlechterdifferenz und schrieb fest, wie Frauen und Männer zu sein sowie zu handeln hätten und auch, wodurch sich die Geschlechter von Natur aus unterscheiden. Um das Korsett besonders eng zu schnüren, wurde dieser Ideologie zusätzlich eine Ehemoral zur Seite gestellt, selbstverständlich in bestärkender Absicht. Diese Tendenzen brechen sich allerdings erst im nachfolgenden Jahrhundert entschieden Bahn. Vorerst müssen

noch christliche Werte als Verbündete herhalten. Folgende Anmerkungen zur Mentalität und zu den Orientierungssystemen im Alltag
sollen die abstrakten Bemerkungen konkretisieren (vgl. z.B.: Möller
1969; Rosenbaum 1980, 1982) und Ihnen helfen, die Empfehlungen,
die uns in den Ratgebern begegnen werden, nachzuvollziehen.

Zu den Selbstverständlichkeiten und Charakteristiken des kleinbürgerlichen Lebens gehörte es, sich an christlichen Normen zu
orientieren. Diese wirkten verhaltensbestimmend und begründeten
Neigungen und Abneigungen, soweit sie das Handeln betrafen. (Darüber, was die Menschen im Innern „wirklich" bevorzugten, wünschten und ablehnten, können selbst Forschungszweige wie Biographie-
forschung, Literaturwissenschaft und Alltagsforschung nur Vermu-
tungen anstellen und vage Auskunft geben.) Es war augenscheinlich
mehr „Frommsein-Wollen" (Möller 1969, 23), also die Außenwirkung, die in Rede stand und das Verhalten motivierte. Als normative
Ausrichtungen fielen folgende besonders auf: Weltliche Vergnügun-
gen wurden mit Skepsis bis Ablehnung bedacht und dafür eine –
christlich überhöhte oder verklärte – Askese zum Gutsein stilisiert.
Dazu passte, dass Arbeitseifer und Betriebsamkeit hoch im Kurs standen und als ehrbar galt, wer seinen Pflichten ambitiös nachkam und
hart arbeitete. Pflichtgefühl und Rechtgläubigkeit, Verantwortung und
Arbeit, Bescheidenheit und Gehorsam den christlichen Geboten
gegenüber – diese Werte leiteten das kleinbürgerliche Leben und re-
präsentierten die Kriterien für gutes Handeln.

Diese sittlich-religiöse Überformung ging gegen Ende des Jahrhunderts, deutlich im 19. Jahrhundert, eine Allianz mit der Ideologie
der polaren Geschlechtscharaktere ein. In jedem Fall war das eheliche Leben als Herrschaftsbeziehung angelegt und strukturiert, als eine Beziehung, die der Logik des Herr-Knecht-Verhältnisses gehorch-
te, also asymmetrisch war. Als autoritative Quellen dieser Dependenzbeziehung, der Charakterisierungen des Soseins von Mann und
Frau und ihrer Rollen, müssen zunächst vor allem die Bibel, die Kirche und die Natur herhalten. Sie konturieren den Mann als überlegen,
die Frau als unterlegen, den Mann als Beschützer und Ernährer, die
Frau als hilflos und verloren. Der Mann kann auch ohne Gattin existieren, die Gattin aber nicht ohne Mann. Die Frau braucht, um überleben zu können, den Mann, seine Stärke und Kraft. Der Mann hat es
nur leichter, bequemer, komfortabler, wenn er im Haus und zu Hause
versorgt wurde. Diese Struktur der Subordination galt als naturgege-
ben. (Dass man dabei einem naturalistischen Fehlschluss erlag, sei
nur erwähnt. Selbst wenn die Natur die Unterschiede prädestiniert,

gilt nicht: Was natürlich ist, ist gut und notwendig gesollt.) Flankiert wurde die Beziehungsstruktur durch Religion und – später – geschlechtstypologische Festschreibung.

Welche Konsequenzen lassen sich für die Liebesideologie beziehungsweise für das eheliche Leben rekonstruieren? Nun, in eheideologischer Hinsicht sorgte man dafür, dass beide Hälften zueinander passten, genauer: einander ergänzten. Frau und Mann wurden als zwei Teile eines Ganzen konstruiert. Diese Sichtweise wird später als Ergänzungsideologie oder als Ideologie der komplementären Geschlechtscharaktere Furore machen. Die Vormachtstellung des Mannes, seine Herrschaftsrechte, seine Rolle als Beschützer, Ernährer, Fürsorger, kurz als Patriarch sowie als Repräsentant in der fremden Außenwelt wurden ergänzt (und, nebenbei, aufgewertet) durch das komplementäre Verhalten der Gattin im Haus: ihre Unterordnung und Demut, ihre Unselbstständigkeit und Selbstlosigkeit, mit der sie für ein idyllisches Heim im patriarchalisch beherrschten Haushalt sorgte. Lieben, so können wir vorerst schlussfolgern, zeigte sich darin, die zugedachten Funktionen zu erfüllen und die Rollen perfekt zu spielen. Im 18. Jahrhundert dominierten noch christliche Werte und Normierungen das eheliche Leben. Man stellte sie nicht in Frage, ebenso wenig wie die Zweckgebundenheit von Sexualität. Sinnlichkeit oder Leidenschaft reduzierten sich auf das Zeugen von Kindern, und sofern dieser Zweck verfolgt wurde, verhielten sich die Gatten moralkonform. Die Frage nach persönlichem Glück wurde (noch) nicht gestellt, diente die Ehe doch als Vorstadium zur Familie, und eine Familie zu gründen, war sittliches und göttliches Gebot.

Derselbe Referenzrahmen liefert uns Antworten auf die Frage nach dem ehelichen Konfliktleben. Konflikte wurden prinzipiell ins Reich des Bösen, des Destruktiven verbannt. Über sie sprach man nicht oder – in den Ratgebern – kaum, und wenn, dann verklausuliert in Verhaltensempfehlungen und Warnungen. Durch die Brille des damaligen Liebes- und Eheideals betrachtet, wurde kollektive Konfliktvermeidung betrieben. Konflikten haftete der Geruch des Zerstörerischen an. Sie waren unerwünscht, weil sie Harmonie vereiteln. Diese Sichtweise war durchaus konsistent. Erinnern wir uns: Individuelle Motive, Sehnsüchte oder Wünsche, gehörten noch nicht in die Ehewelt. Die Personen erlebten weder sich noch den Partner als eigenständige Individuen mit partikularen Bedürfnissen und originellen Persönlichkeitszügen. Die Betrachtung von Ehegatten filterte Eigentümlichkeiten sozusagen aus und reduzierte sie zu „Charaktermasken", zu Typen oder Rolleninhabern. (Nicht von ungefähr stammt die ursprüngliche

Bedeutung von „Person" aus dem Bereich des Theaters, womit in der
Antike die Maske des Schauspielers bzw. später der durch ihn darge-
stellte Charakter bezeichnet wurden!) In der Eheideologie wurde der
Mann Gatte und die Frau Gattin – und als solche mussten sie sich objektiven Regeln unterwerfen. Dieser Kanon wurde vornehmlich der
christlich-religiösen, der sittlichen und der Welt der Natur entnommen. Außerdem gebar die Vorstellung der idealen Ehe eine Komple-
mentaritätsidee. Gemeinsam mit den genannten Normen formten sie
neben den Gatten-Charakteristika (den „Geschlechtscharakteren")
auch geschlechtsspezifische Verhaltensmaximen und Kriterien für gutes, Ehe-dienliches, und für schlechtes, Ehe-störendes, Handeln. Aus
all diesen Gründen kam als einzige mögliche Quelle für eheliche
Konflikte daher nur die Abweichung von vorgegebenen Rollen und
Pflichten in Frage. Anlass von Konflikten konnten ausschließlich deviante Verhaltensweisen sein, Ungehorsam gegenüber vorgeschriebenen Normen, Ignorieren geschlechtsspezifischer Aufgaben und
Pflichten.
 Damit liegt auf der Hand, was zu tun war, wenn Konflikte auftra-
ten. Die Lösung bestand simpel darin, auf Formalismen zu rekurrieren, das heißt darauf hinzuweisen, welche Regeln verletzt wurden –
und auf deren Einhaltung zu pochen. Anders formuliert, wurden Konflikte dem Terrain von Moral und Geschlechtertypologie zugeschanzt.
Das Muster war daher ein moralisierendes, das auf objektive Zuschreibungen von Pflichten insistierte: „Als mein Gatte/meine Gattin
bist du verpflichtet, …" Die Begründung einer Klage über das Verhalten der anderen Hälfte und deren Logik war für beide Geschlechter die gleiche. Nicht so die legitime Strategie oder Verkleidung, mit
der die Gatten ihre Beschwerde vortragen und Gehorsam einklagen
durften und sollten. Hier klafften Welten. Für den Mann gab es praktisch keine Vorsichtsmaßregeln, keine empfohlene Taktik, seine Mah-
nung auszudrücken. Er verkörperte das Oberhaupt der Ehe (Familie),
war faktisch die oberste Entscheidungsinstanz und damit das rechte
Maß der Dinge. Außerdem galt er durch seine Zugehörigkeit zur
männlichen Spezies als der denkende, der rationale Teil der Ehe. (Wer
„Belege" hierfür sucht, lese einmal Schopenhauers >Aphorismen zur
Lebensweisheit<!) Im Zweifel, impliziert das, hat er Recht und nicht
die Frau. Anders auf der weiblichen Seite. Sie war Dienerin und zu
Rücksichtnahme verpflichtet. Emotional, schwach und im Zweifel im
Unrecht, bedurfte sie unauffälliger, unaggressiver Techniken, um ih-
rer Klage Ausdruck zu verleihen. Demut ist dabei das Schlüsselwort
und beschreibt die Schlüsselkompetenz einer klugen Gattin. Als zwei-

te Strategie, ihre Interessen auszudrücken oder ihrem Anliegen nachdrücklich zur Realisierung zu verhelfen, wurde ihr geraten, sich auf ihre Qualitäten als Gattin zu besinnen. Ihr wurde beispielsweise dringend aufgetragen, sanftmütig zu sein und „kraft ihrer Liebkosungen und der nächtlichen Umarmungen" ihr Ziel zu erreichen (Gerhardt 1979, 87). Sie sollte also ihre weiblichen Waffen einsetzen, den Mann bezirzen. Die Macht dieser Strategie konnte nur dadurch aktiviert werden, dass der Gattinnenblick auf dem Gatten haften, namentlich auf seine Bedürfnisstruktur gerichtet blieb. Nicht einmal im Konflikt war ihr eine ichbezogene Aktivität vergönnt. Die typisch weiblichen Strategien folgten der Logik dessen, was später im psychologischen Jargon Liebesentzug genannt werden wird: Die Frau analysiert, was der Gatte am liebsten hat, woran er Freude empfindet – und passt ihre Taktik dieser Bedürfnisdisposition und den Wünschen an. Sie kann diese Devise positiv verstärkend einsetzen und verführt den Gatten – oder in negativ verstärkender Weise und entzieht sich ihm. Eineinhalb Jahrhunderte später wird diese Verkleidung samt ihrer Logik als moralisch verwerflich und psychologisch pathogen verurteilt werden. Jetzt aber, im 18. Jahrhundert, gilt sie als vorbildliche Verhaltensmaxime, die als direkte Funktion und Konsequenz den Rollenzuschreibungen erwächst.

Resümierend können wir sagen, dass sich das Spektrum möglicher ehelicher Konflikte darauf beschränkte, von Normen abzuweichen. Die Richtlinien für Verhalten entstammten christlichen Werten und – abgeleitet – sittlichen Regeln. Neben diesem Kodex finden wir die moralische Einkleidung und Einklagbarkeit vermeintlich naturhafter Unterschiede zwischen den Geschlechtern. Bestand die Konfliktursache in der Normabweichung und damit in der Weigerung, sich objektiv gültigen Vorschriften zu beugen, so lösten die Gatten Konflikte dadurch, dass sie auf die Rechtmäßigkeit ihrer Kritik hinwiesen. Sie konnten dies tun, indem sie auf personal unspezifische, d. h. auf ideologisch fundierte Sollsätze zurückgriffen – und hinter diesen traten persönliche Gefühle, Wünsche und Erwartungen zurück. Es ging nicht darum, subjektives Glück zu verwirklichen, sondern darum, dem Ideal der guten und glücklichen Ehe Genüge zu leisten. Und das hieß: Rollenverpflichtungen realisieren, geschlechtsspezifische Eigenheiten entfalten und den moralischen Geboten gehorchen.

In der Betrachtung des Kleinbürgertums können wir davon ausgehen, dass typischerweise Eigentum existierte, Bedienstete im Haushalt halfen und die Subsistenz gesichert war. Dies galt selbst dann, wenn die Frau durch Heimarbeit das Einkommen bereicherte. (In der

Regel galt Situiertheit des Mannes im Kleinbürgertum als eine materielle Voraussetzung, um heiraten zu dürfen.) Dies hervorzuheben, ist keine Marginalie. Denn die materielle Absicherung war eine Bedingung der Möglichkeit dafür, dass die besagten Regeln gelebt werden konnten – und mit ihnen die „asketische" und förmliche Weise des Liebens. Zugespitzt formuliert: Weil die kleinbürgerliche Ehe (Familie) per definitionem einen gesicherten Lebensunterhalt hatte und ihr im eigenen Haushalt ein Ort zur Verfügung stand, in der sie abseits der Öffentlichkeit ihr Leben gestalten konnte, war es ihr möglich, den skizzierten moralischen Kodex als Maxime der Lebens- und der Eheführung zu befolgen. Ganz anders verhielt es sich, wie wir gleich erkennen werden, für die Unterschichten.

Die Diszipliniertheit, die Obrigkeitsgläubigkeit sowie das Greifen der externalen Steuerungs- und Kontrollmedien markierten einen Aspekt, der kennzeichnet, weshalb die kleinbürgerliche Ehe und Familie als staatstragende Zelle tituliert, behandelt und als der bevorzugte Kandidat für allgemein verbindliche Regularien ausgewählt wurde. Ein weiterer Grund dafür, so attraktiv für ideologische Ansinnen, gerade bezüglich des Ehe- und Familienlebens, zu sein, mag darin gelegen haben, dass sie sich eignete, für die Unterschichten als Vorbild zu fungieren. Sie wurde als disziplinierendes und Herrschaft sicherndes Paradigma eingesetzt. Wir werden rekonstruieren, dass das Modell der kleinbürgerlichen Ehe und Familie, samt der mit ihnen verschlungenen Liebes-, Ehe- und Verhaltens-Moral, breitflächig wirkte. Diese Breitenwirkung hing vor allem damit zusammen, dass die Lebensverhältnisse kleinbürgerlicher Existenz sich nicht nur als nachahmenswert, sondern auch als expansionsfähig erwiesen. Mit anderen Worten: Wenn auch sukzessive realisiert, rückte die kleinbürgerliche Lebensführung für Fraktionen der Unterschicht in den Horizont des Erreichbaren. Da sich hier – aus politischer Perspektive, also aus derjenigen der Staatsführung – ein schon quantitativ weites Feld prägender Einflussnahme auftat, avancierte die kleinbürgerliche Ehe und Familie zum offiziellen Ideal. In der Folge reüssierten Gruppen der Unterschicht im 19. Jahrhundert in den Kreis derer, für die die Ratgeber geschrieben wurden. Diese allmähliche Einverleibung begründet, warum wir uns in den nächsten Abschnitten mit ausgewählten Gruppierungen der unteren Schichten befassen (z. B. Kocka 1983; Nipperdey 1984; Rosenbaum 1980, 1982).

Im zu Ende gehenden 18. Jahrhundert hatte sich eine breit gestreute Unterschicht etabliert. Sie war heterogen, weil aus Angehörigen der ländlichen und städtischen Unterschicht gebildet. Zu den ersteren gehörten Bauern, die von dem Land, das sie bewirtschafteten, leben konnten; ferner Kleinbauern, die zusätzlich zur Landarbeit einem Nebenerwerb nachgehen mussten, um ihr Auskommen zu sichern, und drittens eine hoch mobile, weil landlose Unterschicht. Dieser Kreis musste umherwandern, dorthin, wo die Arbeit war, von deren Belohnung ihre Existenz abhing. (Wer hier Parallelen zur heutigen Diskussion und Praxis erkennt – nun, der liegt wohl nicht so falsch.) Die städtische Unterschicht rekrutierte sich vorwiegend aus Gesellen, häuslichem Gesinde, Tagelöhnern, Transport- und Gelegenheitsarbeitern. All diese Schichten und Gruppierungen wurden als „unterständische Existenzen" klassiert und bildeten das Reservoir für die bald entstehende Arbeiterklasse. Gemeinsam ist den Angehörigen dieser unterständischen Schichten unter anderem, dass sie besitzlos waren und für ihren Lebensunterhalt selbstständig und in abhängiger Arbeit sorgen mussten. An zwei Typen, dem Heimarbeiter oder Hausindustriellen und dem frühen Fabrikarbeiter, möchte ich zeigen, welche Auswirkungen die Besitzlosigkeit und die damit verbundene Notwendigkeit, für sich selbst aufkommen zu müssen, auf Liebe und Ehe hatten.

Im Leben der Heimarbeiter fielen Arbeits- und Wohnsektor, modern gesprochen: berufliches Arbeiten und Privatleben, zusammen. Typischerweise verfügten Heimarbeiter über keinen Grundbesitz, und die Notwendigkeit, mobil und flexibel zu sein, machte sie zu einem der Trendsetter für die zukünftige Kleinfamilie. Konsequenterweise waren Heimarbeiter weitgehend von den Fesseln befreit, die sowohl die Gründung eines Hausstandes als auch die Eheschließung an die Voraussetzung knüpften, Eigentum an Grund und Boden zu haben. Die Abwesenheit von ökonomischen Interessen machte auch die Eltern oder Vormünder als Instanzen überflüssig, die entschieden, wer wen heiratete und wen nicht. Zudem kam das praktisch kaum in Frage. Denn Heimarbeiter lebten nicht im „ganzen Haus" mit Eltern, Großeltern, Gesinde, sondern allein, oft mit fremden Menschen in einem Haushalt beziehungsweise Zimmer. Die materielle Grundlage der Ehe lag schwerpunktmäßig in der fortdauernden Beschäftigung durch Heimarbeit, in die Menschen bereits im Kindesalter einstiegen. So belastend die ständige Sorge um entlohnte Arbeit war, sie gewährte auch Freiheiten (die etwa die Kleinbürger nicht genießen konnten). Zum einen war die Auswahl des Liebespartners weit weniger von der Maßgabe bestimmt, Besitzstände zusammen führen oder wahren zu müssen. Es gab kein Eigentum, das durch eine Heirat zu verewigen war, sodass die Eheschließung auch nicht als Transmissionsriemen

für Besitz diente. Diese Mittellosigkeit verbannte die Heimarbeiterehe (noch) aus dem Gesichtsfeld programmatischer staatlicher Diszi-
plinierungs- und Domestizierungsbemühungen. Noch also fiel sie aus
dem Adressatenkreis eheideologischer Indoktrination heraus. Dank
dieser Umstände konnten Heimarbeiterinnen und Heimarbeiter nicht
nur früh heiraten (das Durchschnittsalter lag wegen der Entbindung
von der Besitzkondition niedriger als etwa im Kleinbürgertum, bei
Bauern oder im Großbürgertum), sondern sie konnten zusätzlich ihren Bedürfnissen und Wünschen sowie ihrem Gefühl mehr folgen als
die oben genannten Stände. Persönliche Motive, Sympathie und erotische Anziehung erhielten hohes Gewicht und avancierten zu den
ausschlaggebenden Argumenten für oder gegen eine Eheschließung.
Selbstverständlich sah die Ehewirklichkeit nicht so rosig aus, wie es
die Möglichkeit zur Liebesehe verheißt. Sorgen um das Überleben
und harte, die meiste Zeit des Tages beanspruchende und erschöpfen-
de Arbeit, beengter Raum, Mangel an Privatheit und exklusiver Intimität – all dies bot Zündstoff für Probleme und Unglück. Auch wenn
die Option auf die Liebesehe nicht mit einem Freifahrschein ins
Glück identisch war – sie war nicht nur eine neue Möglichkeit, ein
qualitativ neues Paradigma für die Ehe, sondern ganz praktisch ein
Weg, im anstrengenden und leidvollen Leben Momente der Freude
und des Glücks zu erleben. Die Neigungs- oder Liebesehe entsprang
bei den Heimarbeitern (wie bei anderen Gruppierungen der Unterschicht) der Besitzlosigkeit oder auch Armut. Wer aus Liebe heiratete, konnte nur gewinnen.

In der so verstandenen Intimisierung der Partnerwahl verbarg sich
ein zweites Novum. Sie bot in zweifacher Hinsicht die Chance auf eine Individualisierung der Ehe. Da die Partnerwahl prinzipiell von
ökonomischen Kalkülen und elterlicher Bestimmung entkoppelt war,
konnten Gefühle der Zuneigung und Anziehung den Partner wählen.
Diese Option bestand unabhängig davon, dass der Arbeits- und Leistungsfähigkeit, sprich der Erfahrung und der Belastbarkeit gerade der
Frau eine hohe Bedeutung zukam. Denn auch ihre Arbeitsleistung
schlug sich maßgeblich im Ein- und Auskommen nieder. Der erste
Aspekt der Individualisierung zeigte sich also darin, dass persönliche
Empfindungen, Bedürfnisse und Erwartungen den Liebespartner aus-
suchen konnten. Der zweite Aspekt der Individualisierung offenbart
sich darin, dass die zukünftigen Gatten ihre Ehe auf der Basis einer
persönlichen und freien Übereinkunft schlossen. Der Ehekontrakt
fungiert hier eben nicht als ein Vertrag, der aus dem Ehrgeiz resultiert, Eigentumsverhältnisse zu regeln oder andere Status-Interessen

zu befriedigen. Vielmehr erscheint der Ehevertrag als ein Versprechen, zumindest als Ausdruck der Hoffnung zweier Personen, individuelle und gemeinsame Glückserwartungen zu verwirklichen.

Wir erwähnten bereits, dass die kleinbürgerliche Lebenspraxis, die sich an der strikten Trennung von Rollen und Pflichten der Geschlechter entlang schlängelte, für die Heimarbeiter nicht praktikabel war. Ebenso wenig konnten sie die mit jenem kleinbürgerlichen Kodex verwobene patriarchalische Maxime der Eheführung umsetzen. Dafür waren schlicht die Rahmenbedingungen zu armselig, innerhalb deren sich die Gatten in der Heimarbeiterschicht bewegten. Vor allem war ihnen lebenspraktisch weitgehend verwehrt, männliche und weibliche Aufgaben strikt zu separieren. Die Arbeitsbereiche und Tätigkeiten waren in einem Ausmaß angeglichen, demzufolge sich die patriarchalisch-logische Rollenverteilung gar verkehren konnte. Jedenfalls war die geschlechtsspezifische Verteilung von Pflichten und Arbeit tendenziell, zeitweise oder situativ aufgehoben. Wenn sich die Verbesserung des Status der Frau dennoch in Grenzen hielt und von egalitären Machtverhältnissen kaum die Rede sein konnte, ging das auf das Konto tradierter und verinnerlichter Kernglaubenssätze. Immerhin wurde die Egalisierung in der Ehe durch vorzugsweise praktische Notwendigkeiten und Leidensdruck vorangetrieben. Flankierend und forcierend wirkten hier gravierende Änderungen in der Haushaltsführung und im Konsumstil. Da nämlich die Frau Textilien nicht mehr selbst herstellte und Nahrung kaum noch selbst produzierte, war sie genötigt, diese Waren zu kaufen. Der Kauf entledigte die Gattin typisch weiblicher Pflichten und Beschäftigungen.

Während Heimarbeiterinnen und Heimarbeiter die Chance zur Liebes- oder Neigungsehe nutzten und die Rigorosität der geschlechtstypologisch diktierten Rollenverteilung aufweichten, ließen sie ein weiteres Potenzial, das ihnen diese beiden Novitäten eröffneten, brachliegen. Und dieses prinzipiell und liebes-semantisch verfügbare Vermögen betrifft das Umgehen mit Konflikten.

Zur Erinnerung: Die (früh geschlossene) Ehe wurde durch Sympathie motiviert, breitete sich allmählich aus und bereicherte das Eheleben um affektive Komponenten. Allerdings nahmen dadurch auch eheliche Konfliktquellen zu. Denn – wie ein geflügeltes Wort es formuliert – Gefühle sind launisch und damit unberechenbar. Gefühle sind ein Unsicherheitsfaktor. Kombinieren wir die typischen Eigentümlichkeiten der auf Neigung beruhenden Eheschließung, wird nachvollziehbar, inwiefern sich der Sorgenkatalog aufblähte und die Liste wahrscheinlicher Konfliktanlässe verlängerte. Die beschränkte

Einhaltbarkeit und Befolgung kleinbürgerlicher Doktrinen und Moralen, die Entbindung von übergeordneten Autoritäten als Auswahlinstanzen für die Gattenwahl, die Aufwertung persönlicher Wünsche und Anziehung als konstitutive Momente für Partnerwahl und Eheschließung und die Unzuverlässigkeit von Gefühlen – all dies verwies die Gatten darauf, selbst, weitgehend ohne Vorbild und weisende Regularien für ihr Glück zu sorgen. Neben dieser mageren Ausstattung an obligatorischen Anhaltspunkten und Verlässlichkeiten erzeugte gerade die Gefühlsfundierung der Ehe eine neue Qualität ehelicher Konfliktanlässe, nämlich Eifersucht und der (durchaus sehr modern anmutende) Streit um das „wer tut was?".

Zunächst zur Eifersucht als Konfliktherd. Psychologisch betrachtet, unterliegt ihr dieses Muster: „Wenn ich dich schon ausgewählt habe, weil du mir gefällst, und du mich erwählt hast, weil ich dir gefalle – dann will ich auch, dass du mir treu bist und nur mir gehörst." Verschwiegen wird dabei: „solange du mir gefällst". Ergänzen wir das psychologische Muster um die Überlebenskomponente (und schließen dabei generöserweise das Thema Kinder aus): „Ich habe dich gewählt, weil du mir gefällst und weil ich mir vorstellen konnte, dass wir gemeinsam unser Überleben sichern und Freude haben können. Wenn du mir untreu bist, werde ich auch materielle Nachteile davon haben, weil du mit deiner Geliebten Geld verprasst." Abstrakt formuliert: Das stärkere Gewicht, das der Sympathie als Ehe stiftendes Moment zukam, lief Hand in Hand mit der Aufwertung persönlicher Faktoren (Erwartungen, Wünsche, Vorstellungen) und neuen moralischen Ansprüchen. Während erstere die Berechenbarkeit und Zuverlässigkeit und deshalb die Stabilität der Ehe in Frage stellten, provozierten letztere eine erhöhte Brüchigkeit der Ehe, weil sie erst ausgehandelt wurden oder über sie situativ, je nach Bedarf entschieden wurde. Die Heimarbeiterehe war – wie in den Unterschichten allgemein – nicht junktimartig an das Einhalten objektiv gültiger Gebote und Verbote gebunden, wie dies etwa für das Kleinbürgertum typisch war. Im Alltag spielte besonders die sexuelle Treue eine große Rolle, weil sie zum einen als Manifestation von Zuneigung („Liebesbeweis") galt und zum anderen über Verlässlichkeit von Erwartungen und Verhalten, Festigkeit der Ehe und das Überleben wesentlich mitentschied. Die Emotionalisierung des Ehelebens rächte sich hier ähnlich wie der Mangel an verbindlichen Direktiven und kodifizierten Normen, die die Interaktion zwischen den Gatten steuern und Kontinuität garantieren konnten.

Die zweite Novität im Spektrum der Konfliktanlässe wurde durch die zum Überleben nötige Flexibilität ins Leben gerufen. Wie oben skizziert, erforderte der Kampf um die Subsistenz von Mann und Frau, nachgefragte Kompetenzen auszubilden und einzusetzen. Beide arbeiteten häufig im selben Metier. Vor diesem Hintergrund gleicher oder ähnlicher Qualifizierung, dem Leben in derselben Welt (Heim und Arbeit am selben Ort) und dem beidseitigen Schuften bis zur Erschöpfung erschien es deplatziert, die geschlechtsspezifische Aufgabenverteilung als Leitidee zu propagieren und umzusetzen. Sie war kaum lebbar. Konflikte drehten sich daher weniger um Abweichungen von vorgegebenen Geschlechterrollen, sondern um die zwingende Voraussetzung für die Sicherung des (gemeinsamen) Überlebens, nämlich die Zusammenarbeit im Alltag, das Ziehen am selben Strick in dieselbe Richtung.

Das oben angekündigte brachliegende Potenzial im ehelichen Konfliktmanagement konnte faktisch nicht genutzt werden. Die Chancen, die den Spielräumen der Heimarbeiterehe innewohnten, sind paradigmatischer, nicht praktischer Natur (noch nicht). Sie beziehen sich auf die Möglichkeit, überhaupt als Individuen wahrgenommen zu werden, als Individuen zu agieren und daher persönlich motivierte Konflikte haben zu können. (Im Gegensatz zu den allgemeinen Kategorien und den Charaktermasken, mit denen das Kleinbürgertum konfrontiert war.) Dies bot idealiter oder theoretisch und semantisch die Option, vom Reden in Schablonen umzuschwenken auf einen persönlichen Diskurs, der sich augenfällig durch zweierlei auszeichnete. Erstens hob er von Formalia in den Redeweisen ab. Die Gatten formulierten, wie sie wollten, also wie ihnen der Schnabel gewachsen war und nicht in Floskeln, nicht in vorgestrickten Standardformulierungen, sondern folgten einem persönlichen Duktus. Zweitens war der Dialog inhaltlich frei. Die Partner thematisierten, was ihnen auf dem Herzen lag, frisch von der Leber weg, und nicht, was sie laut Ehe- und Geschlechteranschauung, laut Moral und Sitte aussprechen durften. Diese Freiräume konnten die Betroffenen im 18. Jahrhundert noch nicht in dem Sinn nutzen, dass sie eine differenzierte, gar psychologisierte Kommunikations- und Streitkultur pflegten. Von den zahlreichen Gründen seien zwei hervorgehoben. Zum einen erlaubte der niedrige Bildungsgrad nicht, einen solchen Dialog zu führen. Die Verständigung verlief im sprachlichen Bereich vorzugsweise imperativisch, also im Befehlston, und eher grob oder in derben Ausdrücken. Zudem waren die Menschen mit dem chronischen Kummer belastet, ihr Überleben zu bewerkstelligen. Und man muss nicht erst die Bedürfnispyramide von Abraham Maslow zitieren, um nachzuvollziehen, dass es in einem Klima von Armut und Enge, von Erschöpfung und Krankheit, Unordnung und Dreck keinem in den Sinn kam, schöngeistige oder intellektuell raffinierte Gespräche zu spinnen. In dem Profil der Fabrikarbeiterehe wiederholen sich Charakteristika, die wir für die Heimarbeiterehe rekapituliert haben (und wie sie für ländliche Gewerbetreibende typisch ist). Im Milieu der Fabrikarbeiter arbeiteten beide Eheleute auswärts, örtlich und vom Heim getrennt. Bereits dieses Faktum verhinderte oder erschwerte, das Eheleben nach dem Modell der patriarchalisch dominierten Bürgerehe anzulegen und zu führen. Das gilt zum einen für die rigide Rollen- und Aufgabenteilung, die der Geschlechtscharakterologie entstammen und in Gestalt von Dogmen auftauchten, die das Wesen, das Sosein und das Dasein von Mann und Frau und Gatte und Gattin deklarierten. Sie schrieben vor, wie der Mann und wie die Frau ist und sein sollte; was ihnen erlaubt beziehungsweise verboten war und welches Verhalten sie in ihrer Funktion und Rolle als Gatten zu zeigen hatten und welches nicht. Wenn die Eheleute diese Differenzierung auch nicht leben konnten, ein Anspruch und seine Kehrseite, eine Pflicht, retteten sich: Christlicher Glaube und Annahmen über die Natur der Geschlechter transportierten den Anspruch des Mannes, als Oberhaupt zu gelten, erfolgreich in die Ehe der Fabrikarbeiter. Und mit so reichhaltiger Legitimation ausgestattet, forderte er, von den häuslichen Pflichten entbunden zu werden. Die Gattin akzeptierte dies in der Regel – auch sie war ein Kind ihrer Zeit –, sodass es ihr oblag, für eine funktionierende und angenehme Häuslichkeit zu sorgen. Abgesehen davon kann man behaupten, dass die Gatten so lange eine eher partnerschaftliche Ehe führten, wie sie beide einer Erwerbstätigkeit nachgingen. Allerdings beschränkte sich die relativ egalitäre Haltung weitgehend auf die Sphäre außerhalb des Hauses. Vorzugsweise wurde sie im Konsum- und Sexualverhalten sichtbar – beispielsweise bei Frauen, die in der Öffentlichkeit rauchten und Alkohol tranken. Dem Sexualverhalten in der Öffentlichkeit, besonders am Arbeitsplatz, lag offensichtlich eine „lockere" Sexualmoral zu Grunde; denn weder Männer noch Frauen zierten sich, ihren Bedürfnissen deutlich Ausdruck zu verleihen. Das provozierte bei Eheleuten durchaus heiße Konflikte, denn ähnlich wie bei den Heimarbeitern lag in der Sympathieehe ein Versprechen auf persönliches Glück. Gleichzeitig machen Gefühle als Basis für das Zusammenleben die Partner angreif- und reizbar und die Ehe labil. Eine „lockere" Sexualmoral erweckt die Furcht, den Treueschwur zu brechen, und so gewann die Eifersucht als eine Quelle ehelicher Streitereien einen hohen Stellenwert. Wir dürfen auch in dem Milieu der Fabrikarbeiter vermuten, dass die Auseinandersetzungen verbal und nonverbal „narrativ" und nach der Logik des heißen Konfliktes ausfielen, soll heißen: direkt und drastisch, imperativisch und ultimativ, emotional und lautstark.

Die gleichen Gründe, die in der Schicht der Heimarbeiter der Neigungsehe den Vorrang vor anderen Motiven zur Eheschließung gab, führten in der Schicht der Fabrikarbeiter dazu, primär aus Sympathie und Attraktion den Ehebund einzugehen. Sie hatten nichts zu verlieren, wenn sie ihrer Neigung folgten. Denn da sie auf den Verkauf ihrer Arbeitsleistung angewiesen waren und über keinen ererbten Besitz verfügten, war ihre Ehe weniger als Produktions- und Konsumtionseinheit entworfen, sondern als Zusammenführung von Arbeitskraft. Zwar spielten Gefühle eine größere Rolle als im gesamten Bürgertum. Aber sie erhielten nicht zwangsläufig den Zuschlag, wenn es darum ging, den Zukünftigen oder die Zukünftige auszuwählen. Die Ehe begründete eine Arbeitseinheit (der auch die Kinder bereits früh integriert wurden), deren Wohlergehen von der Kapazität an Leistung und Belastung abhing. Die Wahl machte ein gutes Auskommen weniger oder mehr wahrscheinlich. Das heißt: Jene Kandidatinnen und Kandidaten genossen im Zweifel den Vorrang, denen der prospektive Ehepartner zutraute, die gewerbliche Tätigkeit auch weiterhin erfolgreich ausüben zu können. Insofern kann man sagen, dass die Ehe zwar nicht als eine Institution zur Übermittlung von Besitz fungierte. Aber der sachliche Aspekt der Gattenwahl verlor sich nicht einfach, sondern verlagerte sich vom Besitz auf Arbeitsleistung. In jedem Fall trafen die Betroffenen selbst die Entscheidung und nicht eine übergeordnete Autorität, etwa in Gestalt der Eltern oder Vormünder. Deren Einfluss erodierte zusätzlich, weil Fabrikarbeiterinnen und Fabrikarbeiter dem Zwang ausgesetzt waren, hoch mobil zu sein. Örtliche Mobilität begünstigte und beschleunigte, dass sich die Bande unter den Generationen lockerten. In Besitzlosigkeit, Mobilität und Abhängigkeit von entlohnter Arbeit finden wir die Kernursachen dafür, dass sich Heiratsverhalten und Familiengründung der patriarchalischen Herrschaft und Steuerung entzogen, sei es aus der Sicht von Eltern oder Vormündern, sei es aus der Sicht der staatlichen Lenkung.

Individualisierung der Gattenwahl und Emotionalisierung des Ehelebens auf der einen Seite und auf der anderen entwurzelte, umherziehende Arbeitskräfte und eine unüberschaubare Ausdehnung der Unterschicht – dies schaffte eine Gemengelage, die dem Bürgertum Furcht einflößte. Staatlichen Institutionen erschien die heterogen zusammengesetzte Unterschicht immer weniger beherrschbar. Und in

dieser selbst schien es keine soziale Kontrolle zu geben, die dafür
sorgte, dass gewisse Regeln eingehalten wurden, und zwar allein
schon deshalb, um sich vor dem Nachbarn nicht schämen zu müssen
oder von ihm (mit Missachtung oder Schlimmerem) bestraft zu werden. In den Augen der Herrschenden und politisch Gestaltenden erschienen die Angehörigen der Unterschicht zudem bar jedweder
Selbstkontrolle im Sinne der bürgerlichen Werte und Normen. Die
Unberechenbarkeit, der destabilisierende Faktor und die „Unhaltbar-
keit" der Zustände mündeten in diverse Anstrengungen, Ordnung in
das Chaos zu bringen. Zu diesen Initiativen, die zu disziplinieren,
kontrollieren und domestizieren beabsichtigten, können wir auch die
Benimmliteratur in Form der Ratgeber zählen. Sie übernehmen es,
mit gleichsam missionarischem Eifer die bürgerlichen Werte und
Leitideen zu verbreiten.

Bevor wir einen Klassiker jener Zeit, Adolf Freiherr von Knigge, zu
Wort kommen lassen, ordnen wir die Botschaften der Ratgeber historisch und mental ein.

Die Ratgeber im 18. Jahrhundert verstehen sich als Medium für
Empfehlungen sowohl zum allgemeinen Benehmen als auch zum
richtigen Verhalten in der Ehe. Sie transportieren Ratschläge zum
„guten Tun", für „feine Sitten", zum feinen Takt und sollten in jedem
Haushalt zu finden sein, der Wert darauf legte, als „etwas besser gestellt" zu gelten (vgl. z. B. Eicke 1980, 76 und Schneider 1980). Damit richteten sie sich an jene Schichten, denen es aufgrund ihrer ökonomischen und sozialen Position möglich war, den Vorgaben zum
Benimm Folge zu leisten. Ihr Adressatenkreis umschloss das nicht-
aristokratische Bürgertum. Sie wandten sich ausdrücklich an „den
bürgerlichen Menschen" (ebd.) und schlossen (noch) die niederen
Stände aus, weil die Normen und Werte und damit die Empfehlungen für sozial erwünschtes Verhalten für Angehörige dieser
Schichten jenseits aller Realisierbarkeit lagen und damit unbrauchbar
waren.

Dass die Literatur des guten Benehmens sich auf den Kreis der bürgerlichen Menschen konzentrieren musste, demonstrieren die Kernbotschaften der Ratgeber deutlich. Sie huldigten den Kategorien der
Sittsamkeit und Reinlichkeit, der Ordnung und Einfachheit, des Flei-
ßes und des Taktgefühls und nicht zuletzt dem Idyll des harmonischen Ehe- und Familienlebens. Die diesen Kategorien entwachsen-
den Vorschriften verlangten von den Menschen, in jeder Lage vollendete Selbstdisziplin und vorbildliches Handeln zu demonstrieren.
Diese Hinweise deuten an, dass die Ratgeber bestenfalls in zweiter

Hinsicht auf die Gesinnung, also die innere Einstellung zielten. Vielmehr begnügten sie sich mit dem Schein, mit dem, was beobachtbar war. Sie zentrierten deklariertermaßen den „äußeren Menschen", vor allem sein Verhalten.

Die Absicht der Ratgeber lag darin, exakte Vorgaben für Verhalten und Handeln zu formulieren und dadurch die Adressaten zu befähigen, sich formal korrekt zu benehmen und somit eine Interaktionskultur zu garantieren, die sich dem sozial Erwünschten und Schicklichen fügte.

Um diese Anliegen sowie die Rigidität, den Dogmatismus und den Formalismus zu begreifen (und nicht vorschnell zu verurteilen), hilft es, sich den historischen Hintergrund in Erinnerung zu rufen. Das 18. Jahrhundert glich einer Zeit des Übergangs, in der das Hergebrachte, das bis dahin fraglos gegolten hatte, allmählich zu bröckeln begann und so etwas wie eine Rudimentierung von Tradiertem einsetzte. Dazu trugen die Veränderungen in wirtschaftlichen Strukturen bei, die ihrerseits soziale und kulturelle Wandlungen in Gang setzten und neue Anforderungen an den frühbürgerlichen Menschen herantrugen. Im Schlepptau dieser sich ankündigenden Revolution nahmen institutionelle und religiöse Fremdkontrolle ab. Sowohl die Neuerungen im Rahmen des ökonomischen Umfeldes als auch die Säkularisierung erforderten und bewirkten, dass die Betroffenen zunehmend auf sich selbst verwiesen waren. Dort, wo sie bisher von außen – etwa durch die Kirche, durch die starren Regularien des Ständewesens oder durch herrschaftliche Anweisungen – „fremd-geführt" wurden, mussten sie in wachsendem Maße ihr Leben selbst in die Hand nehmen. Es waren daher qualitativ und inhaltlich neuartige Anforderungen, denen sich die frühbürgerlichen Menschen ausgesetzt fanden.

Die Ungewissheiten, die die Umwälzungen provozierten, spürten vor allem die Angehörigen des frühen Bürgertums. Denn dieses Bürgertum war in der Gesellschaft, die noch in weiten Teilen ständische Prägung aufwies, als soziale Klasse noch nicht etabliert. Es schwebte sozusagen noch im freien Raum, und die Betroffenen spürten dies wesentlich als freien Fall. Denn da althergebrachte Orientierungsmuster, Routinen und Rituale, die sukzessive ihre Bedeutung verloren, nicht sofort und flächendeckend durch neue ersetzt wurden, fühlten sich die Menschen verhaltensunsicher. Gleichzeitig erzeugte diese allgemeine Verunsicherung darüber, was neu galt und welche Regeln im sozialen Leben verwirklicht werden sollten, einen ausgeprägten Bedarf an Anhaltspunkten. Dieser Nachfrage wurde insbesondere in der zweiten Hälfte des 18. Jahrhunderts Rechnung getragen. Ein Medium, das den Ungewissheiten Abhilfe verschaffte und den Betroffenen eine zielgerichtete Orientierung anbot, war die Ratgeberliteratur. Ihr oben erwähnter Dogmatismus, die Starrheit ihrer Schablonen und Anweisungen, die kaum Spielraum für eine persönliche Note ließen, gewinnen in dem skizzierten Umfeld nachvollziehbaren Sinn. Sie können als Reaktion darauf gelesen werden, dass die Verhältnisse für die Subjekte immer undurchsichtiger, weil komplexer wurden. Sie antworten auf das Bedürfnis, Überschaubarkeit und Kontrollierbarkeit, also Struktur und Ordnung und damit Übersichtlichkeit und Sicherheit wiederherzustellen. Ihre Kultur der Prinzipien und der Akkuratesse, der exakten und engen Vorschriften sowie die Eindeutigkeit ihres Plädoyers für das, was für gut und erwünscht, und für das, was für schlecht und unerwünscht befunden wurde, entsprang den Orientierungsbedürfnissen, deren Quelle ihrerseits die einsetzende Erosion tradierter Normen war. So ist verständlich, warum galt: Wer seinen Knigge nicht beherrschte, dem fehlte das einfachste „Handwerkszeug" zum „anständigen Leben" (Eicke 1980, 41) und dem mangelte es an Instrumentarien, ein angemessenes Benehmen zu zeigen. Insofern waren die Menschen angewiesen auf eine Nomenklatur, die ihnen eine „Technologie des Benehmens" offerierte.

Das Defizit an sozialer Verortung, das heißt die Frage, wohin man gehörte und wie man das eigene Leben gestalten, in welchen Bahnen man sich bewegen und mit was man sich wie arrangieren sollte, erzwangen weitere Bemühungen, den eigenen Platz zu finden. Dabei half die Abgrenzung zu den alten Ständen und Schichten. Konkret wurden die Anstrengungen, sich von diesen abzuheben, durch die Optionen realisiert, die der Trennung von Wohn- und Arbeitsbereich entstammen. Weitere Schützenhilfe erhielt das frühe Bürgertum von der neuartigen Stellung und Bewertung von Leistung. Leistung wurde zu einer persönlichen Angelegenheit und eröffnete Karrierechancen. „Das Bewusstsein von und das Vertrauen auf die eigene Leistungsfähigkeit waren Grundlagen des bürgerlichen Selbstbewusstseins" (Rosenbaum 1982, 258). Die so motivierte Besinnung auf die eigene und damit individuelle Leistung lenkte den Blick der bürgerlichen Menschen auf sich selbst. Der neue Bezugsrahmen war das Selbst. Wir erleben hier die Morgendämmerung des Individualismus – einer Haltung, die einschneidende Folgen zeitigt. In der Bewertung der eigenen Leistung schlummerten „zugleich die Fundamente des für die bürgerliche Mentalität konstitutiven Individualismus" (Rosenbaum 1982, 258).

Im Zuge dieser Wandlungen erhielten auch Ehe und Familie einen neuen Stellenwert. Sie wurden wichtiger, mit herausragender Bedeutung belegt und Adressat besonderer Postulate. Warum? Lassen wir Revue passieren, wie sich die soziale Situation des frühen Bürgertums ausnahm, werden sie als Stätte der Zuflucht und – in Folge dessen – als „Keimzelle des Staates" verständlich.

Ehe und Familie mutierten in der unübersichtlichen, fremden und verwirrenden Außenwelt zum Refugium. Denn da das frühe Bürgertum noch nicht zu einem festen sozialen Gefüge geronnen war und eine Integration mit all ihren Werten und Regeln noch nicht gefunden hatte, wurde die psychologisch nötige Sicherheit in privaten Beziehungen und deren Pflege gesucht. Hinzu kam die gewachsene Bedeutung der individuellen Leistung. Sie zog es nach sich, dass die männliche Arbeitstätigkeit zunehmend rationalisiert wurde. Die lokale Separation von Erwerbsarbeit einer- und Hausarbeit und Wohnen andererseits trug außerdem dazu bei, das Heim zu einer Zufluchtstätte der Ruhe, Regeneration und Harmonie zu erkiesen. Es erhielt damit mehr und mehr den Status, eine kleine Welt zu sein, in der sich der erwerbstätige Bürger von den Anstrengungen erholen konnte. Diese Funktion gebar nachhaltige Folgen für das Ehe- und Familienleben. Die Ehe war zwar praktisch zu jener Zeit noch immer dazu bestimmt, ein Übergangsstadium zur Familie zu sein. Vor dem Hintergrund der Diagnose, dass das Heim den Charakter einer eher privaten Welt erhielt, avancierte sie peu à peu zu einer exklusiven Beziehung, die die Öffentlichkeit immer mehr ausschloss beziehungsweise sich ihrer kompletten Kontrolle entzog. Privatheit und Intimität begannen, das Licht der Welt zu erblicken.

Wer allerdings der Auffassung ist, diese Geburt der Intimisierung laufe einher mit einer ausgeprägten Emotionalisierung und Individualisierung der Gattenwahl und Ehebeziehung (z. B. Rosenbaum 1982, 258), verlegt diesen Prozess historisch zu früh. Davon kann im 18. Jahrhundert günstigstenfalls gegen dessen Ende die Rede sein. Denn das Eindringen intensiver Gefühle und die Hinwendung zur partikularen Person implizieren, dass als Ehepartner nur diese eine konkrete und damit unaustauschbare, unverwechselbare Person als Gatte oder Gattin in Frage kommen konnte. Dieser Ausrichtung an der Einzigartigkeit der Person standen noch die erwähnten Konventionen im Wege, durch die Ehen gestiftet und prospektive Gatten selektiert wurden. (Wir kommen auf Ausnahmen noch zu sprechen.) Zu diesen gehörten politisch und wirtschaftlich relevante Aspekte wie Rang und Macht, Besitz und Prestige. Diese Faktoren spielten die ausschlaggebende Rolle bei der Entscheidung, inwiefern Frau und Mann eine „gute Partie" machen konnten. Die Zuneigung, so die herrschende Auffassung und Zuversicht, keime und entfalte sich durch den täglichen Kontakt. Die mentale Figur und das praktische Muster, die diese Überzeugung hervorbrachten, waren die des Arrangements. In der Unausweichlichkeit der Nähe würde sich die Sympathie schon ausbilden und würden sich Mann und Frau so arrangieren, dass das Eheleben erträglich und das Heim idyllisch sein würde.

Die Ideologie der Geschlechtscharaktere

Neben dieser Auswahl- und Entscheidungspraxis war es die Anschauung der Geschlechter, die eine Personalisierung der Ehe erschwerte. Die Behinderung, in dem Gatten den einzigartigen Mann und in der Gattin die individuelle Frau zu sehen, verdankt sich dem Schwerpunkt der Geschlechterideologie. Sie fokussiert Typen, nicht Individualitäten. Wie ist das zu verstehen? Nun, der Begriff des Geschlechtscharakters kam im 18. Jahrhundert auf. Er verkörperte und transportierte in erster Linie ein Kontrastprogramm: Frau und Mann wurden unterschiedlich, gar gegensätzlich konstruiert, und diese Gegensätzlichkeit wurde in dem Gedanken der Ergänzung harmonisiert (Gegensätze ziehen sich laut Volksmund an!): Frau und Mann als zwei Seiten einer Medaille. Damit wohnt der Charakterologie der Geschlechter auch ein Programm der Komplementarität inne. Kontrast, ja Gegensätzlichkeit, und Ergänzung beschreiben die Logik und Basis dafür, dass der Geschlechtertypologie die Funktion zukam, als Organisations- und Funktionsprinzip für Ehe- und Familienleben zu dienen. Sie fungierte als normatives Deutungssystem, das das Eheleben lenkte und angab, was schicklich und was unschicklich war. Im letzten Drittel des 18. Jahrhunderts wurde die biologische Natur als jene Komponente ins Feld geführt, die den Geschlechtscharakter begründet. Die Ideologie propagierte eine Korrespondenz von biologischen, ontologischen und psychischen Merkmalen – und leitete aus dem Gesamtkonstrukt Aussagen ab, die die geistig-seelische Verfassung beschrieben und umrahmten, welche Verhaltensweisen dem Mann und der Frau jeweils zu eigen waren. Mit anderen Worten: Die Charakterologie nahm an, dass sich Natur (als allgemein menschliche: biologisch, und als persönliche Entwicklung: ontologisch) und Wesen entsprachen. Der Begriff des Charakters beschreibt, wie ein Mensch ist. Die biologische Seinsweise wurde in ihn projiziert, auf das Sosein ausgedehnt und damit zu einem persönlichen Zug (eben dem Charakter) umdefiniert. Frau und Mann waren durch ihre biologische Natur charakterologisch bestimmt, als Geschlechtswesen konstituiert und als soziale Agenten determiniert – und in der Folge ihre Aktivitätsradien und Verhaltensweisen. Mit der Ideologie der polaren Geschlechter vollzieht sich ein neuartiger Prozess. Das Bezugssystem, das die Prinzipien angab, nach denen geschlechtsspezifische Eigenschaften und Fähigkeiten zugewiesen wurden, veränderte sich. Wurden vordem diese Attributionen im Rahmen einer Semantik vollzogen, die zu einem Teil christlich-moralische Unterscheidungen und zu einem effektiveren Teil die soziale Position (Status) hervorhoben, sind es nunmehr biologische Kennzeichen, die ihrerseits ontologische Aussagen gestatteten. Wurden einstmals also Tugenden und Talente sowie Rechte und Pflichten und folglich Ge- und Verbote für Mann und Frau aufgrund religiöser Festlegungen, geltendem Ethos und sozialer Stellung bestimmt, lief diese Bestimmung neuerdings über natürlich-biologisch angelegte Wesensqualitäten.

Diese Schablone reservierte für Mann und Frau unterschiedliche, namentlich geschlechtsspezifische Wesenszuschreibungen sowie Handlungswelten. Den Mann versetzte die Ideologie in die Domäne der gesellschaftlichen, wirtschaftlichen, kulturellen Produktion und attestierte ihm, stark und überlegen, aktiv und rational zu sein. Kraft dieser Eigenschaften und der männlichen Mission, in der Welt Bewegung zu erzeugen, wurde er mit der Annahme natürlicher Polygamie beschenkt. Diese verbarg sich in Deduktionen aus der Darwin'schen Evolutionstheorie: Der Mann muss dafür sorgen, dass seine Gene möglichst divers und expansiv gestreut sind, um das Überleben der Gattung zu gewährleisten. (Diese Idee gewinnt, wie wir wissen, in der Naziideologie noch gravierende und praktische Bedeutung.) Die Frau erhielt jene Attributionen (Zuschreibungen), die für die private Reproduktion nötig waren. Ihre physische und psychische Konstitution wurden darauf begrenzt, sich für Gattungs- und Fortpflanzungszwecke zu eignen sowie mit Eigenschaften ausstaffiert zu sein, die dem Gatten die idyllische Häuslichkeit gewähren, die er braucht, um Kraft für neue Taten in der fordernden Außenwelt zu gewinnen. Um dies alles leisten zu können (und zudem dem Ergänzungspostulat nachkommen zu können), wurde der weibliche Charakter ausgestattet mit passenden Anlagen. Das Wesen Frau, zumal als Gattin, musste bereit sein, sich dem Mann unterzuordnen. Diese Asymmetrie wurde ideologisch freundlich verkleidet, indem „man" sie als schutzbedürftiges Wesen bastelte. Dieses „arme Hascherl" zeichnete sich durch Schwäche, Passivität und ausgeprägte Emotionalität aus. Selbstver-

ständlich wird die Polygamie des Mannes durch die Monogamie der
Frau „korrigiert". Die Frau ist von Natur aus monogam. Diese Konstruktion verdankte sich verschiedenen Intentionen. Genannt seien einige essenzielle Absichten und Gründe: Nur auf eine monogame Frau
ist dahin gehend Verlass, dass sie sich dem Nachwuchs widmet. Sodann kann man, psychologisiert gesprochen, die These vertreten: Die
oben genannte biologische Mission des Mannes, seine Gene weiter-
leben zu lassen, verband sich mit der psychischen Bedürftigkeit des
Mannes. Dieser musste, um seelisch gesund zu bleiben, der Treue seiner Gattin sicher sein und mit Gewissheit davon ausgehen können,
dass das Kind seiner Gattin Träger seiner Gene (und nicht die eines
anderes Mannes) war (vgl. Badinter 2001). Außerdem sah er seine
Herrschaft und Kontrolle über das Weib in Gefahr. Dieses Motiv
taucht im politischen Interesse wieder auf, die herrschende patriarchalische Struktur zu sichern sowie gesellschaftliche Ordnung herzustellen. Die angenommene Monogamie der Frau war strengste soziale Kontrolle. Sie schränkte die Wahrscheinlichkeit ein, dass Frau-
en auf unehrenhafte Weise Kinder in die Welt – und aussetzten. Im
Rahmen dieser Logik und Absicht schränkte die biologisch gesetzte
Monogamie (die Zunahme von) Verwahrlosung und Sittenverfall ein.
Sie war disziplinierendes Medium oder Transmissionsriemen für
Herrschafts- und Ordnungspolitik, und zwar im Großen, der Gesellschaft, wie im Kleinen, der Ehe und Familie. Nebenbei gesagt,
schützte diese ideologische Setzung durchaus die Frau allgemein und
die Gattin im Besonderen vor Unbill und sozialer Not. Nicht nur die
Unmoral eines weiblichen Seitensprungs zog Sanktionen nach sich,
die vor allem als soziale Ächtung erschienen. Gebar sie ein Kind, war
der Weg in existenzielle Not normalerweise sehr kurz. Das Fazit dieser neu fundierten Zuschreibung mündete in eine doppelte Kon-
gruenz: Die Frau wurde durch Ehe und Familie definiert und vice
versa, und der Mann war durch Aktivitäten in und Gestaltung der
Außenwelt bestimmt und umgekehrt: das öffentliche Leben bestimmte den Mann. Natur, Biologie, Geschlecht und Moralkodex waren aufeinander abgestimmt und markierten, welche Optionen die Geschlechter im Sein, im Fühlen und Reden und im Handeln hatten.
Mann und Frau inkarnierten als Gatten Charaktere, also Typen, denen
per definitionem spezielle Ge- und Verbote zugeteilt wurden.
    Damit ist mehr als nur angedeutet, dass die Ideologie der polaren
Geschlechter auch Liebe und Eheleben infizierte. Interessant ist nun,
dass es eine Komponente in der Geschlechteranschauung gibt, die
sämtliche Liebesvorstellungen oder Liebessemantiken des 18. Jahr-

hunderts durchzieht. Es ist die Idee der Komplementarität, die sich als Katalysator sowohl euphorischer Visionen von Liebe als auch nüchtern-pragmatischer Regularien für das Liebesleben erweist. Wie geschildert, provozierte die weitgehende Zerstörung der tradierten Grundlagen eine große Verunsicherung bei den Menschen. Sie empfanden die wachsende Komplexierung der Verhältnisse, das Abnehmen von Überschaubarkeit und Kontrollierbarkeit von Entwicklungen und die Anonymisierung im sozialen Verkehr als beängstigend. In der Geschichte des Menschen lässt sich zeigen, dass subjektiv erlebter Steuerungs- und Kontrollverlust nahezu regelmäßig Hand in Hand geht mit dem Versuch, sich einen vertrauten Raum zu schaffen. Dieser hebt sich von der chaotischen Gemengelage dadurch ab, dass die Subjekte glauben, den „Durchblick" zu haben, also verstehen, nachvollziehen und erklären zu können, was passiert. Ferner erlebt sich der Mensch in diesem vertrauten Raum als jemand, der über gestalterische Kompetenz verfügt, Ereignisse initiiert und lenkt. Er fühlt sich sicher und geborgen, als Subjekt wahrgenommen. Erwartbarkeiten in Interaktionen stellte er mittels Normen her. Eigenes und fremdes Verhalten wird berechenbar und schafft Gewissheiten. Dies alles bündelt sich zu einem Konglomerat, das den Eskapismus in eine überschaubare und abgegrenzte Welt verständlich macht. Es ist das Private oder die Intimität, die Vertrautheit und Verhaltenssicherheit bieten. Insbesondere im frühen Bürgertum, in den elitären Schichten und in Literatenkreisen brach die Zeit des Rückzugs ins Private an. Und was empfiehlt sich – da es doch um Gefühle geht – da dringlicher, als die Liebe und die Liebesbeziehung auf den Thron des Erstrebenswerten zu heben? Allerdings hat dieser Thron ganz verschiedene Formen und auferlegt die Inthronisierte den ihr Ergebenen und Dienenden unterschiedliche Ansichten und Anforderungen. Im folgenden Abschnitt widmen wir uns der vernünftigen, der frühromantischen und der zärtlichen Liebe und schälen heraus, was ihnen innewohnt (vgl. dazu etwa Saße 1996, 31 ff.; Tyrell 1982).

Die „vernünftige Liebe"

Die „vernünftige Liebe" wird etwa seit Mitte der 20er Jahre des 18. Jahrhunderts popularisiert, etwa in den „Moralischen Wochenschriften", in Literatur und einschlägigen Ratgebern. Eine der Kernbotschaften vermittelt, Gatten würden Glück in der Ehe dann finden, wenn sie einander zugeneigt seien und ihr Eheleben tugendhaft ge-

stalteten. Hier stoßen wir also sowohl auf den erwähnten Beginn der
Emotionalisierung der Ehe als auch auf den ideologischen Fokus,
nämlich Tugendhaftigkeit. Zuneigung und Tugendhaftigkeit gehen eine enge Verbindung ein. Die Gatten sind aufgerufen, ihre Gefühle
moralisch einzuspinnen und sie in sittlich gewünschter Weise zu offenbaren. Liebe ist in diesem Diskurs nicht gleichbedeutend damit,
Affekte spontan zu zeigen und ihnen die Regie zu überlassen. Vielmehr sollen sich Gefühle erst dann im Verhalten ausdrücken, nachdem sie die Zensur über die geltenden moralischen Dogmen passiert
haben. Eine solche Prüfung gilt als vernünftig. Denn tugendhaftes
Handeln gilt als moralisches und damit vernünftiges Tun. Bevor die
Eheleute gefühlhaft handeln, sollen sie prüfen, ob ihr Handeln mit
moralischen Normen übereinstimmt. Mit diesem Geheiß obliegt den
Gatten die Pflicht, Gefühle durch den Filter der Moral laufen zu lassen, und wenn die Emotionen den moralischen Ansprüchen genügen,
dürfen sie an die Oberfläche und damit in die Welt des Sichtbaren
auftauchen. Da die Auffassung von Tugendhaftigkeit moralisches mit
vernünftigem Verhalten identifiziert, kann man diagnostizieren, dass
„affektbezogenes Verhalten [...] unter den Vorbehalt der Vernunft"
gestellt wird (Saße 1996, 31). Diese Analyse deckt sich mit dem, was
die Anschauung der Geschlechter den Eheleuten zum Ende des Jahrhunderts explizit auferlegen wird. In dem Diktat der vernünftigen
Moral keimt die später deklarierte geschlechtstypologische Verkleidung des Ehelebens. Oben konstatierten wir, dass die Emotionalisierung nicht die Eigentümlichkeit des und der Geliebten in den Blick
rückt, sondern den Geschlechtscharakter. Die moralische Semantik
und Codierung ehelichen Verhaltens weist in die gleiche Richtung.
Die „vernünftige Liebe" erwächst der Einsicht in die Tugendhaftigkeit des anderen. Nicht persönliche, partikulare Züge des Gatten und
der Gattin, sondern sittliche Kriterien; nicht Individualität, sondern
moralische Angemessenheit zählten. „Das Gefühl steht unter der
Herrschaft der einen und gleichen Vernunft; die bestimmt, wer aufgrund seiner Tugendhaftigkeit zu lieben ist" (ebd.). In diesem Sinne
entspringt die Auffassung dessen, worin Liebe eingesponnen ist und
wie sie sich äußert, einem rationalistischen Entwurf. „Geliebt wird
der Einzelne nicht in seiner unverwechselbaren Einzigartigkeit, sondern in seiner Repräsentativität für die als vernünftig deklarierte Ordnung der Natur" (Saße 1996, 38). Insofern gilt beides: Gefühle der
Sympathie spielen eine Rolle, werden aber bei der Auswahl des Hei-
ratskandidaten der Frage unterworfen, ob der oder die Zukünftige jene Eigenschaften aufweist, die als tugendhaft gelten. Denn nur, wenn

dies der Fall ist, haben die Gatten die Chance, das Glücksversprechen, das sie einander geben, wechselseitig einzulösen. Zirkulär gilt: Gemeinsames Glück wird möglich, wenn Mann und Frau sich tugendhaft verhalten – und dies prädestiniert, dass die Frau tut, was sie tun muss (soll), und der Mann tut, was er tun muss (soll). Noch werden die Verhaltensaufforderungen dem moralischen Diskurs deduziert und spiegeln den Kanon von dessen Normen. Später schiebt sich die Ideologie der Geschlechtscharaktere nach vorn und leitet aus biologischen Annahmen her, welche Rollen und Aufgaben für den Mann und welche für die Frau vorgesehen sind, und wie sie Liebe offenbaren.

Die „zärtliche Liebe"

Um die Mitte des 18. Jahrhunderts erlebt die Emotionalisierung der Ehe einen weiteren Schub. Es ist die Liebesvorstellung der „zärtlichen Liebe", die das Ideal des Eheglücks verwirklichen soll. Die Unterscheidung zur „vernünftigen Liebe" fällt aus heutiger Sicht eher feinsinnig, um nicht zu sagen: marginal aus. Denn auch die zärtliche Liebe bleibt verflochten mit Geboten des Tugendhaften und diese mit dem herrschenden Ethos. Die vernünftige Liebe war als rational motiviert entworfen, insofern sie dem Fazit einer Überprüfung gleichkam: Erst war zu prüfen, ob der Kandidat oder die Kandidatin sittlich opportun war und geltenden moralischen Kriterien Folge leistete, dann wurde geheiratet und konnte sich Liebesglück entfalten. Die Semantik der zärtlichen Liebe entlässt die Liebe aus ihrer rationalistischen Verbrämung und beraubt die Vernunft ihrer dominierenden und dezisionistischen Macht. Die zärtliche Liebe bettet das Eheglück in die Idee tugendhafter Empfindungen ein. Es sind zärtliche Gefühle, die tugendhaftes Handeln gebären, und es sind Gefühle, die die Ehe als Gemeinschaft begründen. Zärtliches Lieben entzündet sich am eigenen Fühlen und an der Wahrnehmung des anderen (und nicht an kalkulatorischen Reflexionen). In dieser Gefühlsgemeinschaft wird „Gefühl des einen zur Ursache für das Gefühl des anderen" (ebd.), sodass das Glück ausschließlich als gemeinsames möglich wird. Damit emanzipiert sich das eheliche Glück von der Egozentrik der vernünftigen Liebe. Deren Selbstbezüglichkeit manifestierte sich in dem Ziel der ehelichen Gemeinschaft, sich sittlich zu vervollkommnen. Die zärtliche Liebe dagegen verweist auf den anderen als auslösendes Subjekt und als Motiv für Liebe und Heirat. Es ist der Aspekt der Beziehungshaftigkeit oder des Bezogenseins auf den anderen, der die

Gemeinschaft fundiert. Lieben nimmt seinen Ausgang nicht in prü-
fenden, abwägenden und vergleichenden Überlegungen, sondern entspringt dem Empfinden von Attraktion. Zärtliches Lieben findet seine Quelle im anderen, reagiert auf den geliebten Menschen und
offenbart sich darin, ihm gegenüber besonders empathisch, also aufmerksam, einfühlsam und im Einvernehmen mit Normen der Tugendhaftigkeit zu sein. In dieser emotional veranlassten und durch-
tränkten Gemeinschaft erfahren die Gatten Glück, insofern sie ihre
Bestimmung als Mann und Frau, als Gatte und Gattin in Qualitäten
der Beziehung verwandeln und dort entfalten. Gefühl erscheint als relational, auf den anderen bezogen, und als moralisch qualifiziertes
Empfinden. Gefühl beachtet und erfährt den anderen zwar in seiner
Personalität, ist indes gleichzeitig an moralische Güte geknüpft. Entgegen dem ersten Anschein passen die zwei Wurzeln ehelichen
Glücks zusammen. Denn zu moralisch gutem und gütigem Handeln
werden die Liebenden durch ihre Liebe und nicht durch moralisches
Diktat verführt. Das moralisch gute und gütige Tun bleibt nicht im
Diktum des obligaten Moralcodex stecken, sondern entspringt der
Sympathie und Anziehung, die die Liebenden spüren. Auch dies ist
eine Absage an das egozentrierte Moment der sittlichen Vervollkommnung, die der vernünftigen Liebe eignet.

Die Abwendung vom Egozentrischen und die Hinwendung zum
Gemeinschaftlichen läuft einher mit einer speziellen Sichtweise und
Wertung von Leidenschaft und Erotik. Die Semantik der zärtlichen
Liebe identifiziert erotische, sexuelle und Bedürfnisse der Leidenschaft mit egozentrischer und triebhafter Wollust. Diese, so die Annahme, lenkt die Aufmerksamkeit auf das eigene Fühlen und kehrt
sich vom Geliebten ab. Passion gilt der zärtlichen Liebe als Ausdruck
von Selbstliebe und rein triebhaftem Tun und verhält sich folglich an-
tagonistisch zur zärtlichen Liebe, die den Geliebten ins Zentrum
rückt. Sexualität und Liebe geraten also in ein spannungsreiches Verhältnis, innerhalb dessen das eine das andere ausschließt. Sexualität
wird als triebgesteuert und ichbezogen abgewertet, zur illegitimen
Form liebenden Ausdrucks erklärt und Wollust als unkontrollierter
Affekt abgestempelt. Die zärtliche Liebe wirft Sexualität ins Fege-
feuer ichbezogener Gier – und beschert sich selbst ein Dilemma.
Denn wie soll die Ehe neben dem Eheglück ihrer Aufgabe nachkommen, Familienglück herzustellen, wenn sexuelles Handeln verdammt
ist? Der Entwurf der zärtlichen Liebe antwortet mit einem Ausweg,
der die Leitidee der Freundschaft mit der ehelichen Pflicht, Nachwuchs zu zeugen, verwebt. Die Liebessemantik beschreibt das zärtli-

che Gefühl als das die Gemeinschaft stiftende Moment und konzipiert die Liebe zwischen den Geschlechtern damit als besonders intensives freundschaftliches Gefühl. Dieses freundschaftliche Gefühl lässt Sexualität zu, sofern sie innerhalb der Ehe praktiziert wird und auf diese Weise dem (zweiten) Ehezweck, nämlich Kinder zu zeugen, dient. Sexualität wird mit Ethos verkuppelt, um zärtliche Liebe in der Ehe zu ermöglichen. Leidenschaft ist notwendig, um dem ehelichen Auftrag zur Familiengründung nachkommen zu können; sie wird zweckgebunden und damit moralisch verpuppt. „Sexualität wird in die Ehe verlagert, die die Egozentrik der Wollust mit moralischen Geboten vermittelt und in den Altruismus tugendhafter Gefühle transformiert" (Saße 1996, 42).

Überlegen wir abschließend, wodurch es den beiden Entwürfen gelingt, Liebe und Ehe auf Dauer zu stellen. Die vernünftige Liebe wird von der moralischen Codierung einverleibt. Kontinuität gilt „per Dekret" und wird über die Anpassung an Normen hergestellt. Die zärtliche Liebe überschreitet sowohl den Vernunftaspekt als auch den externalen Ursprung der Ehestabilität. Sie verinnerlicht den Moralkanon und postuliert das moralische Empfinden als Basis von Liebe und Ehe. Sie verlegt die Moralität in die Gefühlswelt der Liebenden. Zeitliche Stabilität erscheint als Ergebnis innerer moralischer oder Seelen-Kräfte. Die moralische Einkleidung von Gefühlen wird – analytisch betrachtet – nötig, weil Affekte die Macht erhalten, über Liebe und Heirat zu entscheiden. Mit der Idee der Liebesheirat war ein Problem verbunden, das bis heute für Verwirrung und Diskussion sorgt und in der Frage aufscheint: Wie vertragen sich Emotionen und Dauerhaftigkeit? – Gefühle sind unzuverlässig. Auf Gefühl gegründete Liebe und Ehe konfrontierten mit dem Risiko, zu enden, sobald die Gefühle starben. In der damaligen Zeit wurde diese Gefahr durch die bezeichnete Moralisierung der Gefühle aufgefangen. Die Menschen verinnerlichten die moralischen Anforderungen und damit die Kontrollinstanzen, die dafür sorgten, dass sie sich konform verhielten. Die Aufwertung von Gefühl und damit (zärtlicher) Sinnlichkeit brachte dreierlei hervor: Die Liebeserklärung erhielt erst mit dem Heiratsantrag Glaubwürdigkeit, Sexualität wurde an die Eheschließung gekettet, und zärtliche Liebe zeigte sich in tugendhaftem, auf den Geliebten fixiertem Handeln – zu dem, selbstverständlich, auch die dauerhafte Zuverlässigkeit gehörte.

Die „romantische Liebe"

Sowohl die vernünftige als auch die auf Freundschaft gegründete zärtliche Liebe und Ehe wurden als exklusive Beziehungen entworfen. Das, was im Innenleben geschah, war ausschließlich die Angelegenheit der Gatten. Der Geltungsbereich beschränkte sich allerdings auf das private, intime Verhältnis. Alles Verhalten, das Außenwirkung hatte, war nämlich eingebunden in das soziale Umfeld. Die Gatten mussten, anders formuliert, darauf achten, welchen Eindruck ihr Eheleben auf die verwandten und freundschaftlich verbundenen Beziehungen machte. Insofern lebten sie keine abgekapselte Liebe, sondern waren durch Moralcodex und Konventionen mit dem gesellschaftlichen Umfeld unmittelbar verbunden. Sowohl die direkte Verschränkung mit den geltenden Normen als Kriterien, die das Eheleben infiltrierten und gestalteten, als auch die Verwobenheit mit dem sozialen Umfeld wurde in der Konzeption der frühromantischen Liebe aufgegeben. Außerdem wandelte sich die Wechselwirkung zwischen Liebe als Gefühl und Heirat. In der vernünftigen und zärtlichen Liebe führte Liebe unweigerlich zu Heirat. Liebe und damit Gefühl blieben zwangsläufig auf Eheschließung bezogen und legitimierten Heirat. Dieses Junktim löste die frühromantische Liebe auf. Eine weitere Revolution finden wir in der radikalen Individualisierung von Liebe und Ehe: Die romantische Liebesauffassung nimmt erstmals die Eigentümlichkeit der Person, ihre Partikularität und Originalität in den Blick. Sie ist es, die Liebe entfacht und auf die sich Liebe richtet. Diese Neuerungen werden von der frühromantischen Vision von Liebe und Ehe geboren und verbreitet, vor allem in literarischen Ausdrucksformen.

Das frühromantische Ideal kappte zunächst die Verbindung zur rationalistischen, kalkulatorischen und egozentrierten Version der vernünftigen Liebe – und folgerichtig die Verknüpfung von Liebe und Tugendhaftigkeit. Nicht Normen und Tugenden sowie deren Einhaltung manifestieren Liebe, sondern die Faszination, die die Liebenden durch einander und für einander empfinden. Die Ergriffenheit entspringt der Einzigartigkeit und Unvergleichlichkeit, also der Individualität und der Originalität des Geliebten. Der geliebte Mensch wird infolge seiner Besonderheit einzigartig und damit unverwechselbar. Die Quelle der Liebe ist der andere als andere Persönlichkeit. Die Persönlichkeit, so die Maxime, muss in ihrer Echtheit gelebt werden. Heute sprechen wir davon, authentisch sein zu wollen. Dieser Anspruch gebiert einen anderen, nämlich unbedingt, das heißt: ohne Bedingungen geliebt zu werden. Nur dann liebt man wirklich. Dadurch wird die Liebe zur Liebe, sie wird einzigartig und entzieht sich der Ersetzbarkeit durch eine Beziehung zu einem anderen Menschen. Mit der „wahrhaftigen Liebe" ist die Überzeugung verknüpft, dass nur ein einziger Mensch geliebt werden kann. Die frühromantische als „wahre" Liebe erscheint als Äther, als Medium, das dem Leben Sinn verleiht und der individuellen Existenz erst Bedeutung gibt. Liebe stiftet eine andere Personen und Einflüsse ausschließende Zweierbeziehung. Die Liebenden grenzen sich gegen die restliche Welt ab und leben als Monade, die selbsttätig für ihr Überleben sorgt. Im Lieben transzendieren die Liebenden gesellschaftliche Konventionen. Sie verschmelzen als zwei Teile eines (nahezu schicksalhaft prädestinierten) Ganzen. In der Liebe vervollkommnen sich zwei Individuen. Sie komplettieren einander in der Liebe: durch die Liebe des anderen, durch die Liebe zum anderen und durch die Beziehung, die die Liebe ins Leben ruft. Die Liebe fließt in Emergenz und begründet, vermittelt durch die wechselseitige Bereicherung, eine neue Qualität der Existenz. Die Vorstellung der Komplementarität, der wechselseitigen Ergänzung, um ein vollständiges Ganzes zu bilden, gerät zum essenziellen Bestandteil des Liebens: personale Totalität durch Ergänzung, durch Vereinigung dessen, was ursprünglich zusammengehört.

Als ideelle Grundlage mag der frühromantischen Liebe der Mythos vom Androgynen gedient haben, wie ihn Aristophanes in Platons >Gastmahl< erzählt. Dort schildert er, dass Menschen von Natur anders als heute konstruiert waren. Menschliche Wesen glichen in sich geschlossenen Kugeln mit vier Händen, vier Beinen, zwei Gesichtern, zwei Fortpflanzungsorganen. Diese doppelte Struktur umfasste das gesamte menschliche Erscheinungs- und Seinsbild. Es gab, so der Mythos, drei Arten von Menschen, nämlich männliche, weibliche und Misch-Wesen. Diese letztgenannte Art war die vom Untergang bedrohte androgyne, die aus Rache die Götter angriff, welche wiederum die Androgynen in zwei Hälften schnitten. Von diesem Zeitpunkt an suchte jede Hälfte nach ihrem ergänzenden Teil. Trafen die zwei Hälften aufeinander, „wurden sie von ungeheuren Aufwallungen der Zärtlichkeit, des Zutrauens und der Liebe erfasst" (Badinter 2001, 209). Sie sehnten sich danach, ewig beieinander zu bleiben, in nie endender Liebe zu leben, verschmolzen und vereinigt. Dieser Mythos stilisiert Lieben zu einer anthropologischen Konstante, zu einem Grundsehnen, das dem Menschen qua seines Menschseins zu eigen ist und das ihn sein Leben lang dazu treibt, auf der Suche nach seiner Ergänzung zu sein. (Vergegenwärtigen wir uns die aktuellen Quere-

len, Diskussionen, Debatten und paartherapeutischen Stellungnahmen
zu den Grundproblemen von Liebenden, ist diese Annahme gar nicht
abwegig.) Die Metapher beschreibt Lieben als Einswerden von Ge-
trenntem, als geistig-seelische und körperliche Vereinigung der Geschlechter. Sie kolportiert Lieben als Ausfluss eines Grundsehnens
nach Vervollkommnung durch Komplementarität und macht die Liebe damit zu einem Heilsversprechen. Die Liebenden vervollkommnen
sich, indem sie einander ergänzen; sie finden und entfalten sich
gleichzeitig in ihrer Personalität, indem sie einander unbedingt lieben, und sie werden glücklich, indem sie ihre Liebe und die Liebesbeziehung nach ihren individuellen Maßgaben leben. Die Liebe wirkt
ewig, kann in eine Ehe münden und zeichnet sich durch Unverbrüchlichkeit aus. Liebe wird zur Möglichkeit und zum Garanten, ein
glückliches Leben zu beginnen. Eine solche echte und wahrhafte und
erfüllende Liebe ist zudem nicht darauf angewiesen, als Vertrag be-
stätigt zu werden. Sie bedarf der juristischen Sicherungen nicht; denn
sie währt per definitionem unendlich. Die frühromantische Liebesauffassung entsagt damit der Konvention, Liebe münde notwendig in
einen justiziablen Ehevertrag. Kommt es zu ihm, dann unbedingt aus
Liebe (vgl. Saße 1996, 50).

Der frühromantische Entwurf der Liebe löst einen Flächenbrand in
der öffentlichen Diskussion aus, vorzugsweise in den kulturellen
Kreisen und vermittelt über Literatur, Theater (Dramen) und in moralischen Abhandlungen wie den >Berliner Monatsschriften< (Saße
1996, 17 f.). Ihre Vision von Liebe und Liebesheirat entfaltet sich dabei in Opposition zu geltenden Normen, insbesondere der Moral und
im Widerspruch zu den Regeln der geburtsständischen Struktur und
Politik; „denn das Postulat, ohne Rücksicht auf Abkunft und Besitz
zu heiraten, stellt den selbstverständlichen Zusammenhang von Rang-
zuweisung und Geburt in Frage" (a. a. O., 3).

So erstaunt es nicht, dass der frühromantische Liebestraum mit all
seinen befreienden Implikationen (noch) nicht in die Wirklichkeit der
frühbürgerlichen Gesellschaft übernommen wurde. Seinem Siegeszug
stand gerade das im Wege, was ihn aus den Zwängen der Konvention
entließ: die Konzentration auf Liebe als Gefühl und als regelfreiem
Raum, als Medium des individuellen und exklusiv gemeinsamen Lebens, das der Öffentlichkeit den maßgebenden und kontrollierenden
Zugriff verweigerte. Damals (wie heute) wurde Gefühl als problematisch erlebt, weil es per se vergänglich, zumindest schwankend ist und
keine dauerhafte Sicherheit bietet. Es ist unzuverlässig – und in einer
historischen Lage, in der Trennung (Scheidung) nicht nur mit sozia-

ler Ächtung quittiert wurde, sondern auch Not nach sich zog und die öffentliche Ordnung gefährdete, konnte der allgemein verbindliche Diskurs über Liebe und Ehe dieses Risiko nicht eingehen. Die Befürchtung war zu ausgeprägt, der regelfreie Raum drohte, den Verlockungen der Anomie zu verfallen. Diese Perspektive berücksichtigt durchaus die Liebenden. Wenn es keine objektiven Normen gibt, auf die die Liebenden zurückgreifen können, um eigenen Bedürfnissen, Interessen, eigenen Ansprüchen und auch Klagen Geltung zu verschaffen, sind sie allein auf sich selbst angewiesen. Die Verantwortung dafür, Liebe und Gemeinsamkeit lebbar zu machen, obliegt allein ihnen. Das ist bereits sehr anstrengend. Kommt noch hinzu, dass die Liebenden dem Ideal aufsitzen, als Monade, als Inselchen im weiten und zuweilen brandenden Meer existieren können zu müssen und jeweils der eine verantwortet, dass der andere glücklich ist, wird die Liebesbeziehung emotional und konzeptionell überladen. Sie muss davor kapitulieren, allein selig machend zu sein. Im Konzept der frühromantischen Liebe ist bereits ein Erwartungsdruck angelegt. Sie geht schwanger mit der Anforderung, bei der Selbstverwirklichung zu helfen und das Versprechen zu realisieren, glücklich zu machen. In der frühromantischen Liebesvision hantieren die Liebenden mit einem Bumerang, insofern die Abkehr von materiellen und gesellschaftlichen Konventionen gleichbedeutend ist mit dem Wegfall deren stabilisierenden Elements. In der wahren Liebesehe gibt es idealiter keine äußeren Korrektive, sondern es ist den Gatten aufgetragen, die Last zu tragen, im Innern für Sicherheit und Zuverlässigkeit, für Berechenbarkeit und Kontinuität zu sorgen. Nüchtern und empirisch zugleich gedacht, gefährdet Liebe als pures Gefühl genau das, was sie zu gewährleisten angetreten ist: dauerhaftes Glück. Ist Ehe reiner Ausdruck von Gefühl, kann sie nicht auf Dauer verpflichtet werden, weil Empfindungen sich wandeln können. Insofern Liebe auch Verliebtheit und Leidenschaft einschließt, tritt das Risiko augenfällig hervor. Denn beide sind Affekte, spontan, kurzlebig, momenthaft und situativ aufflammende Gefühle. Sie verweigern sich durch ihr Wesen, ihren Ursprung und ihr Ziel jedweder Verewigung. Liebe als beständige Liebe, als ein Gefühl, das Permanenz ermöglicht, benötigt den qualitativen Sprung aus der Spontaneität hinaus. Strebten Liebende danach, ihr Eheleben nach den Leitideen des frühromantischen Ideals zu gestalten, bedeutete das zunächst einmal, dass sich das Eheleben komplizierte. Die Instabilisierung rückt vor allem dann in den Blick, wenn man bedenkt, dass sich Liebende irren können. Da die Liebessehnsüchtigen nach dem oder der Einen suchen, der/die zur eigenen

Person passt, muss eine etwa irrig geschlossene Ehe auflösbar sein. „Mit der Suche nach dem einzigartigen Du war also die Idee der lebenslänglichen Einehe in Frage gestellt und die 'sukzessive Monogamie' als typisches Muster der Liebesehe möglich geworden" (Schenk 1987, 130).

Steigen wir aus den idealen Welten dionysischer Einswerdung der frühromantischen Liebesvision hinab in die Empirie des späten 18. Jahrhunderts, erkennen wir deutlich, dass die bürgerliche, spätromantische oder einfach romantische Liebesideologie ernüchterte. In der romantischen Version verwirklichte und beglaubigte sich Liebe in der Ehe. Diese folgte dem frühromantischen Entwurf insofern, als die Liebes-Ehe auf intensiver Zuneigung gründete und zu einer Öffentlichkeit ausschließenden Gemeinschaft führte. Diese Auffassung korrespondierte mit der Dissoziation, dem Auseinanderklaffen von Erwerbs- und Eheleben. Das Ideal entzauberte frühromantische Liebe dadurch, dass sie sich mit der Ideologie der polaren Geschlechtscharaktere programmatisch verknüpfte und – konsequenterweise – in eine Komplementaritätsanschauung einspann. Danach bedurften Mann und Frau, beide nur halbe Menschen, der Ergänzung, um je ein ganzer Mensch zu werden und damit ihre Eigentlichkeit zu entfalten. Liebe meinte die Verschmelzung zu einer Seelengemeinschaft, die sich in der Lebensgemeinschaft realisierte. Allerdings brach die spätromantische Auffassung der frühromantischen ihre emanzipatorischen Spitzen ab. In der frühromantischen Liebe galten Frau und Mann grundsätzlich als einander gleichwertige Wesen, die gleichermaßen das „Recht" beanspruchen konnten, ihre Einzigartigkeit geschätzt und geliebt zu finden. Diese Selbstverständlichkeit betraf nicht nur den geistig-seelischen, gewissermaßen den platonischen Teil der Liebe, sondern fing auch den leiblichen Teil, sozusagen das dionysische, das sinnliche Moment ein. Die bürgerliche Liebesauffassung und Ehewirklichkeit schmiss diese Ansprüche fort und tat das Gegenteil. Liebesglück war bedingt, nämlich an die Bedingung geklebt, objektiv gültigen Vorgaben Gehorsam zu leisten. Die bürgerliche Liebesidee unterwarf sich dem Diktat der polaren Geschlechterkonstruktion und leitete aus dieser geschlechtsspezifische Seinsweisen, Rechte und Pflichten ab. Um 1800 herum wurde den Geschlechtern eine klar umrissene Merkmalskonfiguration und ein je spezielles Handlungsfeld zugewiesen. Das Eheleben (auch das Familienleben) wurde der Geschlechter- und damit der Ideologie der Ergänzung unterjocht und bildete auf der strukturellen Ebene ein Analogon zur Gliederung des Alltags, der in Berufswelt einerseits, in

Ehe- und Familiensphäre andererseits geteilt war. Innen- und Außen-
leben entsprachen einander, und aus gesellschaftspolitischer Sicht
wurde damit der Grundstein gelegt, die herrschende (patriarchalische)
Ordnung zu sichern. Die Entzauberung des frühromantischen Ideals
vollzog die Verbürgerlichung der Liebe durch einen weiteren Eingriff.
Der spätromantische Entwurf propagierte eine zwingende Verknüpfung von Liebe, Sexualität und Ehe und stellte sie in einen exklusiven
Verweisungszusammenhang mit inneren Notwendigkeiten und Kau-
salitäten. War das eine vorhanden, folgte das andere notwendig. (Diese Synthese hievte die leibliche und sinnliche Hingabe zum Beweis
der Liebe empor. In dieser Stilisierung der leidenschaftlichen Zuwendung als Liebesindiz liegt eine Ursache für das moderne Missverständnis, Liebe habe etwas zu tun mit Wahrheit [Foucault 1979]
oder Wahrhaftigkeit.)

Die bürgerliche Liebesvorstellung vergegenwärtigt die genannten
Gefährdungen, indem sie den öffentlichen und allgemein verbindlichen Diskurs über Ehe auf eine pragmatische Variante zurechtstutzt.
Sie vergewissert sich der Kontinuität, indem sie den Prozess der Individualisierung und den der Emotionalisierung der Ehe stoppt und
einige Schritte zurückgeht. Sie tut dies, indem sie über den Liebesdiskurs und das Eheleben das Netz gesellschaftlicher Normen spannt.
Deren Funktion, von außen Orientierung im Innern zu bieten und
Handlungsanweisungen zu offerieren, sorgt für Konformität und Ordnung, für Stabilität und Erwartbarkeit, sowohl im Innern (Ehe, Familie) als auch im Außen (Gesellschaft). Praktisch besann man sich auf
die objektiven Kriterien der Gattenzuweisung oder -wahl, auf die Gebote der Ehemoral im alltäglichen Verhalten. Neben den Rechten und
Pflichten im Alltag widmete sich der Ehediskurs dem Sexualleben. Es
wurde insbesondere für die Gattin gestutzt auf eine von Gott oder der
Natur befohlene Pflicht. Folglich reservierte die bürgerliche Liebe die
Sinneslust für den Zweck der Familiengründung. (Da der Mann polygam konstruiert wurde, galt diese Beschränkung für ihn faktisch
nicht.)

Die Realität

Um Irrtümern vorzubeugen, sei betont: Die Veränderung der Einstellung zu Liebe und Ehe nahm ihren Ausgang ab Mitte des 18. Jahrhunderts vom frühen Bürgertum. Ihm sind Emotionalisierung und Individualisierung des Liebens und Ehelebens als offizielle Leitideen
zu verdanken. Es begann, in literarischen Feldzügen auf der ideolo-

gischen Ebene Front gegen die sachlich motivierte Eheschließung zu
machen. Dort proklamierte es die Liebesheirat und forderte, dass die
Faktoren Rang und Macht, Besitz und Ansehen bestenfalls eine untergeordnete Rolle spielen sollten bei der Entscheidung, wer wen heira-
tet. Zwar bildete sich die Programmatik der Liebesheirat heraus und
meinte Liebe: Gefühl. Die letztendlich gültige Konzeption von der
Liebe als ehestiftendem Moment unterzog das Pathos allerdings einer
Abmagerungskur. Liebe als Gefühl und Motiv für Ehe war weit entfernt davon, „romantic love" zu sein. Der bürgerliche Liebensentwurf
stutzte dem frühromantischen Pathos die Flügel, sodass Lieben aufhörte, ein Schweben in reinen Gefühlswelten und geistig-seelische
wie leibliche Vereinigung zu sein. Das Liebesgefühl humpelte vielmehr auf der Erde herum und hielt Ausschau nach den normativen
Regeln, die das Liebeshandeln auf die richtigen, sprich: sozial ge-
wünschten und vorgeschriebenen Bahnen lenkten. Die bürgerliche
Liebesauffassung tränkte die charismatische Liebe in die Asche herr-
schender Moralität. Ihr entstieg eine gräulich gefärbte Liebe als emotional unterlegte vernünftige Liebe. Der Kriterienkatalog wies sämtliche tugendhaften Eigenschaften auf, sodass Liebe sich als mora-
lisch-sittlich getragenes Gefühl offenbarte und Achtung, Respekt und
Wertschätzung als Grundhaltung und Fundament der Ehe erwuchsen.
Liebe zeigte sich als „unbedingtes Wohlmeinen" und „Einandergut-
sein". Dieses Diktum suggerierte eheliche Harmonie und eheliches
Glück als Abwesenheit von Konflikten und bestimmte deren Vermeidung zum ehehygienischen Prinzip (Tyrell 1982, 54 f.) und zur regulativen Idee, die gewährleisten sollte, dass die Gatten friedvoll zu-
sammenlebten. Die geistig-seelische Gemeinschaft, die durch die Ehe
zum Leben erweckt wurde, stellte sich damit über sittliche Seins- und
Verhaltensqualitäten her. Sobald wir exemplarisch einige Ratgeber
aus dem 18. und 19. Jahrhundert studieren, wird zu sehen sein, dass
es gegenseitiger Respekt und Bescheidenheit oder Rücksichtnahme
waren, die die Bemühungen leiteten, eine gute oder glückliche Ehe zu
führen.

Kurzum: Gemessen an den frühromantischen Sehnsüchten wurde
die Liebe in der bürgerlichen Variante ihrer Euphorie, ihrer Aura und
ihrer Feierlichkeit ebenso beraubt wie ihrer Abkehr von ideologischen
Programmen und Konventionen. Zwar wurde die Liebesheirat postuliert und erfuhr die damit verbundene Individualisierung und
Emotionalisierung der Liebesbeziehungen in jenem Zeitraum ihre
„emphatische Inauguration" (Saße 1996, 3). Aber in praxi behielten
im 18. Jahrhundert noch ökonomische, (gesellschafts-)politische und

andere liebesferne Faktoren die entscheidende Macht darüber, zwischen wem Ehen geschlossen wurden. Wenn die Lücke zwischen Anspruch und Wirklichkeit so auch in der (früh-)bürgerlichen Welt groß ausfiel, können wir doch hoffnungsvoll eine evolutionäre Perspektive einnehmen und im Rückblick konstatieren, dass verändertes Reden (über Liebe und Ehe) nicht nur veränderte Betrachtungsweisen auslöst, sondern früher oder später auch verändertes Handeln evoziert. Dass dem tatsächlich so war, demonstrieren wir exemplarisch an ausgewählten Ratgebern.

Resümierende Zwischenbetrachtung

Lassen Sie uns die wesentlichen Entwicklungen, die zum Konzept der Liebesheirat führten, resümieren. Die Liebesheirat markiert mehr als einen marginalen Aspekt in der sozialen und kulturellen Entwicklung. Ihr kommt ein zentraler Stellenwert zu, nicht zuletzt, weil sie Evolutionen und Revolutionen lostritt, deren Axiome und Implikationen uns noch heute beschäftigen. Wie kam es zu ihrer Genese? In traditionellen Gesellschaften entschied die Herkunft, welche Möglichkeiten sich einem Mann und einer Frau boten. Zu diesen Optionen gehörte auch die Gattenwahl. Die Heirat lag eingewoben in den Fäden von Herrschaft, Wirtschaft und Kultur und glich einem Schnittpunkt, in dem sich persönliche mit kollektiven Interessen überschnitten oder vereinigten. Eheschließung war unabdingbar verflochten mit kalkulatorischen Überlegungen über ständische, rechtliche und ökonomische und über Voraussetzungen, die den gesellschaftlichen Einfluss betrafen. Liebe galt weder als Gefühl noch als Voraussetzung für Ehe, sondern reifte in der Kooperation. Sie war Ergebnis, nicht Kondition. Und sie demonstrierte sich im Verhalten, nämlich in der Übernahme dessen, was an häuslichen Pflichten seitens der Gattin (und Mutter) und an außerhäuslichen Pflichten der Repräsentation seitens des Gatten (und Hausherrns) zu erfüllen war. Ehe war mehr eine öffentliche und weniger eine private oder intime Zweierbeziehung. Ausnahmslos übernahm sie den Status eines exponierten Verhältnisses, das legalisierte, Kinder zu zeugen. Im gleichen Zug oblag ihr die Verantwortung, für die Familie zu sorgen. Speziell galt, dass Heirat und Ehe zu einer sozial relevanten Angelegenheit wurden, je mehr Nutzen und Privilegien die beteiligten Familien daraus zu ziehen hofften. Diese Berechnungen spielten vorzugsweise für Adel und Großbürgertum eine Rolle. Die Liebesheirat und damit Neudefinition

des Verhältnisses zwischen Liebe und Ehe drückte – zur Mitte des 18.
Jahrhunderts hin – zunehmend aus, dass die Lebensverhältnisse einen
tief greifenden Wandel durchliefen. Die ständische Gliederung der
Gesellschaft und die politischen wie wirtschaftlichen Strukturen ero-
dierten. Die allmähliche Auflösung brachte die Legitimation der patriarchalischen Herrschaft ins Schwanken. Insbesondere die Betonung
von persönlichem Einsatz und persönlicher Leistung begünstigte,
dass die (frühbürgerlichen) Menschen den Blick auf sich selbst richteten und begriffen, dass ihr Leben und dessen Qualität primär von
ihnen selbst abhingen. Dieser Prozess wird als Individualisierung bezeichnet. Mit ihm laufen andere einher. So die Proklamation diesseit-
tigen Glücks: Die Menschen strebten an, in diesem irdischen Leben
glücklich sein zu wollen und nicht zu warten, bis sie in das Jenseits
eintraten. Insgesamt bringt die Aufklärung des 18. Jahrhunderts in allen Dimensionen der Gesellschaft Neuerungen. Sie wühlte die Grundlagen der Religion genauso auf wie die der rechtlichen, wirtschaftlichen und politischen Ordnung und revolutionierte die Fundamente
in den Naturwissenschaften und in der Philosophie. Die Blüte der
Aufklärung stellte die Früchte des Geltenden radikal in Frage, erwies
viele davon als überreif, wenn nicht faul (also inadäquat) und berei-
tete den Boden für Innovationen. Eine dieser Neuerungen war die
Idee der Liebesheirat. Ihr Konzept bürgerlich zu nennen, ist tragbar,
weil sie vom frühen Bürgertum initiiert wurde. Die Motivation dafür
lag darin, dass vor allem die Lebenswelt der Bürgerlichen erschüttert
wurde. Sie spürten als erste Gruppe, dass Traditionen wankten und
Neuem Platz machen mussten. Die Übergangszeit, innerhalb deren
das Alte verschwand und das Unvertraute sich etablierte, erlebten sie
als Chaos und Zeit der Verunsicherung. Das Leitbild der Liebesheirat
ermöglichte ihnen, sich als Gruppe zu erkennen und generelle Normen zu etablieren. Die Liebesheirat entpuppte sich so als kommuni-
katives Medium. Sie modulierte Empfinden und Handeln, gab Orientierung und dirigierte die Menschen in eine einheitliche Richtung. Sie
erzeugte ein Netz an Wegweisern, die halfen, die Lebensentwürfe auf
subjektive Beiträge (anstatt auf das Einhalten tradierter Werte) zu-
laufen zu lassen. In der Ehe erhielten individuelle Wünsche sukzessive gestaltende Bedeutung. Die durch Liebe begründete Ehe war also
ein Reflex auf einen sozialen Differenzierungsprozess, namentlich die
Antwort auf den Übergang von der stratifikatorischen zur primär
funktional differenzierten Gesellschaft, in der sich individuelle und
soziale Identität über die Mitwirkung in und die Zugehörigkeit zu diversen Kreisen definierte. Nicht mehr Geburt, Stand und dergleichen,

sondern die „Rollen", die Mann und Frau übernahmen, lenkten die Lebensführung. Die Liebesehe bot zudem ein Refugium und offerierte als privater Raum, seinen wahren Charakter zu zeigen, authentisch zu sein und sein Selbst zu entfalten – jenseits der Masken, die man in öffentlichen Sphären trug. Selbstverständlich profitierte davon in erster Linie der Mann, der sich ja in den außerhäuslichen Gefilden bewegte, dort imponieren musste und besonderen Bedarf an Regeneration und Echtheit hatte. Der Frau – als Pendant – oblag die Aufgabe, das Heim und die Ehe als Idyll zu betreiben. Insofern kann von der Liebesehe als einem Ausdruck gesprochen werden, der das Bedürfnis nach kommunikativer Selbstverständigung in der Sphäre von Intimität ohne Verstellungszwang stillte. So avancierten die Liebe und die Liebesehe bereits im 18. Jahrhundert zu einem Medium und Ort, die Zuflucht boten: von der anstrengenden Tätigkeit, unterschiedliche funktionale Identitäten einzunehmen; von der wachsenden Unübersichtlichkeit und Komplexität der Entwicklungen und Ereignisse und auch Anforderungen; von der Anonymisierung, die den Selbstwert herabsetzte, und stattdessen: Zuflucht in die Sicherheit von Normen und Vertrautheit. In der Liebesehe gewannen die Gatten Bedeutung und Wichtigkeit, nämlich für den anderen. Kurz und gut: Die Liebesehe verkörpert ein Medium und einen Ort, die die subjektiv erlebte Komplexität reduzierten, die Welt erträglich machten, Bestätigung und Anerkennung boten. In der Liebesehe beglaubigten und bekräftigten die Gatten einander, fanden sie Geborgenheit und die Möglichkeit, glücklich zu werden. Dem tut auch kein Abbruch, dass in der bürgerlichen Reformierung des frühromantischen Entwurfs die Moral das Liebesleben durchtränkte.

Schließlich noch ein Wort zum Eherecht, das im Preußischen Allgemeinen Landrecht (ALR) von 1794 kodifiziert war (ausführlich: Dörner 1974). Das ALR trug der Ideologie der polaren Geschlechtercharakterologie Rechnung und entwarf die Ehe – ganz im Einklang mit dem Entwurf der bürgerlichen Liebesehe – als eine emotional unterlegte Gemeinschaft, die Schutz und Unterstützung gewährleistete. Es definierte zudem die Bedingungen, die die Ehe auflösen konnten. Als Scheidungsgründe anerkannte das ALR etwa Verletzungen des ehelichen Treuegelübdes, das Verlassen des Ehepartners, die Verweigerung oder Unmöglichkeit, die sexuelle Gemeinschaft zu vollziehen, ferner: psychopathologische Symptome wie „Wahnsinn und Raserey", Attacken auf Leib und Leben, Trunksucht, Verschwendung und intolerable soziale Abweichungen (a. a. O., 56 ff.). Im Gegensatz zum Liebesdiskurs, der die Liebesheirat in den Vordergrund schob, akzentuierte das ALR die Ehe als Vertragsgemeinschaft. Es bildete „die theoretische Grundlage des religiös indifferenten, aufgeklärten Staates, das Eherecht allein nach den Grundsätzen der Vernunft und weltlichen Zweckmäßigkeitserwägungen zu gestalten" (a. a. O., 43 f.). Der juristische Zusammenhang und Diskurs der Ehe überholte die religiöse und moralisierende Semantik zwar. Der historische Rundblick und die nachfolgende beispielhafte Analyse zeigen allerdings, dass keine der beiden in der Lage ist,vorhandene Folien des Denkens, Fühlens und Handelns zu tilgen.

Ratgeber

Ich stelle Ihnen einen Ratgeber vor, den Sie heute noch als Autorität antreffen, Adolf Freiherr von Knigge. Er ist zu seiner Zeit weitläufig bekannt und ein typischer und einflussreicher Repräsentant der herrschenden Vorstellungen und Konventionen. (Die modernisierten Fassungen seiner Benimmregeln dienen noch immer oder wieder als ratsame Referenz!) Knigge verkörpert eine Autorität, die den geltenden Normen frühbürgerlichen Lebens verhaftet ist und diese propagiert. Die Gültigkeit seiner normativen Botschaften schmälert sich auch dort nicht, wo seine Erörterungen zum idealen Verhalten in der Ehe andeutungsweise Tendenzen vorwegnehmen, die erst um die Jahrhundertwende aufbrechen und sich im folgenden Jahrhundert voll entfalten. Beides, sowohl die Verhaftung im fraglos Geltenden als auch die dämmrige Antizipation von Kommendem, qualifizieren ihn als „traditionalen Avantgardisten", als Repräsentant sowohl des Bestehenden als auch des Übergangs.

Wie angekündigt, konzentrieren wir die Analyse auf die Frage nach dem Liebesbegriff, der Ehesemantik und den Empfehlungen, mit Konflikten umzugehen. Und hier pointieren wir auf jene Aspekte, die damals als besonders heikel und/oder noch heute als brisant betrachtet werden.

Adolf Freiherr von Knigge

Zwar signalisiert der Titel des Benimmbuches >Über den Umgang mit Menschen< (1788, 1848, Nachdruck 1951), dass es sich um eine Unterlage handelt, die sich an alle Menschen wendet und danach trachtet, die kommunikative und interaktive Kompetenz allgemein zu verbessern. Allerdings sind die Benimmregeln in jene Bedeutungsfolie eingedrückt, die auch und insbesondere für Eheleute galt. Knigge startet seine aufklärenden und explizit indoktrinierenden Erläuterungen mit dem Ziel, das er verfolgt. Er behandelt jene Regeln, konkreten Verhaltensweisen und die dazugehörigen Bereitschaften, die postulieren, was interaktive Kompetenz meint und worin sie sich niederschlägt, sodass „man sich zu benehmen weiß". Seine Sichtweise und damit das Regelwerk, das er vermittelt, bevorzugten die Perspektive des anderen. Als Maxime proklamiert er: Es ist wichtig, was andere Menschen über uns denken. Ziel muss sein, ihnen zu gefallen. Das, so Knigge, tun wir, indem wir Konventionen einhalten und jede Form der Abweichung vermeiden. Die deklarierte Anpassung dient dazu, die sozialen Kontakte reibungsfrei zu halten und sich selbst zu schützen – und dazu gehört wesentlich, das Gebot zu befolgen, sich selbst ausgeglichen und als immer gleiche Person zu verhalten. Knigge gießt das in die Formel: „Zeige, so viel du kannst, eine immer gleiche, heitere Stirne", und: „Sei, was du bist, immer ganz und immer derselbe." Heute sprechen wir diesbezüglich davon, Rollen zu spielen oder Maskerade zu betreiben. Selbstkontrolle und Selbstbeherrschung, das Verschweigen von Nöten, Belastungen, individuellen Wünschen und Ansichten und stattdessen die Verinnerlichung und Befolgung geltender Normen repräsentieren die Richtlinie guten und korrekten Benehmens. Sie gilt auch im ehelichen Leben.

Den Eheleuten ist ein eigenes Kapitel gewidmet: „Umgang unter Eheleuten" (a. a. O., 97 ff.). Knigge skizziert im Verlauf seiner Erörterungen, Warnungen und Handlungsanweisungen, wie er die vorbildliche Ehe sieht.

Eingangs hebt er die Bedeutsamkeit der „richtigen" oder „klugen" Partnerwahl hervor, „um in der Folge sich Freude und Glück versprechen zu können". Was tun, wenn dieses Versprechen nicht eingehalten wird, weil die Wahl zur Qual ausartet und zur Flucht einlädt? Knigge tröstet und resigniert: „So ist das in der Tat eine höchst traurige Lage, eine Existenz voll immerwährender Aufopferung, ein Seufzen unter den eisernen Fesseln der Notwendigkeit", aber, so ergänzen wir, noch lange kein Grund zur Ehescheidung. Knigge sieht das nicht vor, weil das dominante Ethos die Scheidung verabscheut. Er stellt Ehe unter das Banner der Unauflöslichkeit. Sie gilt ihm als unverbrüchlich geltende Norm. Knigge diskutiert eine ungünstige, weil Glück be- oder gar verhindernde Gattenwahl nicht im Rahmen der Liebessemantik. Er umgeht es, Liebe als Gefühl zur Grundlage zu deklarieren, noch nimmt er Partei für die Vernunftehe. Vielmehr verschiebt er seinen Fokus auf die Möglichkeit der Verständigung. Das Bedingungsgefüge dafür erkennt er in Strategien der Anpassung, des Ausweichens, des Vermeidens und im Gehorsam gegenüber sittlichen Geboten. Seine Leitidee besteht darin, Konflikte und Spannungen zu meiden und ihnen vorzubeugen. Dazu hält er es für unabdingbar, „weise Vorsicht im Umgange" zu üben, da sich die Gatten „täglich sehen [...] und also genügend Gelegenheit haben, einer mit des anderen Fehlern und Launen bekannt zu werden". Zwar warnt er davor, sich zu verstellen. Gleichzeitig fordert er dazu auf, selbstkontrolliert und förmlich zu agieren: Man solle sich „einer gewissen Achtsamkeit auf sich selbst [...] befleißigen. Man setze daher nie gegeneinander jene Höflichkeit aus den Augen, die sehr wohl mit Vertraulichkeit bestehen mag."

Diese Ausrichtung bestärkt Knigge in seinem folgenden Plädoyer für die Ehe als eine Gemeinschaft, die durch Respekt charakterisiert ist. Als „Hauptvorschrift" seines moralisch-sittlichen und normierenden Diskurses deklariert er: „Erfülle so sorgsam deine Pflichten, dass du womöglich darin alle deine Bekannten übertriffst"; denn dies gewährt „auf die wärmste Hochachtung Anspruch". Der Gatte muss sich in diesem Wettbewerb des Imponierens als ein Mann profilieren, der sich durch Leistung, Tugendhaftigkeit und Pflichterfüllung die ehefrauliche „Achtung und Zuneigung zu verdienen" weiß. Belohnt wird er damit, dass er Respekt und Liebe „als Pflicht" einklagen kann: „[...] und wenn du willst, dass deine Frau dich unter allen Menschen am meisten ehren und lieben soll, verlasse dich nicht darauf, dass sie dir's am Altar versprochen hat, [...] sondern darauf, dass du alle Kräfte aufbietest, besser zu sein als andere, aber besser in jeder Beziehung. Sorgsame Pflichterfüllung ist also das sicherste Mittel, der beständig fortdauernden Zärtlichkeit seiner Ehehälfte gewiss zu sein." Wir finden in diesem Zitat sämtliche Facetten wieder, die wir für die bürgerliche Ehe anlässlich des historischen Rundgangs entdeckt haben. Es ist die Kategorie der Pflicht, die das eheliche Verhältnis und das Eheleben strukturiert. Zwar spricht Knigge hier ausdrücklich den Mann an. Doch werden wir sehen, dass seinem Part der weibliche Beitrag an Pflichterfüllung entspricht. Das Zitat zeigt, dass die Gattin den Bemühungen des Gatten mit Zärtlichkeit und Dankbarkeit, also mit Zuwendung antworten sollte; denn der Gatte hat sie sich verdient und kann sogar auf sie insistieren. Zeichen der Zuneigung geraten hier zur Verpflichtung. Das gilt wechselseitig. Außerdem decken die Bemerkungen einige Konfliktquellen auf. Konflikte brechen auf, wenn Pflichten unerfüllt bleiben oder ungenügend verfolgt werden. Das ist die sachliche Komponente der Konfliktgenese. Die moralische zielt auf die Rechtmäßigkeit dieser Konfliktquelle. Nur wenn Pflichten nicht oder unzureichend realisiert werden, kann der andere Eheteil – moralisch und zum Teil juristisch fundiert – korrigierende Handlungen einklagen. Knigge verkleidet an dieser Stelle seinen Ratschlag, Konflikte zu vermeiden, als Prophylaxe: Erfülle deine Pflichten, und alles ist gut.

Es sei betont: Das Geheiß, Pflichten zu erfüllen, gilt für beide Eheleute. Da die Zuschreibung von Rechten und Pflichten den Kriterien der Geschlechterdifferenz unterliegt, unterscheiden sich die Arten der Pflichten, die Mann und Frau zu verwirklichen haben. Die Unterscheidung beruht zum einen auf der Ideologie der polaren Geschlechtercharakterologie und zum anderen auf der Leitidee der Komplementarität, der gegenseitigen Ergänzung. Beide bilden den Rahmen dafür, Ansinnen zu legitimieren und einen Bezug zu übergeordneten Normen herzustellen. Dies imprägniert das Eheleben und determiniert den Katalog an Vorschriften und Sanktionen – auch und gerade im Konfliktfall. Lassen Sie uns an weiteren Beispielen schauen, was das bedeutet.

Ein Konfliktherd beschäftigt Knigge (ebenso heutige Liebende) sehr, nämlich „Herzensverwirrungen" bis hin zu „wirklichen Ausschweifungen" (a. a. O., 105 ff.). Sympathisiert die Gattin, „wenn die erste blinde Liebe verrauscht ist", mit einem anderen Mann mehr, als der Gatte „seiner Ruhe wegen wünschen möchte", dann soll er „keinen Neid, keine närrische Eifersucht" zeigen, sondern fortfahren, „seine Pflichten treulich zu erfüllen". Denn nur in diesem Fall, so Knigge, werden „Eindrücke von der Art […] bald wieder verschwinden". Knigge vertraut selbst in diesem Fall ehelicher Untreue auf die korrigierende Kraft sittlichen Handelns, nämlich Dankbarkeit und – siehe oben – zärtliche Zuwendung hervorzulocken. Er vertraut sozusagen in den sittlichen Reflex des Junktims von Pflichterfüllung und Liebe. So unterdrückt, pflanzt sich die Konfliktkonstellation fort. Denn Knigge schließt aus, die Sympathie für den anderen offen zu thematisieren und etwa nach den Motiven zu fragen. Der Ratgeber bietet kein Schlupfloch für psychologisierende Überlegungen, sondern verharrt im moralischen Diskurs von Leistung und Gegenleistung, der Geben und Nehmen unauflöslich aneinander koppelt. Knigge verbietet selbst einen – offenkundig bereits damals – beliebten Trick: „Man soll auch jene kleinen Künste verachten, durch welche man, um die Liebe des andern Teils mehr anzufeuern, mit Vorsatz

Eifersucht zu erregen sucht." Denn, moralisiert er, „bei einem Band, das auf gegenseitige Hochachtung beruhen muss, darf man sich durchaus keiner schiefen Mittel bedienen". Am besten fahren die Ehehälften mit der Vermeidungsstrategie: Sie sollen lockenden Menschen und verlockenden Situationen ausweichen: „Klugheit und Rechtschaffenheit erfordern, dass man sich selber gegen die Eindrücke größerer Liebenswürdigkeit […] waffne."

Hat es nun den Anschein, dass Knigges Rekurs auf Moral und Sitte das Thema erledigt sei, irrt der Leser, und die Leserin auch. Angesichts der offensichtlichen Brisanz des Themas wartet der Freiherr mit weiteren Differenzierungen auf und codiert zudem die nötigen Verhaltensweisen geschlechtstypologisch.

Die Differenzierung betrifft die Unterscheidung zwischen jung geschlossenen Ehen und Ehen, die sich bereits in „reiferen Jahren" befinden. Die zuletzt zitierte Ermahnung, verführerischen Menschen und Situationen auszuweichen, legt er besonders jungen Ehen ans Herz: „Wenn die Phantasie lebhaft ist, die Begierden heftig wirken und das Herz noch oft mit dem Kopf davonläuft, würde ich raten, solchen gefährlichen Gelegenheiten auszuweichen." Dieser Rat zeigt Knigges Verständnis und zugleich, dass er dem Leitgedanken der lebenslangen und treuevollen Eheführung ergeben ist. Den reiferen Ehen „rate ich die entgegengesetzte Art an". Das mag erstaunen. Doch ähnlich wie Jellouschek, einer der meistgelesenen Ehetherapeuten des 20. Jahrhunderts, argumentiert Knigge hier mit dem Prinzip Hoffnung, nämlich der Hoffnung, dass der so genannte Seitensprung in die Ehe zurückführt: Erst wenn sich die Gatten der Verlockung aussetzen, erfahren sie, wie gut sie es eigentlich mit dem vertrauten Partner getroffen haben, und werden der Vorteile des Eingespieltseins gegenwärtig. Schaffen die Eheleute es zusätzlich, Geschmack und Interessen anzugleichen, steht dem dauerhaften Glück nichts mehr im Wege (vgl. a. a. O., 105).

Ist hier noch von „Herzensverwirrungen" die Rede, reserviert Knigge „wirkliche Ausschweifungen" für den Mann. Damit gelangen wir zur angedeuteten geschlechtstypologischen Codierung der Maßnahmen, die die Ehe retten sollen. Die „wirklichen Ausschweifungen" ringen der Frau viel Energie und Einfallsreichtum ab (a. a. O., 106 ff.). Wenn der Gatte kläglich versagt, „Meister zu werden über seine Begierden" und „gefährlichen Gelegenheiten und Verführungen auszuweichen", dann muss die Gattin helfend eingreifen. Ihr obliegt es, der Ehe „den Reiz der Neuheit zu geben". Die Gattin soll dies erreichen, indem sie sich vorzugsweise zweier Strategien bedient. Die eine empfiehlt ihr, dem Gatten „zuweilen kleine Hindernisse in den Weg" zu legen, um sein Verlangen zu entfachen. Die zweite nutzt Enthaltsamkeit, Distanzierung und ähnliche Verhaltensweisen, die heute Liebesentzug tituliert werden. In beiden Strategien verlangt der Benimmpapst des 18. Jahrhunderts Handlungen von der Frau, die ihr sonst verboten sind, nämlich einen eigenen Willen zu demonstrieren, der sich in Koketterie und Entzug äußert. Entschärft wird diese vortäuschende Eigenwilligkeit durch das Ziel: die eheliche Harmonie wiederherzustellen, indem die Gattin die ehemännliche Aufmerksamkeit zurückgewinnt. Nur im Rahmen dieser Intention werden ihr die Interventionsweisen erlaubt – und das entlarvt nicht nur, dass es nicht um sie und ihr Wohlergehen geht, sondern auch, dass die ihr aufgetragenen Anweisungen im Namen der konventionellen Vorstellungen von einer guten oder glücklichen Ehe ausgesprochen sind. Anders gesagt: Da die Koketterie in Form der Hindernisse wie in der Form der Enthaltsamkeit im System Ehe verharrt, konterkariert die Gattin die Normen nicht und weicht auch nicht von ihnen ab. – Interessanterweise stimmen die Empfehlungen, die Knigge anheim stellt, inhaltlich mit jenen überein, die auch zwei Jahrhunderte später noch gegeben werden. Der Unterschied liegt in der Verschlüsselung. Knigge verschlüsselt moralisch, wo ab der Mitte des 20. Jahrhunderts psychologisiert wird, das heißt unter Rekurs auf psychologische Theorien und Konzepte Empfehlungen ausgesprochen werden.

Knigges Gedanken kreisen um die augenscheinlich aktuelle Frage nach der Rechtmäßigkeit von Geheimnissen: „In der Ehe soll gegenseitiges uneingeschränktes Zutrauen statthaben. Kann dann ein Fall eintreten, wo einer vor dem anderen Geheimnisse bewahren dürfte?" (a. a. O., 105 ff.) Verwundert reibt sich der Leser die Augen, wenn er als Antwort liest: „O ja, gewiss!" Das erstaunte Reiben fließt sofort über in das Bedecken der Augen. Denn Knigge lässt diese Bejahung nicht für Mann und Frau gleichermaßen gelten, sondern dröselt sie geschlechtsspezifisch auf. Der Gattin stehen Geheimnisse nicht zu Gesicht: Es kann „wohl seltener gut sein, wenn die Frau ohne ihres Mannes Wissen Schritte unternimmt und dieselben vor ihm verheimlicht". Der Ratgeber nennt vier Gründe. Erstens ist „der Mann von Natur aus bestimmt, […] Ratgeber seines Weibes zu sein"; zweitens „fallen die Folgen jedes übereilten Schrittes der Gattin auf ihn"; drittens hängt „sie viel mehr von dem äußeren Rufe ab" als er, und viertens ist „Verschwiegenheit mehr eine männliche Tugend". Die Elemente der Diskursdimensionen kennen wir inzwischen. Es ist die Natur, die die Geschlechtscharaktere bestimmt – und da schneidet die

Frau in Bezug auf Geheimniswahrung leider schlecht ab. Weniger salopp formuliert: Die Argumente ziehen die naturhafte Wesenheit heran. Danach ist der Mann verschwiegen und überhaupt fähig, Geheimnisse für sich zu behalten. Die Frau verfügt weder über dieses Potenzial noch über die faktische Kompetenz; sie ist geschwätzig, indiskret und unfähig, Geheimnisse zu wahren. Zudem wird ihr unterstellt, dass sie voreilig ist und deshalb den Schutz des Gatten benötigt, der im Zweifel die Verantwortung für pflichtvergessenes und verantwortungsloses weibliches Handeln zu tragen hat. Kurzum, Knigge delegitimiert Geheimnisse der Gattin aus ontologischen und aus Wesensgründen und flankiert seine Aberkennung des Geheimnisrechts mit dem Bezug auf sozialethische und kollektiv-moralische Normen und Praxis. Dass die Begründung dazu geeignet ist, die patriarchalische Struktur in der Ehe zu stabilisieren, muss nicht besonders betont werden. Die Frau, zu transparentem Tun verdammt, bleibt kontrollierbar. Allerdings rät Knigge vehement von Detektivarbeit und Schnüffelei ab; denn dann „steckt sich [der Gatte] selbst das Horn der Hahnreischaft auf", gibt sich der Lächerlichkeit preis und provoziert – so Knigge psychologisch feinsinnig –, was er verhindern möchte: Betrug. Knigge verbrämt seinen Einwand wiederum moralisch, indem er den misstrauischen Gatten in den Bereich des Bösen katapultiert und die Ausspionierte als Opfer darstellt. Der kriminalistische Mann „verdient, getäuscht zu werden"; denn „man kann auf diese Weise das beste Geschöpf moralisch zu Grunde richten und zu Verbrechen reizen". Deshalb wird der ungerechterweise Misstrauische zum Schuldigen, verflüchtigt sich das psychologische Moment im moralischen Diskurs und deklariert Knigge die Unsittlichkeit der Schnüffelei. Genau diese Drehung verhindert, dass Geheimnisse in einem individualisierten Dialog der Eheleute thematisch werden. Die Begründung des Freiherrn räumt der Gattin nämlich keine Persönlichkeitsrechte ein, sondern zentriert sittliche und geschlechtsspezifische Qualitäten und Normen. Im Mittelpunkt steht die Unantastbarkeit und das Ansehen männlicher Autorität. Sie wird zur Herstellung oder Erhaltung ehelichen Friedens instrumentalisiert.

Analog verhält es sich mit den männlichen Geheimnissen. Zwar führen seine Geheimnisse seltener zu Problemen und Konflikten in der Ehe – weil er verschwiegener ist. Doch bröckelt diese Mauer der Diskretion, reicht Knigge dem Gatten auch schon eine rettende Schaufel. Er neutralisiert den Stellenwert, den männliche Geheimnisse haben, indem er diese entprivatisiert und der Logik der Kon-

ventionen wie der Geschlechterideologie unterstellt. Das macht er
durch den Hinweis auf die Verantwortung zur Verschwiegenheit und
auf die schiere Unmöglichkeit, der Gattin alles offenbaren zu können.
Verfügte Diskretion und Vielfalt übersteigen die Erzählbarkeit: „Er
hingegen, der an den Staat geknüpft ist, oft Geheimnisse zu bewahren
hat, die nicht ihm gehören und durch deren Verbreitung mit anderen
in Verlegenheit kommen kann, er, der das Ganze des Hauswesens
übersehen soll, [...] er kann unmöglich immer alles erzählen und mitteilen."

Auf die Frage des Konfliktmanagements bezogen, können wir also
einmal wieder konstatieren, dass der ideologische Referenzrahmen
(Natur, Moral, Eheideal) die Möglichkeit versperrt, die „Geheimnisse" der Frau mit ihren individuellen Bedürfnissen in Verbindung
zu bringen und zum Thema zu machen. Die ideellen Bezugsfelder
Natur/Mensch, Mann/Frau, Staat/Mensch und Sozialrahmen/Mann
sowie Frau und Ethos/Handeln lenken den Blick nicht auf Persönlichkeiten, sondern auf Typen. Partikulares, Individuelles taucht nicht
auf. Die geschlechtsspezifische und ethisch-moralische Diskursfolie
sind Bezugssysteme, die sich gegen konkrete Persönlichkeiten indifferent verhalten. Dies wiederum führt dazu, dass der Konflikttypus
„Geheimnisse" nur im Verweis auf objektiv festgelegte Klassifizie-
rungen und Normen zu lösen ist.

Auch zu Knigges Zeiten gab es offenbar Konflikte, die ihm raten,
ausdrücklich darauf hinzuweisen, „dass jeder seinen angewiesenen
Wirkungskreis habe" (a. a. O., 108 ff.). Er plädiert für eine strikte Ar-
beits- und Funktionsteilung und nährt seine Position mit pragmatischen Erwägungen, den ehelichen Frieden zu sichern. Eine rigorose
Aufteilung garantiert ihm zum einen, dass sich Zuständigkeiten selten überschneiden und wenn doch, dann kaum Streit entfachen.
Außerdem hilft die Zuordnung von Kompetenzen dabei, sozial nicht
unangenehm aufzufallen: „Es geht selten gut im Hause, wenn die
Gattin für ihren Mann Berichte entwerfen und er dagegen, wenn
Freunde eingeladen sind, in der Küche helfen [...] muss. Daraus entsteht Verwirrung; man setzt sich dem Gespött aus; der eine verlässt
sich auf den anderen, will sich dagegen aber in alles einmischen."
Das Fazit klingt resolut: „Das taugt nicht." Es ist ersichtlich, dass es
Knigge nicht nur um klare Kompetenzregelung geht. Seine Botschaft
weist zudem konkret darauf hin, nach welcher Maßgabe die Zuständigkeiten definiert werden. Es überrascht nicht, hier die direkte Über-
setzung geschlechtstypologischer Bestimmung zu finden. Sie ist es,
die Kompetenzkonflikte löst. Der Verweis auf das Gesollte reicht, um

klar zu machen, was sich gehört und was nicht – und warum: weil die Natur es so vorschreibt.

Ebenso modern wie die bisherigen Konfliktherde mutet ein weiterer an: das Haushaltsgeld (heute „Budget" genannt) und seine Zuteilung (a. a. O., 109 ff.). Um diese Quelle ehelichen Streits zum Versiegen zu bringen, rät Knigge dem Gatten, er solle seiner Frau „eine Summe des Geldes, die deinen Umständen angemessen sei, zur Ausgabe" zuteilen. Als Kriterien dienen ihm die Ansprüche, der der Gatte mit seinem Stand und Standard verbindet. Gleichzeitig soll er den Etat nicht zu gering veranschlagen; denn dann könnte er „seine Gattin in Verlegenheit setzen", aus Furcht, mehr zu fordern, ihn weniger zu verwöhnen. Benötigt die Ehefrau Beträge über das Kontingent hinaus, „so komme sie und fordere mehr von dir". Allerdings ist es mit der bloßen Bitte oder Forderung nicht getan. Die Forderung der Frau muss nämlich begründet und beraten werden. Und da Knigge den Mann als den rationalen, vernünftigen und kalkulierenden Teil konstruiert, die Frau dagegen als emotional und tendenziell verschwenderisch, rät er dem Gatten: „Findest du, dass zuviel ausgegeben worden ist, so lasse dir die Rechnung zeigen. Überlege mit ihr gemeinschaftlich, auf welcher Seite gespart werden könne." Die „Verwaltung der Gelder" bedarf ausführlicher Erörterung, weil „gute Hauswirtschaft [...] eines der notwendigsten Stücke zur ehelichen Glückseligkeit" ist. Um Konflikten dazu von vornherein aus dem Weg zu gehen, empfiehlt Knigge der Gattin, „sich häuslicher Sparsamkeit zu befleißigen". Bricht dennoch ein Streit aus, erledigt der Verweis darauf, dass der Gatte das Oberhaupt ist und fähiger, jedwede Debatte.

Das folgende Verhaltensmuster provoziert noch heute Irritationen und Konflikte, etwa in der Klage, meistens der Ehefrau oder Partnerin: „Ich weiß, dass ihn etwas beschäftigt und quält, aber er spricht einfach nicht darüber." Knigge erörtert die Frage, wie Eheleute mit Belastungen, die sie spüren, umgehen sollen. Da im 18. Jahrhundert in erster Linie der Mann sich in einem neuen soziokulturellen Umfeld und damit in einem Außen bewähren musste, kümmert sich Knigge primär um die Leiderfahrungen des Gatten. Allgemein postuliert er, „kleinere Unannehmlichkeiten [...] vor deiner Frau zu verbergen" und seinen „Kummer in deinem Herzen [zu verschließen]". Die Begründung dieser Strategie des Rückzugs verläuft in zwei Linien, verharrt allerdings explizit in der Semantik der Geschlechtscharaktere. Die erste Linie beruft sich auf die geringe Leidensfähigkeit und Belastbarkeit der Frau und das Risiko, eine Xanthippe zu erzeugen: „Sehr wenig Frauen haben Kraft genug, das Unglück standhaft zu leiden und ihren Gatten die Bürde tragen zu helfen, die nun einmal getragen werden muss. Die meisten erschweren das Übel durch unzeitige Klagen oder gar durch übel angebrachte Vorwürfe." Die zweite Linie ist moralisch erweitert und appelliert an die wesenhafte Neigung des Mannes, Heldenhaftigkeit anzustreben. Der Mann wird bei seiner Männlichkeit, seiner Ehre und seiner Pflicht, die Gattin vor Unbill zu schützen, gepackt. Die heroisch-altruistische Ummäntelung stilisiert die Nonkommunikation zu einer ethisch guten, sachlich richtigen und wesenhaft maskulinen Tat: „Es kann ja ohnehin ein gutgeartetes Gemüt nicht erleichtern, wenn es andere, die es liebt, mit sich leiden macht." Und der Mann solle bedenken, dass „ein gewisser Heroismus im Kampfe gegen das Unglück [...] Freuden mit sich [führt]". Spannungen und Schwierigkeiten, die nicht direkt der Ehe entspringen und kausal mit ihr verknüpft sind, sollen also tabuisiert werden. Später wird die Attitüde als Preis gebrandmarkt werden, den die Menschen zu zahlen hatten, weil ihr Eheleben der Logik und den Kategorien der Geschlechterideologie unterworfen war. Die Psychologie wird diese heroische Haltung und Praxis des In-sich-Hineinfressens und des Beschweigens als eine Quelle nicht nur von Konflikten und Entfremdung zwischen den Liebenden geißeln, sondern auch als Herd psychosomatischer Erkrankungen.

In der frühbürgerlichen Ehe war normalerweise der Altersunterschied zwischen Gatten groß, weil der Mann erst heiratsfähig war, nachdem er sich eine Ehe und damit Familie auch leisten konnte. Die Differenz betrug im Schnitt 10 bis 15 Jahre. Zusätzlich wurden – wie gezeigt – die Charaktere von Mann und Frau als einander gegensätzlich und ergänzend angenommen. Zusammen mit der Geschlechtertypologie formen sie vermutlich das Motiv, weshalb Knigge sich ausführlich mit dem Konfliktpotenzial auseinander setzt, das sich aus der charakterlichen Verschiedenheit der Eheleute ergibt. Er geht von der Konstellation aus, in der die weiblichen und männlichen Interessen und Ideenwelten so weit auseinanderklaffen, dass „man um alles, was Kopf und Herz beschäftigt, zu teilen, sich nach fremden Mitgenossen umsehen muss" (a. a. O., 119 ff.), und fragt: „Was ist aber in solchen Lagen zu tun?" Als oberstes Gebot postuliert Knigge Selbstdisziplin und begründet sie zweckrational: „Vor allen Dingen nicht moralisiert, wo keine Besserung zu erhoffen ist, geschwiegen, wenn man doch nicht verstanden wird; und dann die Gelegenheit vermieden, Szenen zu veranlassen, wodurch wir zu arg entrüstet oder gekränkt oder durch die Dummheit des anderen Teils öffentlich beschimpft würden." Diese eher pragmatische Ausrichtung erhält eine resignative

Konnotation, weil Knigge davon ausgeht, dass sich die Wesensstrukturen jedweder Korrigierbarkeit und damit Veränderung entziehen. Die empfohlene Strategie der Duldsamkeit läuft leer, „wenn das Schicksal oder die eigene Torheit uns auf ewig an ein Geschöpf gekettet haben, das mit großen moralischen Gebrechen oder gar mit Lastern behaftet" ist. Da die Gatten also der Unverbesserlichkeit ausgeliefert sind und sich somit – modern gesprochen – kommunikative Verständigung als a priori vergeblich erweist, bleiben als Konflikte lösende Techniken nur das Ausweichen oder das rigide Befolgen konventioneller Regeln.

Knigge ergreift Partei für den Gatten insofern, als er es für ausgemacht hält, dass vor allem der Ehemann diesen Konflikt zu bewältigen hat. Da er wesenhaft vernünftig ist, während die Frau von Gefühlen geleitet wird, findet er sich typischerweise mit dem Problem konfrontiert, dass er an ein „falsches, tückisches Weib gefesselt ist". Allgemein empfiehlt er, „in solchen Situationen auf dreierlei Rücksicht zu nehmen, nämlich zuerst solche, welche auf Beförderung unserer eigenen Ruhe abzielen; sodann Rücksichten auf unsere Kinder und Hausgenossen und endlich auf das Publikum". Knigge ruft den Mann auf, sich dem Konflikt zu nähern und eigennützig zu schauen, seine Ruhe zu finden, sich auf seine Verantwortung als Oberhaupt des Hauses zu besinnen und schließlich die Außenwirkung zu kontrollieren. Noch einmal betont Knigge die Vergeblichkeit, erzieherisch einzugreifen: „so rate ich, wenn einmal keine Hoffnung zur Bewirkung sittlicher Besserung da ist, sich nicht mit Klagen, Vorwürfen und Zänkereien aufzuhalten." In dem konkreten Fall, den Knigge problematisiert, hat das „Geschöpf" ein „falsches, tückisches Herz", und ein Herz ist nicht austauschbar, sondern integraler Bestandteil. Das Problem wird ontologisiert, indem Knigge dieses Herz als typischerweise weiblich klassiert, und moralisch verurteilt. Einmal mehr untermauert der Freiherr die Unsinnigkeit verbaler Auseinandersetzung. Sie ist zwecklos, weil das Herz nicht zu verbessern ist, und deshalb ist es klug, sich in den Dissonanzen einzurichten. Die Maxime des männlichen Handelns liegt in dem skizzierten pragmatischen Weg, von dem sich der Gatte nicht ablenken lassen soll: „[…] und lass dich dann von dieser Richtschnur durch nichts, selbst durch keine nur anscheinende Besserung noch durch Liebkosungen abwendig machen." Dieser Rat stellt Prinzipientreue über das Wohl der ehelichen Gemeinschaft und kommt der Aufforderung gleich, eine Verständigung und Besserung zu verweigern, gar nicht erst in Betracht zu ziehen. Damit konstituiert Knigge eine sich selbst erfüllende Prophezeiung;

denn bleibt die positive Bestätigung veränderten Verhaltens aus, wird es wieder fallen gelassen. Der Konfliktherd wird fest- und dem unkorrigierbaren Wesen der Frau zugeschrieben, und gleichzeitig schwindet die Hoffnung auf ein glückliches Eheleben. Die breite Palette kommunikativer Aussprache entfällt, und was bleibt, ist das Sich-Arrangieren, das heißt der Rekurs auf sittlich Gebotenes, konventionell Gestattetes und sozial Unauffälliges: „Lass womöglich dein Unglück nicht ruchbar werden." Die angeratene Therapie trägt den Namen Pflichterfüllung nach innen und außen und wird nur dadurch tolerabel gemacht, dass Knigge auf den Lohn dieses heroischen Tuns hinweist: „ein ruhiges Gewissen", mit dem „sich alles, auch das Ärgste ertragen" lässt.

Wie noch heute stellte sich bereits damals die Frage, wann sich die Eheleute an Dritte wenden sollten, wenn sie ihrer Schwierigkeiten nicht mehr Herr wurden. Wieder erleben wir Knigge als Kind seiner Zeit; denn er antwortet auf diese Situation weniger sachlich, geschweige denn psychologisch, sondern moralisch und hebt noch einmal die schicksalhafte Ergebenheit als Haltung hervor: „Gute Seelen vertragen sich ohne Vermittlung und mit schlechten richtet ein Friedenstifter doch nichts aus." Diese Attitüde ist konsequent. Das Eheproblem entsteht aufgrund moralischer und sittlicher Fehlerhaftigkeit der Person und wird folglich auch in dieser Semantik definiert. Deshalb hat es keinen Sinn, das Problem oder den Konflikt zu bearbeiten, sondern die Person – und das ist per definitionem vergeblich; denn diese ist gut oder schlecht. Der Mann ist, wie er ist, die Frau ist, wie sie ist – daran lässt sich nichts ändern und deshalb schlagen Interventionen von Dritten zwangsläufig fehl. Folgerichtig geht es nicht darum, die Schwierigkeiten zu bearbeiten, sondern darum, in der Ehe Ruhe und Ordnung herzustellen, und dies unter Ausschluss der Öffentlichkeit: „Überhaupt sollen alle Zwistigkeiten unter Eheleuten nur unter ihren vier Augen ausgemacht werden." Das klingt in den Ohren des 20. und 21. Jahrhunderts wie Hohn, zumindest als anachronistisch – gemessen an der Lust, mit der Paare ihre Probleme, zumal noch medial vermittelt, einem breiten Publikum zugänglich machen. Damals aber war die Einstellung und Empfehlung konsistent, zumal die Konvention auferlegte, der äußeren Sozialwelt eine intakte Ehe zu präsentieren. Und dieses Gebot gilt uneingeschränkt bis weit in das 20. Jahrhundert hinein!

Bleibt noch zu prüfen, in welchen Fällen Knigge eine gerichtliche Trennung für unausweichlich hält (a. a. O., 117). Er befürwortet eine Scheidung ausschließlich im Fall des Ehebruchs: „Nichts erschüttert so heftig das Glück unter Gatten und Gattinnen wie die Verletzung ehelicher Treue." Er setzt als notwendige Bedingung für das Anrecht auf Scheidung allerdings hinzu, dass der Treuebruch der Öffentlichkeit nicht verheimlicht werden kann. Ehescheidung gilt ihm als Ultima Ratio, wenn „öffentliches Ärgernis" nicht vermeidbar ist. Nebenbei sei erwähnt, dass der Ehebruch der Frau wesentlich schwerer wiegt als der des Mannes: „Mit Rücksicht auf die Folgen hingegen ist die Unkeuschheit einer Frau strafbarer als die des Mannes", weil sie durch eine etwaige Geburt außerehelicher Kinder die „Familienbande" zerreißt. Knigge webt dieses Urteil noch in moralische Kriterien ein, die neben der Sittlichkeit auch die patriarchalische Ordnung sichern. Später, zur Jahrhundertwende hin, wird es die biologisch motivierte Polygamie sein, die die Untreue des Mannes entschärft und entschuldigt, während die biologisch begründete Monogamie die Untreue der Frau als frevelhaft, undankbar und übel bestimmt.

Zusammenfassung

Wie in dem Kapitel „Einladung und Hinführung" angekündigt, bietet Ihnen die Zusammenfassung an, die bisherigen Entdeckungen zu komprimieren. Wir folgen dabei den dort aufgeworfenen Fragen, weil sie helfen können, die Vielfalt der Ergebnisse thematisch zu sortieren und, da geordnet, besser im Gedächtnis zu verankern.

Liebesverständnis und Liebeshandeln:
– Was bedeutet Liebe und Lieben? Wie zeige ich als Liebende/Liebender, dass ich liebe?
Für das 18. Jahrhundert kristallisieren wir drei Liebesauffassungen heraus. Die „vernünftige Liebe" hält sich strikt an die Vorgaben des herrschenden Ethos. Es sind Moral und (zu Beginn) christliche Normen, die die Liebe und das Lieben mit Inhalten füllen. Vernünftige Liebe zeigt sich darin, Tugendhaftigkeit zu verbinden mit emotionaler Zuwendung. Liebe mündet in Ehe, und ein glückliches Eheleben führen die Gatten dann, wenn es ihnen gelingt, sich zu vervollkommnen. Gatten offenbaren ihr Lieben auf der Verhaltensebene dadurch, dass sie einander wechselseitig ermöglichen, sich sittlich zu vervollkommnen.
Die „zärtliche Liebe" rückt das Gefühl und den geliebten Menschen ins Zentrum der Liebesidee. Zärtliche Liebe nimmt ihren Ausgang im Gegenüber, sie wird entzündet durch die andere Person und bleibt pri-

mär auf das Du bezogen. Diese affektive Anziehung zu leben ist verwoben mit tugendhaftem Handeln. Waren dem Gefühlsanteil der vernünftigen Liebe moralische Normen übergestülpt, verhält es sich bei der zärtlichen Liebe anders. In ihr geht die emotionale Attraktion der Moral sozusagen voraus. Die Liebenden teilen ihre Liebe dadurch mit, dass sie den Geliebten aus Liebe, also getragen vom Gefühl, sittlich sensibel, verständig und fördernd behandeln. Empathie steht im Vordergrund. Zärtliches Lieben äußert sich mehr in freundschaftlichen, in den zarten Gefühlen der Sorge um das Wohlbefinden des Geliebten und weniger als Geschlechtsgemeinschaft. Sexualität wird als notwendiger Bestandteil akzeptiert, weil sie zur Familiengründung führt. Auch in der Semantik der zärtlichen Liebe dominiert auf der Verhaltensebene moralisch korrektes Verhalten und fließt eine Liebeserklärung in die Heirat. Der Ehevertrag gilt als Liebesbeweis.

In der romantischen Liebe unterscheiden wir die frühromantische und die (früh-)bürgerliche oder romantische Liebe. Die frühromantische Liebe nimmt erstmals die Individualität des Geliebten in den Blick. Die Liebenden sind gleichwertige Individuen, zwei unterschiedliche Ausdrucksweisen des Menschlichen. Der Liebende ist von dieser einen ausgezeichneten und besonderen Person fasziniert. Trifft der Liebende auf die „wahre Liebe", gleicht die Liebesbeziehung einer schicksalhaften und damit zwingenden Entscheidung. Die Liebenden sind einander einzigartig und erleben „den Himmel auf Erden". Ihr Lieben umgreift die seelisch-geistige ebenso wie die leibliche Dimension. Sie vereinen die platonische mit der dionysischen Komponente und lieben ganzheitlich. „Echte" Liebe ist reines Gefühl und auf Ewigkeit angelegt. Liebe ist eine vorhergesehene prästabilierte Harmonie, die keiner rechtlichen Kodifizierung bedarf. Die frühromantische Liebe mündet nicht notwendig in den Ehevertrag, weil die Liebe das vereinigende und kontinuierende Moment ist. In der Liebe ergänzen sich die Liebenden zu dem Einen, zur Liebe, und vervollständigen ein ursprünglich Ganzes.

Die bürgerliche Variante der romantischen Liebe, die zum Ende des Jahrhunderts gleichermaßen die offizielle Eheideologie kolportiert, kombiniert einzelne Aspekte, die in den drei genannten Liebesvorstellungen erscheinen. Die Frühromantik hinterlässt in ihr die Leitidee, dass Ehe auf Liebe als Gefühl gegründet sein sollte. Die zärtliche Liebe taucht auf in dem Primat der verständnisvollen Zuwendung, und das Element der vernünftigen Liebe betont sowohl den Respekt voreinander als auch das Gebot der Normeinhaltung und die (juridifizierbare) Verpflichtung, einander zu unterstützen und fürei-

nander dauerhaft Sorge zu tragen. Die romantische Liebe bürgerlicher
Prägung proklamiert die Liebesehe sowohl als Gefühls- als auch als
rechtliche Unterstützungs- und Versorgungsgemeinschaft. Liebende
beweisen ihre Liebe darin, dass sie den geltenden Normen Gehorsam
leisten.
 – Welche Vorgaben liefert die Ideologie der Geschlechterdifferenz
in der Liebes-Semantik und folglich im Lieben? Welche Rolle spielen psychologische Erkenntnisse im Liebeshandeln, in der gelebten
Gemeinschaft?
In den Liebesvisionen des 18. Jahrhunderts steckt die Ideologie der
polaren Geschlechtscharaktere noch im Keim. Sie blüht erst im 19.
Jahrhundert auf. Erste Anzeichen entlarvt die bürgerlich-romantische
Liebe dort, wo sie Mann und Frau wesenhaft und anthropologisch ty-
pisiert. Die Anschauung der Geschlechterdifferenz infiltriert den Liebesdiskurs zwar, dominiert ihn aber noch nicht. Von psychologischen
Erkenntnissen, die das Lieben beeinflussen, kann noch keine Rede
sein, weil es die Psychologie (als wissenschaftliche Disziplin) noch
nicht gab.
 – Welchen Stellenwert hat die Liebe im Leben?
Der kursorische Rundlauf durch die historischen Ereignisse legt offen, dass die Menschen in einen undurchschaubaren Trubel gravie-
render Veränderungen geraten, innerhalb dessen sich Tradiertes allmählich zersetzt und in der subjektiven Wahrnehmung Gewissheiten
und folglich die Souveränität des Sich-Bewegens in der Welt abnehmen. Die Liebe und die durch sie begründete Ehe fungierten zunehmend als Refugium, das an Bedeutung für das persönliche Leben gewann. Die Liebesehe schaffte zunächst ein Umfeld, in dem sich Mann
und Frau angenommen fühlen konnten, und gebar einen mehr oder
weniger, vom Grundsatz her intimen privaten Raum, in den sich das
bürgerliche Subjekt zurückziehen konnte. Die Privatheit bot eine
Sphäre der Vertrautheit und Selbstversicherung. Diese Entwicklung
verlief proportional zur Dissoziation des Lebensraums in Wohn- und
Arbeitsstätte. Das gilt vor allem für die bürgerliche Liebe und (Lie-
bes-)Ehe, die zur vorbildlichen Doktrin stilisiert wurde und – staat-
lich unterstützt – Verbreitung fand. In der durch Gefühl gestifteten
Zweisamkeit schufen sich die Gatten idealiter eine Welt, die über-
sichtlich und geordnet war und die Verhaltenssicherheit dadurch bot,
dass die in ihr gültigen Richtlinien, Normen und Konventionen, bekannt waren. Empirisch wurde die vertrauliche Abschottung relativiert, insofern das Eheleben unter öffentlicher Beobachtung stand.

Konfliktverständnis und Konfliktbehandlung:
– Wie zeigt sich ein Konflikt in der Liebesbeziehung?

In einem Satz: Ein Konflikt entsteht und manifestiert sich dann, wenn geltende Normen verletzt wurden, wenn das Verhalten von Gatte oder Gattin aus dem Rahmen der Konventionen fiel und Abweichungen nach außen drangen.

– Welche Normen werden den Liebenden vorgelegt?

Auch diese Frage lässt sich prägnant beantworten. Die Normen speisten sich vor allem aus den Quellen tradierter Moral, die sich ihrerseits sowohl christlicher Ansichten bediente als auch positives Recht zur Hilfe nahm. Andeutungsweise erhält das biologisierende, anthropologisierende und ontologisierende Paradigma der Geschlechterideologie Einzug.

– Welche Gebote resultieren aus der Geschlechtertypologie? Welche Rolle spielt sie im Verständnis von Konflikten, Konfliktgenese und Konfliktbehandlung?

Im 18. Jahrhundert fundamental erst andeutungsweise – aus den genannten Gründen.

– Welche Empfehlungen, mit Konflikten umzugehen, geben psychologische Konzepte?

Es gibt noch keine psychologischen Konzepte.

Verstehens-Leistung und Anwendungs-Bezug:
– In welcher Weise helfen die Ausführungen für die Gestaltung einer Paarbeziehung heute?

Der Rundblick und die exemplarische Analyse enttarnen die Wurzeln sowohl unserer heutigen Liebesvorstellungen als auch aktueller Konfliktquellen und Problemlagen. Im 18. Jahrhundert ist angelegt, was später Früchte trägt oder virulent wird. Vor immerhin rund 200 Jahren wurden die Weichen gestellt für Glück und Unglück in Liebe und Ehe oder Partnerschaft! Das finde ich an sich bereits erstaunlich und der Erwähnung wert. Dieser Wert erhöht sich, wenn die Kenntnisse, die das Eintauchen in das Damals zu Tage fördert, auf die konkrete Liebesbeziehung angewandt wird. Dies ist nicht bloß eine theoretische Annahme. Als ich Anfang der 90er Jahre den Eröffnungsvortrag vor einem großen Publikum hielt, das vor allem aus Ehetherapeuten und Eheberatern bestand, wurde mir in den Workshops berichtet, dass die Exkursion in die Vergangenheit Klärung verschaffte. Meine Gesprächspartner teilten mir mit, die Erkenntnisse ermöglichten ihnen, effektiver in ihrer Arbeit zu sein, und zwar, weil sie nicht nur über den psychologisierten Zugriff, der immer ein individualisierender ist, sondern auch über die Historie Problemkonstellationen besser einordnen konnten. Denn anders als die psychologische Analyse eignen sich Erkenntnisse über (generelle) Muster dazu, den analytischen Blick auszuweiten, in diesem Fall in die allgemein geschichtliche Retrospektive, und in die Optionen therapeutischer Intervention einzuspeisen.

Das lässt sich konkret und jenseits psychologischer Bemühungen auf die persönliche Liebesbeziehung übersetzen. Wir haben erfahren, dass es unterschiedliche Auffassungen von Liebe gab, über deren Ausläufer wir gegenwärtig noch stolpern. Allein dies kann dazu anhalten, darüber zu sinnieren und zu sprechen, welche Bedeutungen von Liebe für einen selbst und (vielleicht im Unterschied) für den Partner von ausgezeichneter Relevanz sind. Bereits dieses Gespräch kann Konfliktquellen und -muster aufdecken, und zwar systematisch. Analog verhält es sich etwa mit der noch immer populären Konfliktquelle „offene Kommunikation". Die Kenntnis der Wurzeln kann helfen, die noch heute geschlechtsspezifisch verschiedenen Ansprüche und Stile in der Liebeskommunikation auf historische „Überbleibsel" hin zu untersuchen. Das kann Verstehen fördern und Klarheit schaffen – und dadurch den Weg freischaufeln, neue Wege der Gestaltung des Liebeslebens und der Konfliktbehandlung einzuschlagen.

Liebe ist Gefühl für die Frau und Versittlichung für den Mann. Liebe im 19. Jahrhundert

Überblick

Historisches Panorama

Im 19. Jahrhundert erblühte, was im vorangegangenen gesät war. Die bürgerliche Gesellschaft etablierte sich und mit ihr der Typus der modernen Familie (vgl. z. B. Bollinger 1980; Böhme 1979; Brunner 1980; Gerhardt 1979; Kocka 1983; Rosenbaum 1980, 1982; Rothenbacher 1987; Schenk 1987). Der Einzug der individualistischen Berufs- und Marktgesellschaft brachte die endgültige Trennung von Arbeits- und Wohnstätte und veränderte das Zusammenleben nachhaltig. Das „ganze Haus" schrumpfte auf die biologisch bestimmte Familie zusammen, klammerte also Gesinde und nicht blutsverwandte Mitglieder aus. Dadurch wurde erstmals die Option geschaffen, Privatheit als „Kernfamilie" zu gestalten, in der tiefe emotionale Bindungen und Intimität ausgebildet werden konnten. Parallel dazu wurde die Ehe formell auf eine neue Grundlage gestellt. Die (regional verschoben wirkende) Praxis, Heiratsbeschränkungen aufzuerlegen, lief ihrem Ende zu, sodass Eheschließung aufhörte, ein soziales Privileg zu sein. Allmählich umgriff die Aufhebung der Eheverbote auch die armen Schichten der Bevölkerung, die bis dahin häufig, in Zeiten der Pauperisierung zwangsläufig, in dauerhaften Konkubinaten lebten. (Die vollständige Beseitigung der formalen und sozialen Hindernisse, eine Ehe zu schließen, findet allerdings erst zu Beginn des 20. Jahrhunderts statt.)

Die wirtschaftlichen und soziokulturellen Umwälzungen führten dazu, dass dem Gefühl fast sichtbar eine zentrale und tragende Bedeutung zukam. In Ehe und Familie wurden Gefühle zunehmend gepflegt. Der bereits erwähnte Stellenwert der Ehe, ein Zufluchtsort zu sein, stabilisierte sich. Sie erhielt die Funktion, einen Ausgleich zu bieten zu den Wirrungen, denen die Menschen außerhalb ihrer Vertrautheit ausgesetzt waren. Das Leitbild der romantischen und dauerhaften Liebe gab dem individuellen Leben Sinn, Inhalt und Sicherheit (Beck-Gernsheim 1986, 213). Diese verlagerte Primärfunktion dokumentierte auch die Autonomisierung von Ehe und Familie. Sie war ideell und zunehmend empirisch immer weniger Teil und Episode eines Lebensverbandes und schlüpfte prinzipiell aus dessen Autorität und scharfer sozialer Kontrolle. Dies galt zunächst für die unteren Schichten. In bürgerlichen Kreisen blieb sie zwar vorerst noch in den Fängen des sozialen Netzwerks mit seinen kalkulatorischen Überlegungen hängen. Allerdings wurde die Geltung und Entscheidungsmacht zunehmend durch das Konzept der Liebesehe aufgeweicht.

Die Auflösung der Familie als „ganzes Haus", ihre Umwandlung von der Arbeits- zur Privatstätte sowie von der Produktions- zur Konsumtionsgemeinschaft entlasteten in erster Line die großbürgerliche Ehefrau. In der ersten Phase der Industrialisierung kann nur im Großbürgertum davon gesprochen werden, dass sich die Funktionen, die die Ehefrau im Haushalt hatte, verschoben, nämlich von den typischen weiblichen Pflichten der Versorgung hin zur intensiveren Pflege repräsentativer Tätigkeiten. Und nur im großbürgerlichen Haushalt bildete sich eine Kluft zwischen den ehefraulichen Aktivitäten einerseits und andererseits den Anforderungen, die die Ehe- und Frauenideologie an Gattinnen richtete. Die von Frauenrechtlerinnen jener Zeit beklagte „Disproportionalität" von „Realsituation und Ideologie" (Freudenthal 1980, 340) war für die kleinbürgerliche Ehefrau kein Thema. Sie musste diesen Hiatus nicht überwinden, weil er nicht existierte – und dies verdankte sie dem Umstand, dass sie weder über genügend finanzielle Mittel noch über ausreichende Zeit verfügte, sich ausgiebig repräsentativen Aufgaben zu widmen. Sie war in das häusliche Geschehen eingespannt und ging in ihren Rollen auf: Gattin, Mutter, Hausfrau, Erwerbstätige durch Heimarbeit zu sein. Die religiöse und moralische Überformung des Lebens ließ die Gattin im Kleinbürgertum kaum auf den Gedanken kommen, sich dem ihr zugedachten Part zu entziehen oder gar, sich gegen ihn aufzulehnen. Sie war dazu erzogen, gehorsam, geduldig und sanftmütig zu sein, und als Gattin geheißen, die „Illusion harmonischen, hierarchischen Glücks" aufrechtzuerhalten (Hobsbawm 1980, 404).

Das Nebeneinander vormoderner und moderner Liebes- und Ehebeziehungen

Der Zerfall der ständischen Gesellschaft und die Entstehung der bürgerlichen Gesellschaft, der Beginn der Industrialisierung und die expandierende Dissoziation von Wohnen und Arbeiten begünstigten sowohl die Privatisierung des Ehe- und Familienlebens als auch die Entwicklung einer gefühlsbetonten Beziehung. Zwar proklamiert vor allem das Bürgertum das Ideal der Liebesehe. Doch diese wird auch im 19. Jahrhundert am ehesten in den unteren Schichten, den Heimarbeitern und Fabrikarbeitern, gelebt. Jedenfalls stand bei ihnen die individuelle Neigung im Vordergrund, mehr noch als bei Bauern und Handwerkern. Wenn auch die bürgerliche Ehe in puncto Liebesehe nicht als Vorbild taugte, erzielte sie doch bemerkenswerte Durchschlagskraft bezüglich der Eheführung. Das bürgerliche Eheideal mit seiner Verwurzelung in Konventionen und Geschlechtercharakterologie reüssierte zum Ideal der Eheführung und überzog allmählich alle sozialen Schichten. In den ersten Jahrzehnten herrschte jedoch noch eine Vielfalt verschiedener Liebes-, Ehe- und Familientypen vor (z. B. Schenk 1987, 67 ff.).

In adeligen Kreisen heiratete man endogam. Ausschlaggebend waren eher politische Kriterien wie Macht, Einfluss, Besitz und Ebenbürtigkeit. Entsprechend kühl und distanziert muteten die ehelichen Beziehungen an. Ebenfalls blieb man im bäuerlichen Milieu unter sich. Der zentrale Gesichtspunkt für die Partnerwahl galt der physischen Konstitution der Kandidaten. Denn die Arbeitskraft beider war nötig, um das Überleben zu sichern. Die Ehe begründete eine Haushalts- und Produktionsgemeinschaft, der auch Nicht-Verwandte angehörten. Eine Intimisierung und Emotionalisierung der Eheführung beginnt erst gegen Ende des 19. Jahrhunderts. Im Bürgertum dominierte ebenfalls die Endogamie. Die Konvenienz- oder auch Konventionsehe beherrschte die Normalität, und dies, obwohl vom Bürgertum das Ideal der Liebesheirat ausging. An diesem Widerspruch zwischen Kalkül und Proklamation entfachte sich die (besonders von frühromantischer und weiblicher Seite) vehemente Kritik an der Ehe. (Ausführlich siehe unten.) Bei den Handwerkern fielen Wohn- und Arbeitsstätte zusammen, sodass die Lebensverhältnisse sehr beengt waren. Aufgrund der langen Ausbildungszeit des Mannes heiratete er erst spät und dann eine junge Frau. Folglich begegnen hier typischerweise Versorgungsehen, die verwitwete Frauen mit jüngeren Männern eingingen. Die Ehen und Familien in der Schicht der Heimarbeiter können als Übergangstypen bezeichnet werden. Sie wiesen traditionale und moderne Komponenten auf. Das tradierte Moment überlebte in dem Umstand, dass Ehe und Familie primär eine Produktionsgemeinschaft waren. Das progressive Moment zeigte sich in der Reduktion auf die Kernfamilie, also darin, dass nur verwandte Personen im Haushalt lebten. Es wurde früh und entgegen dominanter Muster geheiratet: „Die sonst für die vorindustrielle Gesellschaft typische Verklammerung von ökonomischer Selbstständigkeit und Heirat bestand nicht mehr. Die Existenzgrundlage war die Arbeit der Hände, für die keine besondere Qualifikation erforderlich war, da es sich meist um mechanische [...] Tätigkeiten handelte. [...] Mann und Frau schafften als Team besonders viel" (Schenk 1987, 77). Die Wahl des Partners wurde von persönlichen Gefühlen und sexueller Anziehung bestimmt beziehungsweise, da voreheliche Beziehungen normal waren, von der anstehenden Geburt eines Kindes. Die Struktur der Ehebeziehung nahm sich weniger patriarchalisch aus als in anderen Milieus. Vielmehr galt eine gewisse Gleichwertigkeit, da der weibliche Beitrag zur Subsistenzsicherung genauso wichtig war wie der männliche. Die ab der zweiten Hälfte des 19. Jahrhunderts entstehende Lohnarbeiterschicht rekrutierte sich aus der ländlichen Unterschicht. Soweit die Arbeiterinnen und Arbeiter nicht mit einem Eheverbot belegt waren, gingen sie jung Paarbeziehungen ein und heirateten früh. Auch bei ihnen entschieden persönliche Sympathie und erotische Attraktion die Wahl und wurde eine Eheschließung häufig durch eine Schwangerschaft veranlasst. Die ärmlichen Verhältnisse ließen – wie bei allen Unterschichten – zwar eine Emotionalisierung, aber keine Privatisierung zu. Das Eheleben war mehr oder weniger öffentlich, sei es am Arbeitsplatz, sei es, weil der Haushalt bei den besonders Armen mit fremden Personen geteilt werden musste. Dem proletarischen wie dem bürgerlichen Milieu widmen wir uns in den nächsten Abschnitten ausführlicher.

Bürgerliche Liebe und Ehe

Die bürgerliche Ehe und Familie nahmen im Verlauf des 19. Jahrhunderts immer klarer Gestalt an. Bildungs- und Großbürgertum, höhere Beamte, Vertreter der freien Berufe, Gelehrte und Pfarrer wuchsen allmählich zu einer neuen Schicht heran. Im Verlauf dieser Herausbildung wurde die Arbeitsstätte aus der Familie ausgelagert. Damit entfiel allmählich die gemeinsame Grundlage der ehelichen

Beziehung; denn die Frau wurde grundsätzlich von Erwerbsarbeit freigestellt. Sie sollte sich auf den Gatten, die Hausarbeit und die Kinder konzentrieren. Die Einschränkung ihres Wirkungsfeldes begünstigte die Emotionalisierung von Ehe und Familie, die sich sowohl darin bemerkbar machte, dass die Gefühlsbeziehung zwischen den Eheleuten eine neue Qualität erhielt, als auch darin, sich den Kindern intensiver zu widmen. Das bürgerliche Ideal der Liebesehe beförderte den Prozess der Intimisierung, wenn auch zunächst eher dem Wort als der Tat nach. Noch überwogen jene Eheschließungen, die zuerst nach Besitzverhältnissen, Rang und Namen fragten als nach der Zuneigung der Kandidaten. Es gibt sogar Anhaltspunkte dafür, dass sich zur zweiten Hälfte des Jahrhunderts hin Geldheiraten multiplizierten (Schenk 1987, 84 ff.), und zwar als Reaktion auf die soziale Umschichtung. In deren Verlauf expandierten Bildungs- und Wirtschaftsbürgertum, „Großkaufleute, Unternehmer, Bankiers waren jetzt tonangebend, Eigentum und Vermögen wurden wichtiger", und es wurde von Liebe gesprochen, aber Mitgift gemeint (a. a. O., 90). Diese Attitüde legte – im Verbund mit den erwähnten Entwicklungen – nahe, als Leitbild der bürgerlichen Liebe die „vernünftige Liebe" zu wählen. Diese Version von Liebe schrieb das Ideal der Liebesheirat auf die Fahne, verflocht indes Zuneigung mit materiellen Interessen und ging davon aus, dass wenn schon nicht Liebe, so doch Sympathie im Zusammenleben wachsen würde. Das Ideal nahm die empirische Zweiteilung der Lebenswelt in Arbeit und Wohnen auf. Während die Arbeits- mit der Welt des Mannes identifiziert wurde, gerann das Heim zur ausschließlichen Wirkwelt der Frau.

Neben der Geschlechterideologie, die eine besonders gravierende Rolle spielte und unten zur Sprache kommt, wurde das Ideal noch von einer weiteren, nämlich der Seite der Menschenrechte gefüttert. Die seit dem vorigen Jahrhundert heranbrechende neue Zeit erforderte ein neues Menschenbild, das die – wirtschaftlich nötige – Reifung zu einem Bewusstsein ermöglichte, welches die individuelle Leistung zentrierte. Diese Vorgänge werden mit den Begriffen der Säkularisierung und Individualisierung bezeichnet und waren besonders im Bürgertum zu beobachten. Im Zuge der Aufklärung hatte sich die Idee von der Freiheit und Gleichheit der Menschen durchgesetzt. „Doch im selben Maße, wie die Männer der aufsteigenden Mittelschicht für sich selbst diese Ideen in Anspruch nahmen, wie sie Selbstentfaltung der Persönlichkeit, Individualismus und Wettbewerb im Berufsleben praktizierten, wurde es nötig, die Frauen von diesen Rechten auszuschließen. Sonst wäre das Familienleben zerfallen, das die Männer als

Rückhalt für ihre neue Rolle in der Öffentlichkeit dringend brauchten" (a. a. O., 100). Ehe und Familie sollten Oasen des Privaten sein, und diese zu erschaffen, oblag der Frau. Damit war die Domäne der Gattin markiert und als „bessere Hälfte", nämlich die im „trauten Heim", festgezurrt. Zur Rettung sowohl der Institution Ehe als auch der patriarchalischen Ordnung trug auch das Bürgerliche Gesetzbuch (BGB) bei, das 1900 das Allgemeine Landrecht für die Preußischen Staaten (ALR) von 1794 ablöste. Das BGB verschärfte die Bestimmungen der Ehescheidung und stabilisierte die Ehe als Grundpfeiler der staatlichen Ordnung, indem es Ehe und Familie unter den „besonderen Schutz des Staates" stellte und den Bedeutungswechsel zum Refugium zementierte. „Nachdem die industrielle Revolution in Gang gekommen war und sich Arbeitsintensität und Arbeitstempo verschärft hatten, begann es [das Bürgertum], die Auswirkung desselben Individualismus im Privatleben zu fürchten, den es im Wirtschaftleben einigermaßen rücksichtslos entfaltete. Heim und Familie wurden immer mehr zu einer Idylle stilisiert", in der die „Beschädigungen" kompensiert werden mussten (a. a. O., 98). „Zugleich empfand man besonders stark die Bedrohung, die von den verschiedenen Ideen und Bewegungen ausging, die die Grundlage der bürgerlichen Ehe in Frage stellten" (ebd.). Dazu zählte der Sozialismus mit seinem Ideal der „freien Liebe", die ohne Unterwerfungsgesten der Frau auskam, und auch die Frauenbewegung, die das Ideal der Liebesehe beim Wort ergriff und sich leidenschaftlich für die Liebes- und gegen die Konvenienzehe engagierte. Als genügte diese Opposition nicht, kämpften Bürgertum und staatliche Instanzen noch auf einem anderen Platz.

Der gesamtgesellschaftliche Um- und Aufbruch lockerte ehemals feste Verbindungen und vergrößerte die Löcher in sozialen Netzwerken. Vor allem in den ärmeren Schichten und im Proletariat machten sich die negativen Auswirkungen bemerkbar. Desolate Lebensverhältnisse, die den Luxus eines privaten Raums nicht boten, ferner hohe Mobilität und Entwurzelung, mangelnde Integration in eine Gemeinschaft und kaum praktizierte soziale Kontrolle (im bürgerlichen Sinn) beförderten „lockere" Lebensweisen, insbesondere eine nahezu öffentlich gelebte Sexualität. Uneheliche Geburten nahmen zu, während die Bereitschaft (vor allem des Mannes), einer Geburt die Heirat folgen zu lassen, abnahm. Die staatlichen Organe beantworteten die beängstigenden intellektuellen und praktischen Entwicklungen auf zwei Ebenen. Sie versuchten, den von ihnen diagnostizierten Sittenverfall, vor allem die Anzahl unehelicher Geburten und das Ausmaß vorehelicher Sexualkontakte, aufzuhalten und im Alltag Ordnung

wiederherzustellen, indem sie das Personal der „Sittenpolizey" auf-
stockten und das Steuerungsmedium Eheverbote wieder aufgriffen.
Die Befugnisse, die Regelungen anzuwenden, wurden nicht in staatlichen Einrichtungen monopolisiert, sondern auf Gemeinden und Ar-
beitgeber ausgedehnt. So weit die praktische Antwort auf die verun-
sichernden Umbrüche. Die Replik auf der ideellen Ebene war dem
bürgerlichen Leitbild von Liebe und Ehe eingraviert. Es verknüpfte
die Vision von Zuneigung als Basis der Ehe mit den nüchternen Interessen an Privateigentum und gesellschaftlichem Ansehen, integrierte
die Wesensbestimmungen von Frau und Mann, die die Ideologie der
polaren Geschlechter diktierte, und sicherte auf diese Weise die patriarchalische Autoritätsstruktur im Innern wie im Äußenren und
sorgte schließlich dafür, dass alles Verbreitung fand. Gegen Ende des
Jahrhunderts hatte das bürgerliche Leitbild normative Geltung für alle soziale Schichten. (Anmerkung: Selbstverständlich verliefen die
geschilderten und zu schildernden Vorgänge nicht so strukturiert und
gezielt und schon gar nicht gemäß der Logik einer Verschwörungs-
theorie. Die zugespitzten Formulierungen sollen die Folgerichtigkeit
und Korrespondenz, sollen ferner die wechselseitige Bedingtheit ein-
zelner Entwicklungen aufdecken.)

Bürgerliches Leitbild und Geschlechterideologie

Neben den tradierten Codizes von Religion und Moral gewann die
Ideologie der polaren Geschlechtscharaktere deutlich an Durchschlagskraft. Sie löste christlich-moralische durch biologische Codierungen männlichen und weiblichen Handelns ab und gab Auskunft
darüber, wo und wie Mann und Frau Lebenssinn und Lebensaufgabe
finden könnten. Die Anschauung entzweite das Repertoire menschlicher Potenziale, Kompetenzen und Eigenartigkeiten in einen maskulinen und einen femininen Teil, ordnete diesen geschlechtsspezifische Fähig- und Fertigkeiten ebenso wie Eigenschaften und Wünsche zu und formierte schließlich zwei einander entgegengesetzte
Wesen, deren Aufgabe darin besteht, einander zu ergänzen und sich
auf diesem Weg (wieder) zu vereinen. Dieses Puzzle präsentiert Mann
und Frau als zwei Seiten einer Medaille, als zwei einander zugeneig-
te und um wechselseitige Vervollkommnung bestrebte Wesen. So
weit der prosaische Überbau. Erfahrungsgemäß schwelgten die Gatten keinesfalls in jenen metaphysischen Höhen der Einswerdung. Die
Kategorien der Geschlechterpolarität legten das weibliche Wirken auf

Dienen, Unterwerfen, Demut und Dankbarkeit fest und prädestinierten ihre Passivität. Aber auch der Mann zahlte einen hohen Preis (wenn dieser auch erst zur Mitte des 20. Jahrhunderts lautstark thematisiert wird). Er wurde mit dem Bann des Versorgungszwangs belegt und musste sich dem Diktum des Härteklischees beugen. Diese Setzungen spiegelten gewissermaßen die interdependente Evolution von gesellschaftlichen und kulturellen oder mentalen Variablen. Der Umbau der Gesellschaft (Makroebene), kann man sagen, bildete sich im Umbau der psychischen Organisation (Mikroebene) ab – und diese neue Realität wurde geschlechtstypologisch verschlüsselt. Plakativ formuliert: Die neue wirtschaftsstrukturelle Situation forderte zunächst den Mann. Er war derjenige, der per Tradition und Konvention für den Lebensunterhalt der Familie zu sorgen hatte. In der neuen Berufs- und Funktionswirklichkeit der funktional differenzierten Gesellschaft benötigte er spezielle Kompetenzen, um bestehen und seine Rolle ausfüllen zu können. Dazu gehörten vor allem Nüchternheit, Kalkulation, Zweck-Mittel-Rationalität, Effizienz und Leistungsbereitschaft. Das männliche Leben in der Außenwelt war anstrengend und erforderte einen Raum, der ihm Erholung bot und ihn von anderen, sein Leben erhaltenden Aufgaben entlastete. Nun kamen sowohl das herrschende Ethos, die Ideologie der komplementären Geschlechtscharaktere und das Ideal der Liebesehe ins Spiel. Diese kulturellen Diskursfolien hatten den Boden bereitet, sodass die Frau komplementär konstruiert war. Ihre Domänen lagen im Gefühl und in allen Handlungen, die dazu dienten, dem Mann und Gatten ein idyllisches Heim und damit Regeneration zu ermöglichen. Geriet das Heim für den Mann zum Ort für erholsamen Rückzug, wurde es für die Frau zum Käfig. Die Frau fungierte als „Dienstbotin ihrer eigenen Familie" (Gerhardt 1979, 66), hatte die Rolle der „Glücksspenderin" sowie der „seelischen Fürsorgerin" zu spielen und wurde in den eng beschränkten Verkehrskreis des Hauses verbannt (Popp 1909, 1912, 1915). Die psychischen Kosten der Veränderung ihrer Rolle können als enorm bezeichnet werden. Bezog die Gattin ihr Selbstwertgefühl in der traditionalen Gesellschaft aus ihrer Mitfürsorge, aus der Kooperation mit dem Mann, um für ein gutes Auskommen zu sorgen, wurde ihr die darin begründete Anerkennung nun verwehrt. Dank der geschlechtsspezifisch fundierten Ehemoral wurde ihre Wirkung im Haus zur „Arbeit aus Liebe" umdefiniert (Klein 1980, 96). Als Liebesdienst verdiente die Arbeit nicht nur keine gesonderte Anerkennung, sondern sollte als Arbeit auch unsichtbar werden. Folglich verlor die Gattin eine bedeutsame Quelle zur Entfaltung von Selbstwert

und Souveränität. Demgegenüber wirkte der Mann außerhalb des
Heims und war einem Umfeld ausgesetzt, in dem infolge der funktionalen Differenzierung und der Separation von Haus und beruflicher
Tätigkeit sowohl Beziehungen als auch der individuelle Einsatz ver-
sachlicht wurden. Er wurde zum Träger von Funktionen und Exeku-
tor von Aufgaben, die er für sein Selbstwertgefühl und seine Identität
benötigte.

Intimisierung und Versachlichung waren zwei Seiten einer Münze,
die einander ergänzten und gleichzeitig neuartige Konfliktpotenziale
in der Ehe generierten. Die wachsende Durchsetzung der Geschlechterideologie bildete im Innern die Logik dieses Prozesses ab, indem
den Gatten aufgetragen wurde, ihr Eheleben so zu organisieren, wie
es die Geschlechterdifferenzen vorgaben. Die bürgerliche Liebesauffassung flankierte die Ergänzungsidee dann noch einmal von der
emotionalen Seite. All dies zeitigte geschlechtsspezifische Konsequenzen, die die Polarität sowie die Komplementarität zum Programm erhoben. Im Idealfall löste die liebende Gattin ihre Identität in
der ihres Mannes auf. Sie entfaltete sich als Gattin, Hausfrau und
Mutter und erfuhr darin ihr Glück. Die Liebe des Mannes manifestierte sich darin, für Gattin (und Kinder) angemessen zu sorgen, nährte seine Identität indes außer Haus. Anders als bei der Frau bildeten
Liebe und Sexualität für ihn auch keinen siamesischen Zwilling. Vielmehr schrieb ihm die Geschlechterideologie eine naturhafte Polygamie zu. Er durfte nicht in der Liebe zur Ehefrau aufgehen, weil sein
Einsatz im Erwerbsleben gesellschaftlich nötig war und er in der
außerhäuslichen Domäne seine eigentliche Wirkungswelt fand. Bereits diese Skizze lässt ahnen, welche Konfliktfelder sich auftaten.
Die Frau war ins Haus verbannt, wesenhaft emotional und sollte vor
allem in Liebe dienen. Sie hatte außerhalb der häuslichen Sphäre keine Funktion. Nahezu zwangsläufig wurde sie zu dem, was ihr als We-
senszug unterstellt wurde: ein Dummerchen, kognitiv unterent-
wickelt, weltfremd und unerfahren „im wirklichen Leben". In der
Folge entwickelte sie andere Bedürfnisse, erwarb sie fundamental andere Kompetenzen als der Mann. Unschwer ist der Kreislauf der sich
selbst erfüllenden Prophezeiung zu erkennen. Dieser wirkte selbstverständlich auch auf der männlichen Seite. Ganz im Sinne der Kom-
plementaritätsidee attestierte ihm die Geschlechteranschauung Rationalität, Durchsetzungsfähigkeit und Verantwortung. Da er in der
Außenwelt lebte, schulte er diese Fähigkeiten und entwickelte Fertigkeiten, die zu denen der Frau im Gegensatz standen. Er war der er-
fahrene und weltgewandte (um nicht zu sagen „weltmännische"!) Part

der Ehe. Auf diese Weise sorgte die Sozialisierung von Frau und
Mann dafür, die ideologisch angenommene Wesensdifferenz in die
Empirie umzusetzen. Damals wurde dieses Fazit als Ausfluss eindeu-
tiger Kausalität gedeutet: Weil Frau und Mann ontologisch unterschiedlich sind, geben sie sich und leben sie, wie sie es tun. Der bereits erwähnte naturalistische Fehlschluss setzte noch eins drauf: Da
Frau und Mann von Natur aus gegensätzlich sind, müssen sie sich geben und leben, wie sie es tun. (Die Zweifel an dieser Monokausalität
kamen erst im 20. Jahrhundert auf und entfachten vor allem durch die
feministische Bewegung der 70er Jahre ebenso heiße wie einschlägige Diskussionen.) Dem Eheleben wurde damit eine Konfliktart ein-
gepflanzt, die noch heute ihre Blüten treibt. Frau und Mann agierten
in verschiedenen Welten und konnten einander nicht Gefährten sein.
Das Auseinanderdriften der Wirkfelder und deren strikte Dissoziation
verstärkten Unverständnis und verhinderten Verständigung, die
wiederum in ein wechselseitiges Verstehen hätte münden können. So
aber war der Gattin die Sphäre des Mannes fremd, und sie verstand
nichts von dem, was den Gatten umtrieb, und vice versa. Entfremdung, Sprachlosigkeit, zumindest ein Mangel an Kommunikationsba-
sis und differente Sprachcodes waren die Folgen. Es sei hervorgehoben, dass auch dieses Defizit, ja die Unmöglichkeit, einander zu verstehen, der Ideologie der polaren Geschlechter inhärierte, also als
biologisches Datum und Konstante und damit unveränderlich gesetzt
wurde. Sie etikettierte Versuche der Gatten, diesen Graben auch nur
zu verkleinern, als von vornherein vergeblich. Offenkundig wurde
diese Konfiguration als konflikträchtig erlebt. Insbesondere konnte
der Mann seine finanziellen Sorgen der Frau selten begreiflich machen, und umgekehrt fühlte sich die Gattin mit ihren Bedürfnissen allein gelassen. Beides wurde häufig beklagt (z. B. Popp 1909, 1912,
1915). Die Konsequenzen sind vor allem für die weibliche Seite gut
dokumentiert. Sie war insofern die stärker Leidtragende, als sie keine Ablenkung erfuhr, während der Mann in der Öffentlichkeit enga-
giert war und eher unter Reizüberflutung stöhnte. An dessen Welt
wurde sie nicht beteiligt und konnte ihr monotones Leben dadurch
kaum oder nicht bereichern, jedenfalls zu wenig. Gleichförmigkeit
und zu geringer Austausch ließen eine „innere Leere" (Nitsche 1975,
26 ff.) entstehen, und das Defizit an gemeinsamen Interessen und Bedürfnissen erzeugte Disharmonien. Auf dieses Konto ging nicht nur
das Xanthippe-Syndrom, sondern auch Bemühungen seitens der Gattin, die Leere mit kompensatorischen Aktivitäten auszufüllen. Sie
wurde zu einer „nie rastenden Hausfrau" (Freudenthal 1980, 339).

Dieses Symptom verdüsterte den Ehehimmel zusätzlich, weil der Gatte sich um sein Recht auf Harmonie, Entspannung und eine heitere Gattin betrogen sah. Die Ehe war zwar als Gefühlsgemeinschaft mit Ergänzungsaufgabe konzipiert. Die doppelte Fremdheit der Welten behinderte die Erfüllung dieser Aufgabe jedoch. Doppelt insofern, als zum einen die Geschlechterpolarität Mann und Frau als anthropologisch konträre Wesenheiten begreift, und zum anderen, als sich diese basale Fremdheit der Welten im alltäglichen Leben noch einmal abbildet. Weiblicher und männlicher Lebensbereich liefen auseinander, sodass als gemeinsamer Gesprächsstoff bestenfalls häusliche Angelegenheiten übrig blieben – Themen, die den Mann mit wenigen Ausnahmen peripher tangierten. Denn seine Sinnwelt lag draußen, in Geschäft und Politik. Während der Gatte an Weltläufigkeit gewann, bereicherte die Gattin Ehe und Familie dadurch, dass sie sich emotionaler Anliegen annahm und die Gefühlsintensität steigerte und zeitgleich ihre eigene Sensibilität. Ideologie und Empirie pressten Mann und Frau in Rollen – ihn als Repräsentant und Versorger, sie als liebende Gattin und Gefühlsarbeiterin. Die Nachteile dieser ideellen und praktischen Fokussierung spitzten sich in zweierlei zu. Erstens darin, dass die Frau als Gefühlswesen der Gefühlsduselei bezichtigt wurde und, wie noch zu analysieren ist, im Zweifel an jedem Ehekonflikt schuld war, während dem Mann die totale Verantwortung für das Wohlergehen von Frau und Familie aufgebürdet wurde. Und zweitens darin, dass der Graben, der zur Verständigung überbrückt werden muss, geschlechtsideologisch als unüberwindbar unterstellt wird. Unzweifelbar provozierte er eheliche Konflikte, weil er sich – siehe oben – empirisch duplizierte.

Konflikte aufbrechen zu lassen und auszutragen, stand allerdings nicht zur Disposition. Konflikte waren in eine tabuisierte Ecke geschoben, weil sie als per se destruktiv bewertet wurden. Konflikte in der Ehe galten zudem als schändlich, weil sie als Beleg dafür galten, dass die Gatten einander nicht in Liebe zugetan waren. Liebe wurde an die Abwesenheit von Konflikten und jedenfalls an Streitabstinenz gebunden. Wer streitet, liebt nicht. Wer liebt, gibt nach – und diese Nachgiebigkeit mutete das Liebes- und Eheparadigma in erster Linie der Gattin zu. Sie wurde mit Solidaritätsimperativen überhäuft, deren tautologische Botschaft lautete: „Wenn du liebst, arrangierst du dich, und zwar ohne Zank und aus Liebe." Durfte also in der Ehe nicht gestritten werden, weil Konflikt an und für sich etwas Schlechtes ist und weil Streit auf ein Liebesdefizit (vor allem der Gattin) hindeutet, so wird ein weiterer Grund postuliert, der verhindern soll, dass Eheleute Konflikte thematisierten. An die Gatten wurde appelliert, auf Zwist zu verzichten und diskret zu sein, weil sie andernfalls Gerede und Prestige- oder Imageverlust, also Sanktionen aus dem sozialen Umfeld zu befürchten hatten. Diese Art sozialer Kontrolle höhlte die eheliche Interaktion zusätzlich aus. Im der gelebten Ehe gesellte sich eine weitere Glück behindernde Praktik hinzu. Trotz der Deklamation, die Gatten mögen in Liebe einander zugetan sein, dominierte in bürgerlichen Kreisen noch die Konvenienzehe. Das unterernährte Gefühlsleben beklagten vor allem die Frauen und verliehen in der Mitte des Jahrhunderts ihrer Not wortreich und drastisch Ausdruck. Sie fochten gegen „Seelenmord", gegen die Konvenienzehe, die als „schlimmer als Prostitution" empfunden wurde (Kuhn et al. 1980).

Proletarische Liebe und Ehe und bürgerliches Leitbild

Dem bürgerlich-romantischen Idyll standen auf proletarischer Seite ein halb öffentliches Leben und chronische Not gegenüber. Eheleuten dieser Schicht war es bereits aus sichtbaren Gründen verwehrt, das bürgerliche Leitbild in die Lebensführung zu übersetzen. Sie scheiterten etwa an dem Ideal der Privatheit und dem Heim als Stätte intimen Lebens. Schlaf-, Kost-, Bettgängerwesen, Untervermietung, das Leben mehrerer Familien in einer Wohnung, katastrophale hygienische Bedingungen, dauerhafte Unternährung, bis zu 16-stündige Arbeitstage und Krankheit verbarrikadierten die Möglichkeit, ein idyllisches Zuhause zu basteln. Sie hoben diese Leitidee in den Himmel und damit jenseits ihrer Reichweite. Auch die bürgerliche Version der Rollen- und Arbeitsverteilung mutete den Eheleuten realitätsentrückt an. Denn Arbeit war allgegenwärtig, musste von Frau und Mann gleichermaßen geleistet werden, außer Haus wie im Haus, und damit zerbrach ein weiteres Diktum der bürgerlichen Ehesemantik. Da Frauenarbeit konstitutiv für die proletarische Ehe und damit die Regel und nicht Ausnahme war, musste das bürgerliche Frauenbild vor der Realität kapitulieren. Und auch in moralischer Hinsicht wich die Empirie drastisch vom bürgerlichen Paradigma ab. Das erzwungene halb öffentliche Leben, die Zusammenarbeit von Frauen und Männern, die Flucht beider Geschlechter ins Wirtshaus, die Vernachlässigung haushälterischer und erzieherischer Pflichten und ein geringes Niveau straffer sozialer Kontrolle erzeugten ein Klima, in dem Gefühlsregungen direkt in Wort und Tat fließen. Diese gelebte Emotionalität umfasste Affekte wie Wut und Zorn genauso wie Sympathie und sexuelle Anziehung. Vor- und außereheliche Sexualität und das Leben in Konkubinaten beförderten die prominente Klage über die lockere Sexualmoral. Die Elegie des Sittenverfalls und der Ruf nach hartem Durchgriff nahmen an Lautstärke zu und mobilisierten die mächtigen Einrichtungen der Gesellschaft (Gerhardt 1979, 68 ff., 96 ff.; Nipperdey 1984). Ab den 30er Jahren initiierten Kirche und Staat Besserungs- und Anpassungskampagnen. Sie schickten die Sittenpolizei in Fabriken und Armenviertel, machten Wohlverhalten zur Bedingung naturaler oder finanzieller Sozialleistungen und verboten vor- und außereheliche Sexualität unter Androhung von Strafe. Die Disziplinierungsaktivitäten adressierten vorzugsweise die proletarische Frau. Die bürgerlichen Maßregelungen taten ihr dabei insofern Unrecht, als sie der bürgerlichen Leitidee ebenso wie deren kardinalen Normen nachzukommen bestrebt war: „Trotz der ärmlichen Wohnung und mancherlei gesundheitlicher und moralischer Schäden ist ein Familienzusammenhalt vorhanden. Der Maßstab eines geordneten Familienlebens ist den Frauen trotz ihrer Erwerbsarbeit nicht abhanden gekommen, sie lieben ihre Kinder, es werden sonntägliche Spaziergänge gemacht, die Kirche ist nicht ganz vergessen, und es wird als ganz selbstverständlich angesehen, dass der Mann gegenüber den anderen Familienmitgliedern gewisse Vorrechte und Bevorzugungen genießt" (Freudenthal 1980; Merkmale 339). Vermutlich war das weniger die Frucht bürgerlicher Indoktrination als der Religiosität der Frauen sowie dem Umstand zu verdanken, dass, wo möglich, stets der Mann erwerbstätig war – denn er verdiente auch bei gleicher Arbeit mehr als die Frau –, während die Frau bei den Kindern und im Haus blieb und dort maßgeblich zum familiären Auskommen beitrug. Von dieser Plattform ausgehend, war es ein Leichtes, den bürgerlichen Leitstern in das proletarische Ehe- und Familienleben hineinzutragen. Die wenn auch zunächst zögerlich und langsam anlaufende Verbesserung der Lebensverhältnisse motivierte die proletarische Ehefrau dazu, sich um das Häusliche und die innerehelichen und familialen Beziehungen zu kümmern, und so konvergierten diese Entwicklungen mit den bürgerlichen Indoktrinationsbemühungen.

Der fruchtbare Boden, auf den das bürgerliche Ideal fiel, überzog das gesamte Ehe- und Familienleben. Allerdings leisteten die Eheleute dem nicht immer Folge. Das demonstrierten sie besonders anschaulich in der Art und Weise, wie sie Konflikte handhabten. Die proletarische Ehe entzündete sich an Zuneigung und sexueller Anziehung. „Liebe" wurde undogmatisch verstanden und gelebt. Vor allem gehörten Konflikte, Streitereien, lautstarke Auseinandersetzung schlicht zu ihrem Alltag und konnten daher nicht in das Reich des Bösen verbannt werden. Auch der bürgerliche Wert der Diskretion kümmerte nicht weiter. Es fehlten Verhaltensformalismen, die Zank verhinderten, blockierten oder die Auseinandersetzung in ein Verfahrenskorsett pressten. Allerdings glich diese „offene Streitkultur" keineswegs dem, was später „konstruktive Streitkultur" genannt wird. Im Gegenteil, es dominierten „Rohheit und Brutalität", „Lieblosigkeit" und „Verbitterung", „Vorenthaltungen der Verköstigung", Demütigungen und Misshandlungen sowie Beschimpfungen wie „Vampyr, Rindvieh, Flegel, Taps, Dummrian" (Dedekind 1872, 118 ff.). Als typische Anlässe für heftige Konflikte fielen vor allem die Arbeitslosigkeit des Mannes und sein resignatives „Sich-hängen-Lassen" in Form von Alkoholkonsum und sexuellen Ausschweifungen ins Gewicht sowie materielles Elend und der Verlust an gemeinsamen Interessen und Aktivitäten (Popp 1915, 28). Angesichts dieses Missstandes erschien es dringend geboten, das proletarische Eheleben zu domestizieren. Um die Jahrhundertwende weiß auch die proletarische Gattin, dass sie Konflikten zurückhaltend begegnen sollte, sprich mit Rücksicht auf ihre geschlechtsspezifische Pflicht und Aufgabe, für Harmonie zu sorgen. Das Harmonisierungsgebot fordert die Frau auf, in Streitsituationen zu dulden, zu ertragen, sich zu arrangieren und generell Vermeidungsstrategien zu fahren (a. a. O., 86).

Resümierende Zwischenbetrachtung

Das 19. Jahrhundert zeigt die bürgerliche Ehe als Konstrukt des Übergangs von der traditionalen, ständischen und agrarisch geprägten zur modernen, bürgerlichen und industrialisierten Gesellschaft. Während die bürgerliche Ehepraxis den tradierten Konventionen insofern verbunden blieb, als Heirat an ökonomische Voraussetzungen geknüpft war, öffnete sie ihre Tür dem modernen Moment in Gestalt der Emotionalisierung. Diese mündete in eine Neubewertung der ehelichen Beziehung als eigenständiger Komponente im Familienverbund und machte die Ehe stör- oder konfliktanfälliger.
　　Die wesentlichen Veränderungen sind als Individualisierung beschreibbar, die sich sowohl im Innenverhältnis als auch im Außenverhältnis zeigt (vgl. z. B. Schenk 1987, 145 ff.). Um mit den Letztgenannten zu beginnen: Die Partnerwahl wurde nebeneinander in vor allem vier Versionen praktiziert. In der bürgerlichen Welt treffen wir

drei Varianten an. Die erste und historisch älteste, bei Adel und Großbürgertum am stärksten vertretene, ist die von Eltern oder Vormund
arrangierte Verkupplung, gegen die die Brautleute kein Veto einlegen
konnten. In der zweiten Variante wählten ebenfalls Eltern oder Vormund, allerdings durften die Anwärter hier ihre Meinung kundtun und
hatten das letzte Wort. In einer dritten Version wählte der zukünftige
Gatte und warb um die Angebetene bei deren Eltern oder Vormund.
Der prospektiven Ehefrau wurde Mitsprache oder ein Vetorecht eingeräumt. Am weitesten in den Unterschichten verbreitet war die
selbstbestimmte Partnerwahl.

Im 18. Jahrhundert hatte die Säkularisierung der Ehe eingesetzt, die
die Ehe Schritt für Schritt aus den Klauen religiöser Dogmen befreite, um sie in die Arme staatlicher und geschlechtsideologischer Kontrolle zu treiben. Diese Entwicklung kulminierte in der zivilen Eheschließung sowie in den öffentlich-rechtlichen Interventionen, um
Sittenverfall und Chaos (in den Unterschichten) zu vertreiben und
den bürgerlichen Wertekanon zu oktroyieren.

Die Möglichkeit des weitgehenden Rückzugs des Paares von der
übrigen Gesellschaft in die neu entstehende Privatheit betraf Innen-
wie Außenverhältnis. Ehe und Familie wandelten sich im brandenden
Meer gesellschaftlicher Stürme erklärtermaßen zu Inseln intensiver
Gefühlsbeziehungen und Erholung (des Mannes). Da Heim und Arbeit, Häuslichkeit und Beruf auseinander gezogen wurden, erwarben
Frau und Mann konträre und einander ergänzende Fähig- und Fertigkeiten. Die Frau perfektionierte ihre Bestimmung, Spezialistin für
Gefühlsangelegenheiten und Atmosphäre zu sein; der Mann entfaltete seine Berufung, zuverlässiger und souveräner Versorger, Oberhaupt
und Repräsentant zu sein. Sie wurde zum „Heimchen am Herd", er
wurde weltmännisch. Die eheliche und familiale Lebensorganisation
entwickelte sich in enger Korrelation zu den gesamtgesellschaftlichen
Wandlungen, die Metamorphosen semantischer Diskurse einge-
schlossen. Der wichtigste Diskurs drehte sich um das bürgerliche
Leitbild von Liebe und Ehe. Dies ging eine so enge Allianz mit der
Ideologie der polaren Geschlechtscharaktere ein, dass man mindes-
tens von einem Korrespondenzverhältnis sprechen kann. Darüber hinaus erreichte die Verflechtung eine Dichte, die die These nahe legt,
das ideologische Konstrukt mit seinen Annahmen, Erläuterungen und
Schlussfolgerungen sei mehr als nur eine regulative Idee. Sie fungierte als Handlungswissen und wurde als Anleitung zur Eheführung
begriffen und benutzt.

Freiräume und Schranken für die Charaktermasken

Die Differenzierung der Lebenswelt in Häuslichkeit und Beruf ging einher mit der Separierung der weiblichen und männlichen Wirkungskreise. Dies verlangte korrespondierende Charaktere. Die Implikationen, die in dem Strom sozioökonomischer und kultureller Revolutionen mitschwammen, namentlich die Demokratisierung und Egalisierung auch der Geschlechter, wurden untergetaucht. In beiden Fällen war es das Vehikel „Geschlechtscharakter", das – mit dem Hinweis auf die naturgegebene Bestimmung von Mann und Frau – die patriarchalische Struktur und Ordnung sicherte. Gegen Mitte des Jahrhunderts hatten die Ideologie-Konstrukteure (zu denen J. G. Fichte zählte) ihr Werk gemeißelt. Die geschlechtsspezifischen Seinsweisen oder Wesen, die Wirkungs- und Funktionskreise sowie die Verhaltenscodizes waren konturiert und der Mann in die Sphäre außerhäuslicher Produktion, die Frau in die Sphäre häuslicher Reproduktion verwiesen. Die Frau wurde in allen Lebensbereichen zu Passivität verpflichtet, sodass ihre Identität sich aus dem Re-Agieren und damit in der Bezogenheit auf den Mann realisierte. Sie wurde entworfen als Nur-für-den-Mann-Geborene, wurde fixiert auf eine selbstaufopfernde und primär platonische Liebe. Die Frau wurde entsexualisiert insofern, als ihr keine eigene Sexualität zugestanden wurde, sowie insofern, als ihr Sexualleben allein durch die Liebe zum Gatten bestimmt wird. „Im unverdorbenen Weibe [...] wohnt kein Geschlechtstrieb, sondern nur Liebe; und diese Liebe ist der Naturtrieb des Weibes, einen Mann zu befriedigen" (Klein 1980, 77). Die Frau schrumpfte zum Mittel zum Zweck und ohne Gatten zum personlosen, verlorenen Wesen. Die Schärfe dieses Gedankens milderte zum einen der Hinweis auf die Versorgungspflicht des Gatten und zum anderen die romantische Verklärung der sexuellen Dienstbarkeit als Hingabe. Interessanterweise wurde die Frau in dem Moment zu einem lustabstinenten Wesen, in dem der Mann das Haus verlässt und sie nicht mehr unter ständiger Kontrolle hat (z. B. Bollinger 1980, 65; Badinter 2001). Im funktionalen Aspekt der Wiedergewinnung von Kontrolle unter veränderten Bedingungen wird zumindest erklärlich, warum es der bürgerlichen Leitidee so wichtig war, die Frau ohne eigene Sexualität zu konstruieren.

Binnenstrukturell leistete die Ideologie der polaren Geschlechtscharaktere zweierlei. Sie transportierte sowohl Seinsdetermination und damit Möglichkeiten und Unmöglichkeiten, die unveränderlich, da im wörtlichen Sinn wesentlich waren. Zudem wohnt ihr eine Ergänzungsdoktrin inne, die Frau und Mann zu zwei Teilen eines zusammenzubringenden Ganzen ausschneidet. Die Notwendigkeit, sich zu vereinigen und wechselseitig als sittliche und menschliche Wesen zu vervollkommnen, wurde romantisiert verpackt und Liebe oder Liebessehnsucht genannt. Diesbezüglich nahm die bürgerliche Romantik die frühromantische Vision einer Verschmelzung auf. Besingt die Frühromantik die Verschmelzung jedoch als dionysische Auflösung der Individuationsgrenzen in apollinischer Schönheit, krächzt die bürgerliche Version mit heiserer Stimme den Text der weiblichen Unterwerfung und Hingabe an den Mann.

Die Anschauung der Geschlechter diente als autoritatives Referenzsystem. Sie gab Auskunft darüber, welche Funktionen der Frau beziehungsweise dem Mann zukamen. Das war sehr effizient; denn so ersparten sich die Eheleute, in mehr oder weniger langwierige Verhandlungen einzusteigen – einerseits. Andererseits begrenzte der ideologische Rahmen sowohl individuelle Entwicklung und Aktionsräume als auch Gemeinsamkeit. Solange Mann und Frau unter der Fuchtel der Geschlechterdifferenz standen, vermochte keiner von ihnen das persönliche Potenzial auch nur annähernd zur Geltung zu bringen. Denn da die Bandbreite des Soseins detailliert festgeschrieben war und der faktische Handlungsraum den Charakterisierungen folgte, wurde beiden Geschlechtern grundsätzlich und empirisch weitestgehend die Welt des Gegengeschlechts vorenthalten. Was man und frau nicht probieren, womit sie nicht experimentieren können, können sie nicht ausbilden. Deshalb wurde die Frau zur Gefühlsexpertin, der Mann zum Berufsprofi. Deshalb auch klafften die Welten auseinander, waren die Gatten einander persönlich fremd. Sie inkarnierten die Charaktervorlagen und staksten als Charaktermasken durchs Leben und lernten selten die Eigentümlichkeiten des anderen kennen. Das Auseinanderdriften der Welten machte verständige Begegnungen zudem unwahrscheinlich und selten. Themen der Frau oszillierten typischerweise um Häusliches, die des Mannes zwangsläufig um Geschäftliches – und am ehesten trafen sie einander noch in der Diskussion um das Haushalts- oder Wirtschaftsgeld. Bildlich gesprochen, wohnten die Gatten zwar im selben Ort, spazierten aber auf unterschiedlichen Wegen und stießen nur an den wenigen Kreuzungen aufeinander. Das konnte erfreuliche und schöne Überraschungen geben, aber auch im Zusammenprall enden.

Der Ergänzungsgedanke verankerte gegenseitige Abhängigkeit in der Ehe als Strukturelement. Die (idealerweise Liebes-) Ehe war die Totalität, die die Gatten herstellen sollten. Das taten sie, wie gesagt, arbeitsteilig. Die Frau sollte den Mann vor der Entseelung retten und ihm im Heim einen sicheren Hafen bieten vor der Unbill in der Außenwelt. Das Rettungsmanöver wurde als ihre ureigenste Aufgabe deklariert. Die Geschlechterideologie half ihr dabei, indem sie ihr kommunikative Taktiken empfahl und die psychische Ausstattung bereitstellte, die die Gattin benötigte, um dem Mann die wohlverdiente Harmonie andienen zu können. Die Frau trug die Bürde, für ein Klima zu sorgen, in dem der Mann keinen Grund zur Beschwerde (sic!: Be-schwer-de) finden konnte. Dazu gehörte selbstverständlich auch ihr Konfliktmanagement. Die weibliche Zuständigkeit in allen Gefühlsangelegenheiten stempelte sie zur wahren Ursache ehelicher Konflikte. Der Geschlechterideologie verdankte sie es, im Zweifel als diejenige dazustehen, die zu sensibel, um nicht zu sagen: gefühlsduselig ist und Probleme sieht, wo keine sind. Übrigens noch heute ein beliebtes Muster in Paarbeziehungen und offenkundig ein Relikt aus vergangenen (vergangenen?) Zeiten. Und das erklärt sich wie folgt:

Die Geschlechtercharakterologie schablonisiert die Frau als Gefühlswesen, als wesensmäßig emotional und intuitiv. Deshalb eignet sie sich dazu, ihr die Verantwortung für das häusliche Glück aufzutragen. Daraus resultiert folgerichtig, dass jeder Satz, mit dem das Eheleben thematisiert wird, dem ehefraulichen Erleben entstammt (aus Männersicht: ihrer Phantasie). Mit anderen Worten: Die Frau ist natürlicherweise zuständig für die emotionalen Beziehungen und deren Qualität. Ihr obliegt es, dafür zu sorgen, dass der berufstätige Gatte die heile Welt findet, die er zur Regeneration braucht. Diese ihre Ausrichtung lässt sie den Alltag und alles Geschehen durch eine andere Brille betrachten und empfinden als der Gatte. Beide sind Opfer geschlechtsspezifisch selektiver Wahrnehmung. Eindrücke durchlaufen unterschiedliche Filter, werden verschieden gedeutet sowie gewichtet und lösen entsprechend differente Handlungen aus. Dies eingedenk, fällt der Frau nicht nur per definitionem die Gefühlsarbeit zu, sondern sie ist für diese Aufgabe auch außerordentlich sensibilisiert. Alles, was das Eheleben betrifft, ist ihr Reich, und alle Definitionen, Interpretationen, Diagnosen zum ehelichen Miteinander erwachsen ihrer erhöhten Empfindsamkeit und ihrer Deutungshoheit. In der Folge bemerkt sie etwa Spannungen in der Ehe eher als der Mann. Und wenn sie mutig ist, bittet sie den Gatten um ein Gespräch über latente Konflikte oder faktische Probleme. Behandelt ein solches Metagespräch problematische Aspekte in der Ehe, wird schnell der Identifikator von Ungereimtheiten mit der Ursache derselben verwechselt: Die Frau wird zum Urheber von ehelichen Schwierigkeiten oder Kon-

flikten. Sie ist es, die Glück und Unglück fabriziert. Die Botin wird
zur Täterin, die Entdeckerin zur Schuldigen.

Die bürgerlich-romantische Liebessemantik

Von dem aufklärerischen und frühromantischen Entwurf der Liebe
blieben in der bürgerlichen Fassung nur Vereinseitigungen und Rudi-
mente übrig. Zunächst erlosch der aufklärerische Stern der Gleichheit. Hinter den Wolken der Geschlechterpolarität verschwand das
frühromantische Pathos der Individuation als Mensch, also der Entfaltung der weiblichen Eigenheiten im Mann und der männlichen bei
der Frau. Die antipatriarchalischen Utopien und mit ihnen das Ausleben beseelter Erotik und Leidenschaft wurden vom Hagel der patriarchalischen Herrschaftsordnung erstickt. Das Leuchten wahrhafter
Liebe verdunkelte sich zu einem Glimmern. Die Ehe wurde zwar als
auf Liebe gegründet postuliert, aber es war eine ernüchterte Liebe.
Sie kappte die Sinnenfreude als Ausdruck liebenden Gebens und
Nehmens, als Medium der Verschmelzung. Sie desexualisierte die
Frau und verkürzte eheliche Sexualität auf ein „Naturrecht" des Mannes. Die bürgerliche Liebes- und Eheauffassung stutzt die Möglichkeiten der Frau darauf zurecht, eine „wohlanständige eheliche Verbindung einzugehen, Kinder zu gebären, eine gute Hausfrau und Mutter zu werden, dem Manne eine gehorsame, untertänige Dienerin zu
sein" (Eicke 1980, 130). Von der Vision, der Ehevertrag würde von
zwei Ebenbürtigen geschlossen, und von der Konzeption, auch die
Frau sei eine selbstbestimmte Persönlichkeit, blieb das Gebot, sich
der Herrschaft des Mannes zu unterwerfen. Die metaphysische oder
im weitesten Sinn religiöse Sehnsucht, sich mit und durch den Geliebten zu vervollkommnen, darbte und nährte sich von dem ausge-
dörrten Streben, einander im Alltag zu ergänzen und sittlich zu bilden. Um vollends auf den Boden der Tatsachen zu klatschen, wurde
die bürgerliche Ehe aus weiblicher Sicht als Versorgungsehe, aus
männlicher Sicht als Mitgiftehe gestiftet, zumindest als „Vereinigung
zur Befriedigung von Alltagsbedürfnissen und Einübung von All-
tagsgewohnheiten auf der Basis gesicherten gegenseitigen Besitzes"
und insofern als „Vernunftehe" geführt, in der die Gatten darin über-
einstimmen, gemeinsame Pflichten zu übernehmen, zu denen auch
gehört, die gemeinsame Freude zu erhöhen (Weber 1929, 39, 34). Im
19. Jahrhundert „geisterte" die frühromantische verklärende Liebe
bestenfalls durch die Seelen der opponierenden Frauen (siehe oben).

Ratgeber

Für die Spanne des 19. Jahrhunderts diskutiere ich Auszüge aus drei Ratgebern. Für jeden dieser Ratgeber ist ein ausgedehntes Wirkungsfeld und großer Einfluss verbürgt. Ich stelle Ihnen die Ratgeber in chronologischer Reihenfolge vor, weil Sie dann Entwicklungsstränge mitvollziehen können. Als Erster soll uns Joachim Heinrich Campe, populärer Autor verschiedenster Jugendschriften (u. a. Bearbeitung des >Robinson Crusoe< von Defoe), mit seinem Buch >Väterlicher Rath für meine Tochter< belehren (1808, 1832). Anschließend informiert uns Henriette Davidis mit ihrem Werk >Die Hausfrau< (1860, 1876, 8. Auflage!) über ihre Ansichten, und als Dritten lassen wir Hermann Klencke zu Worte kommen mit seinem Konvulut „Das Weib als Gattin. Lehrbuch über die physischen, seelischen und sittlichen Pflichten, Rechte und Gesundheitsregeln der deutschen Frau im Eheleben" (1872, 1989, 10. Auflage!).

Joachim Heinrich Campe

Campe wendet sich in seinem Buch zwar an junge, noch nicht verheiratete Frauen. Unser Interesse bedient er dennoch, weil er seine Regieanweisungen für das eheliche Leben aus der geschlechtsideologischen Semantik herleitet und sein Bild von der Frau und Gattin sowie vom Mann und Gatten an dieser entwirft.

Frauen sind dazu bestimmt, „beglückende Gattinnen, bildende Mütter und weise Vorsteherinnen des inneren Hauswesens zu werden", und als solche sollen sie „der männlichen Hälfte, welche die größeren Beschwerden, Sorgen und Mühseligkeiten des Lebens zu tragen hat, durch zärtliche Teilnahme, Liebe, Pflege und Fürsorge das Dasein versüßen" (Campe 1832, 13). Gattinnen sind angehalten, durch „Aufmerksamkeit, Ordnung, Reinlichkeit, Fleiß, Sparsamkeit, wirtschaftliche Kenntnisse und Geschicklichkeiten, den Wohlstand, die Ehre, die häusliche Ruhe und Glückseligkeit des erwerbenden Gatten sicher (zu) stellen" (a. a. O., 14). Dazu ist sie von Natur aus geschaffen und deshalb verpflichtet. Sie hat auch keine andere Wahl; denn sie ist „schwach, klein, zart, empfindlich, furchtsam, kleingeistig" und kann nur durch den Mann vor Unbill gerettet werden; denn er ist: „stark, fest, kühn, ausdauernd, groß, hehr und kraftvoll an Leib und Seele" (a. a. O., 17 f.). Die Frau braucht den Mann, um existieren, der Mann benötigt die Frau, um entspannen und sich erholen zu können. Und dies alles ist naturgewollt: „Es ist also der übereinstimmende Wille der Natur und der menschlichen Gesellschaft, dass der Mann des Weibes Beschützer und Oberhaupt, das Weib [...] die sich ihm anschmiegende, sich an ihn haltende und stützende treue, dankbare und folgsame Gefährtin und Gehilfin seines Lebens sein soll" (a. a. O., 17). Offenkundig fügte sich bereits zu Campes Zeiten nicht jede Frau begeistert in ihr männlich dominiertes Schicksal und fühlte sich nicht jede Gattin durch die Großartigkeit ihres Gatten beglückt. Denn Campe erwägt, was die Gattin zu tun hat, wenn sie auf die Übermacht und Stärke des Gatten mit „Niedergeschlagenheit" (heute hieße das Depression) reagiert. Prinzipiell muss sie mit ihrem „abhängigen und auf geistige sowohl als körperliche Schwächung abzielenden Zustande [...] nothwendig leben" (ebd.). Beugt sie sich unter der Last der Traurigkeit, tröstet Campe sie mit Worten, die sie an ihre Pflicht erinnern: „wisse, dass es [...] bei einiger Seelenstärke und Selbstverläugnung ganz bei dir stehen wird", dem Mann wieder einen „glücklichen Wirkungskreis zu eröffnen" (ebd.). Die Gattin müsse sich nur selbst beherrschen (!), salopp: zusammenreißen, und ihrer Bestimmung gemäß handeln. Ihre Bedrückung zu thematisieren, ist ihr strengstens untersagt, weil sie damit die heitere Atmosphäre und die Idylle zerstörte, auf die der Gatte ein Anrecht habe. Im Gegenteil, ihre Optionen, auch nur etwaig Konfliktäres anzusprechen, sind äußerst begrenzt. Campe trägt ihr auf, ausschließlich Fähigkeiten auszubilden und zu nutzen, die „zweckmäßig" sind, um die Ruhe zu garantieren (a. a. O., 12 f., 59 ff., 70 ff.). Ein Dialog über Problematisches birgt stets das Risiko, den Gatten aufzuregen, und genau das muss die Gattin vermeiden; denn sie hat es „ihrem Gatten so angenehm und werth zu machen, dass er sich nirgends lieber als in ihm [im Hause] befindet" (a. a. O., 193).

Immer wieder heißt Campe seine Leserinnen, in der Sprachlosigkeit zu verharren und nichts zur Sprache zu bringen, was den Mann belästigen könnte. Es ist die Geschlechterideologie, der die Gattin diese Direktive verdankt. Der Kodex strukturiert nicht nur die eheliche Beziehung als asymmetrische Relation, sondern konstruiert die Charaktere gegensätzlich, sodass zum einen eine symmetrische, eine Gesprächssituation unter Gleichwertigen, grundsätzlich verbaut ist und zum zweiten verstehende Teilnahme, Empathie, als unmöglich gesetzt wird. Inkommunikabilität ist programmiert. Werden die ideologischen Setzungen von den Eheleuten gelebt, sind kommunikative Stille und Nebeneinander die Folgen, jedenfalls aus der heutigen Sicht, die Kommunikation als Austausch begreift. Die Geschlechter-

anschauung ist da anderer Meinung. In ihrem Sinn wird die Gattin zu
dem, was sie zu sein hat, und zwar allein durch den Mann und ihre
Hingabe an und für ihn. Campe rät ihr zum „Verzicht auf einen unab-
hängigen Willen" und schon gar auf „eigene Launen" und „Wider-
setzlichkeit" und ermutigt sie: „Gibst du dich ihm ganz und ohne
Rückhalt hin, um nur für ihn und in ihm einzig und allein zu leben",
so tut sie recht (a. a. O., 199).

Konfliktsituationen können demnach nur dann aufkeimen, wenn die
Gattin ihren vorgezeichneten Weg verlässt. Folgerichtig muss sie
nicht reden, sondern handeln, um ihre Abweichung wieder gutzuma-
chen. Konflikte entstehen durch Fehlverhalten, also auf der behavioralen Seite, und sind ausschließlich in derselben Weise zu beheben.
Dieser Sachverhalt verdeutlicht die Strategien, die Campe der Gattin
zur Eliminierung problemhafter oder konfliktärer Situationen empfiehlt. Sie erweisen sich als nichts anderes als Qualitätsattributionen,
als Anwendung der wesenhaften Eigenart des weiblichen Charakters:
Zuvörderst sollte die Gattin die „Klugheitsregel" beachten und von
der Ehe in der Personifizierung durch den Gatten „nicht gerade das
Beste erwarten" (a. a. O., 20). Der Desillusionierung folgen keine
Beileidsbekundungen oder gar ermunternde Worte, sondern der Rat,
sie solle sich in ihr „Los" begeben, es „zur Regel" nehmen und sich
darauf einstellen, dass der Gatte von Natur aus ein „stolzes, gebiete-
risches, herrschsüchtiges, oft auch aufbrausendes und in der Hitze der
Leidenschaft bis zur Ungerechtigkeit hartes und fühlloses Geschöpf
ist" (a. a. O., 21). Diesem unabänderlichen männlichen Charakter und
den daraus resultierenden Spannungen soll die Gattin komplementär
begegnen, nämlich mit der Tugend des Rückzugs: „Geduld, Sanftmuth, Nachgiebigkeit und Selbstverläugnung", mit weiblichen Taktiken: „Bitten und zärtlichen Liebkosungen", ferner mit Gelassenheit:
„Freundlichkeit und immer gleicher Herzensgüte" und mit einem „zur
Heiterkeit und Freude gestimmte[n] Sinn" und vor allem „Biegsam-
keit" (a. a. O., 20 f.). Dies sind denn auch die „allerunentbehrlichsten
Tugenden", ohne die die Gattin „unmöglich glücklich und zufrieden
leben kann" (ebd.). Ab der zweiten Hälfte des 20. Jahrhunderts werden diese selbstvergewaltigenden und gewährenden Strategien als
Quelle psychosomatischer Erkrankungen gebrandmarkt werden. Zu
Campes Zeiten sind sie schlicht konsequent. Sprachlich vermittelte
Einigung wird ausgeklammert. Probleme werden über die geschlechtsspezifische Zuschreibung behandelt und mittels Verhaltens-
anweisungen erzielt, die der nonverbalen Kommunikation zugehö-
ren, etwa durch Liebkosungen oder Liebesentzug. Da die Charaktere

komplementär geschneidert sind, bedeuten Kollisionen vermeidbare Unfälle, deren Ursache in abtrünnigem, weil von der Ideologie nicht gutgeheißenem Verhalten liegt. Während dem Mann aggressive Impulse zugeordnet und deshalb zugestanden werden („er ist nun einmal so"), während er gleichsam extravertiert-explosiv agieren darf, ist dies auf der weiblichen Seite ontologisch und sozial weder vorgesehen noch gestattet. Dem Aggressor korrespondiert so nicht einmal ein Defensor, sondern ein ausweichender, moderierender, sich anpassender Part. Das Spektrum weiblicher Konfliktbehandlung erweist sich als Komposition aller denkbaren Varianten der Adaption und der Unterwerfung, des reaktiven wie vorauseilenden Gehorsams. Konflikte werden gelöst, indem sie obligatorischen Geboten und Verboten zugeschanzt und Ritualen übereignet werden.

Diesen subsumiert Campe auch Strategien der Vermeidung und Vorbeugung, die – wer auch sonst – die Gattin zu praktizieren hat. Ausgehend davon, dass die Gattin ohnehin dankbar dafür zu sein hat, dass der Gatte sie erwählte, steht für ihn die Schuldige immer schon fest: „Dass so viele Weiber sich von ihren Männern mit Kälte und Geringschätzung behandelt sehen, woran liegt's? An der Unempfindlichkeit, an dem Undanke und dem Stolz der Männer?" (a. a. O., 108). Die bloße Erwägung schickt Campe mittels einer doppelten Relativierung in das Reich des Unwahrscheinlichen: „Vielleicht mit, aber wahrlich weit mehr und weit öfter daran, dass so wenige Weiber wahre weibliche Verdienste aufzuweisen haben" (ebd.). Damit ist die Schuldfrage geklärt und entschieden. Zu Recht reagiert der „arme getäuschte Mann" auf die deviante Gattin mit moralischer Sanktion und ist genötigt, sie „zu verachten und sie für ein Hinderniß seiner Glückseligkeit anzusehen" (a. a. O., 110). Diese Aussage demonstriert eindringlich, dass, wenn Campe von Ehekonflikten spricht, er nicht von Ehe- als Beziehungsproblemen redet, das heißt, ihre Verursachung nicht in der Inter-Aktion lokalisiert und folglich Konflikte nicht als relationale Phänomene begreift. Sondern er erkennt in ihnen simpel die Wirkungen weiblichen Fehlverhaltens, denen die Weigerung zu Grunde liegt, sich der objektiven Determination und den rechtmäßigen Erwartungen des Mannes zu fügen. Die Auswirkungen auf die Kommunikation bleiben nicht aus. Wird der Herd ehelicher Zwistigkeiten in dem Ungehorsam der Frau gegenüber ihrer Bestimmung verortet, erübrigt sich jedweder kommunikative Austausch. Für den Mann liegt eine Täuschung vor, wenn die Frau es an „Schamhaftigkeit und Keuschheit, Bescheidenheit, Freundlichkeit und unerschöpflicher Herzensgüte", an „Besonnenheit" – sämtlich Garanten für die

Antizipation männlicher Bedürfnisse – mangeln lässt, und ebenso, wenn sie es wagen sollte, ihr „liebevolles Hingeben ihres eigenen Willens in den Willen des Mannes" zu verweigern (a. a. O., 102, 112). Aus der Perspektive des Ehemanns wächst dieses Defizit zu einer Ehekrise aus, weil jene Tugenden und Taten (die mit den Kompetenzen der Frau koinzidieren) wegfallen, die geeignet sind, Unstimmigkeiten zu moderieren oder beizulegen.

Gerade diese Abhängigkeit von den nachgebenden Fähigkeiten der Gattin signalisiert noch einmal, dass eheliche Konfliktregelung an die Geschlechtersemantik gekettet ist. Eheleute begegnen einander nicht als Individuen, sondern als Charaktermasken, als Marionetten und Hypostasen biologisch, moralisch und zuweilen religiös verbrämter Ideologeme. Gattin und Gatte nehmen einander als allgemeine Kategorien, als Verkörperung von Schablonen wahr und handeln im Gehäuse konventioneller Richtlinien. Persönliche Kommunikation als eine, die Partikularitäten berücksichtigt, kann bestenfalls ausnahmsweise stattfinden und ist entweder dem Zufall oder der Hinwegsetzung über Normen zu verdanken. Die Wendung „ich möchte" kommt nur in der Bedeutung des „ich als Gattin/Gatte möchte" vor, weil Ansprüche ausschließlich durch die Geschlechteranschauung abgesichert sind.

Als genügte der geschlechtsideologische Diskurs nicht, greift Campe noch auf die Autorität Gottes zurück, um der Frau ihr „Schicksal" auch als gottgewollt nahe zu bringen und es somit erträglicher zu machen. Er rät ihr, ihre Aufgaben als „heilige Pflichten" zu verstehen und zur „Gotteslehre" als „Beruhigungsmittel" und „Tröstung" zu greifen. Religiöse Weltdeutung und Anrufung der göttlichen Instanz werden als weibliche Konflikttechniken zugunsten des Eheklimas eingeführt. Frei nach der Devise: Hilft nicht mehr die menschliche Setzung, hilft nur noch Gott. Die Frau möge das „schwarze Register von Unannehmlichkeiten, die […] jedem Frauenzimmer, welches Gattin werden will, mehr oder weniger bevorstehen", mit dem Blick auf das Jenseits, die „Ewigkeit" und mittels der „tägliche[n] Unterhaltung mit Gott" ertragen. Der religiöse Diskurs Campes fließt in einen moralisierenden über, indem er fordert, die Frau solle „die Stimme des Gewissens […] achten". Natur, Geschlechterideologie, Religion und kollektive Ethik verschmelzen, wenn er zudem rät, die Gattin möge „nichts […] wollen, als was von diesem [Gott] gutgeheißen und gebilligt wird", da Gottes Wille mit dem der Natur und dem der Gesellschaft zusammenfalle (a. a. O., 114 ff., 125, 140).

Henriette Davidis

Henriette Davidis beabsichtigt zwar, in ihrem Buch >Die Hausfrau< die Gattin zu einer perfekten Hausfrau zu machen. Einschlägig ist ihr erstes Kapitel „Ein Wort an junge Frauen" (Davidis 1876, 1 ff.) für unser Interesse dennoch, weil sie die „vollkommene Hausfrau" mit der vollkommenen Gattin identifiziert. Drei Überlegungen ergeben diese Gleichschaltung. Erstens gewährt ein sorgfältig geführter Haushalt dem Gatten jene friedliche Ordnung, die er zu seiner Regeneration benötigt. Zweitens begründet der hausfrauliche Fleiß „die Dauer der Liebe und des häuslichen Glücks" und auch die „gegenseitige Achtung" (a. a. O., 22). Drittens trägt die „treue Erfüllung" der hausfraulichen Pflichten „wesentlich dazu bei, dem Unfrieden vorzubeugen, des Mannes Mühen zu erleichtern und sich selbst eine möglichst sorgenfreie Zukunft zu schaffen" (a. a. O., 5). Henriette Davidis misst der weiblichen Funktion als Hausfrau in der Ehe eine erhebliche Bedeutung zu. Die Zitate lassen den Schluss zu, dass sich diese nicht in Tätigkeiten wie Kochen, Waschen, Putzen, Einwecken und dergleichen fürsorgerischen Handlungen erschöpft, sondern sich außerdem als prophylaktische und therapeutische Techniken einspannen lassen, die dazu beitragen, eheliche Zwistigkeiten zu meiden und beizulegen. Die Vermutung, die Rolle der Gattin weise über häusliche Aktionen der Säuberung und Versorgung hinaus, wird erhärtet. Davidis schiebt der Ehefrau die Verantwortung zu, ein heiteres Heim zu schaffen, und verleiht dem ehefraulichen Wirken ehepolitische Relevanz. Damit stellt sich umgehend die Frage, welche Regeln die Autorin der Gattin an die Hand gibt, um ihre Bestimmung zu erfüllen. Lassen wir ihre Empfehlungen für die Konfliktregulation Revue passieren, ist unschwer zu erkennen, dass sie hauptsächlich dem Diskurs geschlechtsideologischer Determination verpflichtet ist, und hier vor allem dem Zweck der Gattin, nämlich das Aufgehen ihrer Person in den Bedürfnissen des Gatten. Daher werden als Strategien und Taktiken Vermeidung und Vorbeugung, vorauseilender Gehorsam und Rücksicht als Lotsen durch die Ehewelt dringend empfohlen.

Um „unzählige böse, ungerechte Vorwürfe und Kränkungen" zu ersparen, rät sie der Gattin, ein angemessenes, das heißt „mit den Ansprüchen des Mannes in Einklang stehendes Haushaltsgeld zu erbitten" (a. a. O., 6 f.). Dabei möge sie es an „Offenheit" nicht fehlen lassen; denn mit „der Wirtschaftlichkeit der Frau" steigt und fällt der Ehefrieden (ebd.). Um diesen und damit das seelische Wohl des Gatten zu gewähren, sollte die Gattin sich ausschließlich auf den Mann ausrichten und dankbar sein. Sie soll „nur ihm gefallen wollen, auf alle seine Wünsche [...] die größte Rücksicht nehmen, möglichst vermeiden, was Sorgen nach sich ziehen könnte, nie vergessen, dass der Mann der Versorger der Frau ist" (ebd.). Davidis strickt aus den geschlechtsideologischen Fäden, dass nur die vollständige Unterwerfung unter die Bedürfnisstruktur des Mannes eine „glückliche Ehe" in Aussicht stellt. Diese Konklusion ist nur konsequent, weil sie das Wohlbefinden, die Zufriedenheit und die „Achtung" des Gatten zum alleinigen Qualitätsmaß erklärt. Dazu gehört nicht nur die vorbildliche Befolgung hausfraulicher Pflichten, sondern auch schonendes Verhalten. Davidis gebietet daher: „Nie verfahre sie [die Gattin] rücksichtslos gegen ihn" und „belästige ihn daher auch nicht mit Erzählungen von geringfügigen Vorfällen", schon gar nicht „mit solchen von unangenehmen häuslichen Szenen" (ebd.). Das Gebot, all das zu beschweigen, was die Gattin beschäftigt, kommt der Norm gleich, überhaupt vom Reden über Themen Abstand zu nehmen, die aus der Sicht des Mannes möglicherweise unerwünscht, lästig oder schlicht langweilig sind und sein Ausspannen stören. Er, der im geschäftlichen Leben steht und den Anstrengungen der Erwerbsarbeit ausgesetzt ist, verdient es, dass als Dank Ehe und Heim seine Wünsche befriedigen, sodass sie ihre Funktion als Stätte der Erholung erfüllen.

Aber damit noch immer nicht genug; denn der Gattin wird zur „Herrschaft über sich selbst", also zu „Selbstverläugnung" und Verdrängung, geraten, auch und gerade in jenen Fällen, in denen sie leidet (a. a. O., 24 ff.). Sie soll „den vielen Unannehmlichkeiten" mit „Gleichmuth" begegnen, um so „Verdruss vorzubeugen" und „sich seltener gereizt [zu] fühlen". Sie ist angehalten, stets „liebenswürdig" sowie „geräusch- und zeichenlos" zu sein und damit dem Mann ihre Liebe zu „beweisen". Neben dem unsichtbaren Wirken demonstriert die Gattin ihre Liebe auch dadurch, dass sie brav ist und keinerlei Anlass zu Eifersucht gibt: „Eine Frau, die des Mannes und ihr eigenes Glück im Auge hält, gibt keine Gelegenheit zur Eifersucht, selbst nicht in einem unangenehmen Verhältnis" (ebd.). Offenkundig beherzigten nicht alle Gattinnen diese Warnung, sodass Davidis die dann geltende Verhaltensnorm mitliefert. Ist die Gattin unachtsam und schlittert doch in diese unzumutbare Lage, in der der Gatte Anlass zu Eifersucht spürt, soll die Gattin das Vorkommen nicht thematisieren, sondern sich „unsichtbar halten" und besonders behutsam gelegenheitsträchtige Situationen umgehen. Keinesfalls sollte sie sich verleiten lassen, Selbstsicherheit, Entschiedenheit und andere Facetten personaler Souveränität zu entwickeln und zu manifestieren; denn

die „Männer ertragen [...] keine Beherrschung, nicht einmal den Ton
fester Entscheidung" (a. a. O., 21). Dieses Dogma weiblicher Subordination gilt für ihr gesamtes Verhalten und ist damit Programm.
Zwar räumt die Autorin ein, dass „manche Männer [...] für Herrsch-
sucht halten, was oft weit entfernt davon ist". Auf diese Idiosynkra-
sie soll sich die Gattin aber einstellen und „schonend" sowie in
„leichtfertigem Ton" ihr Anliegen vortragen. Auch wenn der Gatte
„Fehler [hätte], welche von verderblichem Einfluss auf das Familienleben sein könnten", soll die Gattin auf ihn „mit größter Vorsicht"
einwirken. Ihre Intervention sei „ruhig und würdig", und wenn ihr
Gemüt ärgerlich erhitzt ist, fordert die Autorin dazu auf, sich abzure-
gen, bevor sie ihr Wort an den Mann richtet. Sie soll „vorher ihr Ge-
müth beruhigen und benutze ebenso eine ruhige Stimmung des Mannes"; denn seine Befindlichkeit ist ausschlaggebend: „Bei einem auf-
geregten Zustande des Mannes ist im Allgemeinen geraten, alle Worte
zu sparen. Ein zur rechten Stunde gesprochenes besonnenes und ver-
ständiges Wort lässt am ersten einen guten Erfolg hoffen" (a. a. O.,
28). Selbstberuhigung erlangt die Gattin zum einen, indem sie sich
auf ihr ureigenstes Schicksal als Gattin besinnt, und indem sie liest.
In der Lektüre, so Davidis, findet die Gattin „Trost" oder eine „Erhe-
bung in den oft so unangenehmen Vorfällen des Tages" (a. a. O., 27).
Zwar soll die Gattin sich auch bei dringlichen Angelegenheiten an der
Verfassung des Mannes orientieren. Dennoch wird ihr die Steuerung
eines Konfliktgesprächs und damit Verlauf und Fazit desselben überantwortet. Dies allerdings, ohne die Metaebene der Kommunikation
einzunehmen, sondern ausschließlich, indem sie die Normen idealen
weiblichen Verhaltens befolgt. Die Fixierung auf geschlechtsideologische Setzungen beschränkt das (weibliche) Konfliktmanagement
auf Maßnahmen der Prävention und Meidung, des Schweigens und
der Optimierung der Pflichterfüllung.

Hermann Klencke

Hermann Klencke deklariert, sein Werk >Das Weib als Gattin.
Lehrbuch über die physischen, seelischen und sittlichen Pflichten,
Rechte und Gesundheitsregeln der deutschen Frau im Eheleben<
(1872, 1989) sei ein „stiller Rathgeber" und Produkt „naturwissenschaftlicher" Forschung (a. a. O., 2 ff.). Die gesamte Abhandlung
bringt Sitte, Moral und Natur in ein Kongruenzverhältnis. Das, was
natürlich ist, ist sittlich und moralisch zwingend geboten; Abwei-

chungen zeugen von Denaturierung und Amoralität (a. a. O., 19, 31, 309 ff.). Die Ausführungen folgen den Parametern der Ideologie der „natürlichen Geschlechter". Im Zentrum des Diskurses stehen zwei Axiome, die eine „harmonische Ehe" überhaupt in den Bereich des Möglichen rücken. Die Gattin, deren Fatum sowohl vom „Sittengesetz" als auch vom „Naturgesetz" „dictiert" ist, wird zur „Schöpferin des ehelichen Klimas" erhoben, und in „ihrem Gemüthe" liegt das eheliche Glück (a. a. O., 19, 170, 295). Analoges wird auf den Mann projiziert. Allerdings sind die Auswirkungen völlig andere, und das liegt – nicht erstaunlich – an den polar profilierten Geschlechtscharakteren.

Die Frau ist „reines Naturwesen", der Mann „Kulturwesen", da er nur „flüchtig" an der Gattungserhaltung teilnimmt, die Frau dagegen dazu geboren ist (a. a. O., 9). Alle folgenden Attributionen sind Konsequenzen dieser Primärdetermination und Zuschreibung (vgl. a. a. O., 9 ff., 28 ff., 277, 296). Der Mann ist mehr individuelles, das Weib mehr „Gattungswesen"; auf femininer Seite dominieren „Gefühl und Schwäche" und „Schutzrechte", denen auf der maskulinen „Verstand und Charakter" und die Pflicht zu schützen korrespondieren. Mann und Frau werden als einander ergänzende Pole konstruiert, die „Eins sein, eine Einheit, ein Ganzes bilden" sollen. Klencke konnotiert des Mannes „Egoismus, Ehrgeiz, Wille und Grundsatz" positiv, weil sie seine „höhere Individualität" begründen und damit garantieren, dass er seine Bestimmung realisieren kann. Demgegenüber geht die Funktion der Frau als Gattin, Mutter und „Erzieherin des Mannes in der Liebe und Ehe" auf und gehorcht „dem Geist, der Kraft und dem Willen des Mannes".

Diese Skizzierung der Charaktere erleichtert es, Klenckes Stellungnahme zum ehelichen Konfliktmanagement nachzuvollziehen. Implizit setzt er voraus, dass ein Gespräch über Konflikte unter den Eheleuten emotional erhitzt verläuft. Denn zum einen ringt die Gattin mit der naturgegebenen „Abgeschlossenheit" des Mannes und seiner Schweigsamkeit in emotionalisierten Lagen (das kommt heute noch bekannt vor!). Zum anderen wird die Gattin durch seine naturhafte Festlegung provoziert, die ihn zwingt, alles „objektiv aufzufassen" und nur den „Verstand" zu gebrauchen. Beides erweist sich in Konfliktlagen aus weiblicher Perspektive als Barrikade für kommunikative und impulsive Auseinandersetzung (a. a. O., 14 ff.). Klencke attestiert dem Mann in seinem Schneckenhaus richtiges Verhalten. Er untersagt ihm sogar, sich auf Nichtrationales einzulassen, und räumt ihm die Option ein, unter Bezug auf die nur gemüthafte Logik der

Frau Konfliktgespräche zu verweigern. Selbstredend stützt er sich dabei auf die geschlechts-ideologisch (!) konträre Konstitution von Frau und Mann. Sie leben diametral entgegengesetzte Rationalitäten und bilden entsprechend differente Selektionsfilter und Bewertungsraster aus. Es ist ihnen daher schon biologisch-naturhaft verwehrt, Verständigung zu erzielen. Ihre Kommunikationscodes fallen zu verschieden aus und sind – per definitionem – unvereinbar. Wir treffen hier auf einen Konfliktherd, der strukturell angelegt und programmatisch ist, sozusagen ein Basalkonflikt im System. Ihm zufolge ist es Mann und Frau prinzipiell nicht möglich, eine Grundlage für Verständigung zu finden. Es gibt keine Brücke, die die Welten miteinander verbindet, und so leben zwei Welten nebeneinander – mit pragmatisch eingerichteten Treffpunkten.

Zu den charakterologischen Festschreibungen gehört, siehe oben, die Egozentriertheit des Mannes. Erdreistet sich die Gattin in konfliktuösen Situationen, diese Schranke oder die Herrschaft des Gatten über sie und ihr Wohlergehen zu beklagen, verweist Klencke die Klage prompt in das Jenseits des Rechtmäßigen. Denn der Mann folgt darin seiner natürlichen und sittlichen Prädestination, während die Gattin, indem sie seine Ichzentrierung in Frage stellt, von der ihren sträflich abweicht und folglich Unrecht hat (a. a. O., 15). In diese Kerbe schlagen weitere Bemerkungen. Etwa die, dass in Streitsituationen die Gattin dem Mann zwangsläufig unterliegt, da ihr die männlich-logischen Denkmittel fehlen (a. a. O., 16). Ferner muss der Gatte „schroff, kalt und egoistisch" auftreten, weil er seine Kräfte „auf Erhaltung der Individualität" zu richten hat, während die Gattin „Theilnahme, Mitleidenschaft, Milde und Gefühlverklärung" zeigen soll (a. a. O., 28, 16). Wie gesagt, die Polarität ist Programm im Nebel des Ideals der wechselseitigen Ergänzung, selbst im Konflikt: Die männliche „Festigkeit und Schroffheit" komplementiert die weibliche „Weichheit und Sanftheit" (a. a. O., 17). Klencke dokumentiert in seinem Werk evident, dass die Absorption alles Weiblichen im Männlichen mit der frühromantischen Vision der Ergänzung zu einem Ganzen wenig zu tun hat. Die Semantik der Geschlechtercharakterologie identifiziert Ergänzung als einen Einwegvorgang und nicht als korrelatives Geschehen. Sie zeichnet das Im-Keim-Ersticken, die Auslöschung weiblicher Personalität mittels der Hingabe an den Mann, zeichnet also die Auflösung des Femininen im Maskulinen als Ergänzung – das Weib als Krücke für männliche Selbstverwirklichung, als Mittel zum Zweck männlicher Menschwerdung.

Diese Grundattitüde wendet Klencke auf konkrete Konfliktanlässe

an. Eine Konfliktquelle identifiziert er in der weiblichen Klage, der
Mann sei zu oft und zu lange außer Haus (a. a. O., 28 ff.). Der Ratgeber würgt ein Gespräch darüber ab, indem er auf die Aufgabe und die
Anforderungen verweist, denen der Mann in der öffentlichen Welt Pa-
roli zu bieten hat, und tadelt die Gattin, den Mann zu wenig zu lieben
und ihre Pflicht, ihn zu „veredeln", zu vernachlässigen, sobald sie die
Beschwerde hervorbringt. Da die „Harmonie des Ehelebens" sich aus
der rigorosen Befolgung der natürlichen Anlagen und Destination ergibt und Liebe „die Versöhnung zwischen Herrschaft und Unterordnung" ist (a. a. O., 60), können Dissonanzen nur dann aufbrechen,
wenn es der Frau an Liebe mangelt. Durch die konstruierte Affinität
von Liebe und Natur gerät die Abweichung von Naturdetermination
zum Zeichen mangelnder Liebe sowie zum Signum der Denaturierung und wird damit unmoralisch. Womit sowohl die Schuldfrage beantwortet ist als auch nahe gelegt wird, welche Kompetenzen die Gattin zu zeigen hat, um Konflikte gar nicht erst aufkommen, geschweige denn explodieren zu lassen. Sie muss „Schwankungen, welche die
Temperamente, Stimmungen und Zustände von Innen und Außen erfahren", die „unausbleiblichen Disharmonien und Beschwerden des
Lebens", die „Enttäuschungen des Ideals […] immer wieder ausgleichen", „vereinigen" und „versöhnen". Sie soll Konflikte gleichsam
konspirativ entschärfen, um ein „sonniges, harmonisches und wohn-
liches Eheleben" zu gestalten (a. a. O., 60, 305). Misslingt ihr dies,
fehlt es ihr an „Einsicht, Kraft und Mittel" und lädt sie „Gefahr und
Schuld" auf sich. Verantwortlich ist sie nicht nur, wenn sich der Gatte ihr entfremdet. Vielmehr jagt sie ihn durch ihre „Selbstemancipa-
tion" und ihre Unfähigkeit, den Gatten sittlich zu „veredeln", gar „in
einseitige Richtung oder niedere Triebe und Leidenschaften" (a. a. O.,
296, 305). So trägt sie nicht nur die Schuld für die Exzesse des Gatten, sondern verwirkt jedwedes Recht darauf, die Ausschweifungen
anzuprangern. Der Konflikt ist damit keiner, entzieht sich zudem –
wenn man ihn als einen definiert – kommunikativer Lösung, sondern
ist allein eine Sache der Frau und ihrer Gehorsamsverweigerung.

Die Konfliktkompetenz der Frau begrenzt sich folglich auf Eigenschaften und Verhaltensweisen, die ihr vom Naturdiskurs zugeschrieben werden. Sie soll stets „Liebenswürdigkeit" und „Schamhaftigkeit" geltend machen, als „natürlichem Ausdruck der Reinheit ihres
Herzens und Charakters", soll „Keuschheit" und „Sanftmuth und Güte" walten lassen (a. a. O., 302 ff.). Sie soll „Selbstverleugnung im
Eigenwillen" und „Fügsamkeit" ausüben und gänzlich darauf verzichten, von ihrem Gatten Zeichen der Anerkennung zu erhalten.

Streitereien, die aus defizitärer Anerkennung folgten, seien von der Gattin „selbstverschuldet", weil sie im glücklichen Eheleben „niemals fordern kann" (a. a. O., 321). Denn, so können wir ergänzen, die Gattin geht völlig im Liebesdienst auf, verfügt über keine eigene Personalität. Dazu passt, dass Klencke dem Gatten empfiehlt, den Launen der Gattin keine Beachtung zu schenken, sich davor „zu hüten", ihnen und ihren Interessen „große Bedeutung und Wichtigkeit beizulegen" und „überhaupt eine Angelegenheit daraus zu machen" und ihnen nur im Fall der Übertreibung „mit Unnachgiebigkeit" zu begegnen (a. a. O., 315, 317). Sowohl die geschlechtsideologische Herleitung als auch die Autorisation zur Kommunikationsweigerung überträgt Klencke auf den Konfliktbereich der Sexualität. Tauchen im ehelichen Sexualleben Schwierigkeiten auf, sind diese verursacht durch die Frau, nämlich durch „raschen Wechsel zwischen Wärme und Kälte des Herzens, Eigensinn und Willigkeit", mit der sie den Gatten „grausam plagen" kann, sodass ihr eine „Liebkosung abgezwungen" werden muss (a. a. O., 323 f.). Konziliant lokalisiert Klencke für die weiblichen Schwankungen Gründe in der Erziehung. Stimmt diese Diagnose, müsste sich die Gattin umerziehen lassen. Klappt das nicht, misslingt es also, das Übel mittels edukativer Maßnahmen zu beseitigen, wurzeln die Launen in der „frostigen Naturanlage" der Frau (a. a. O., 324 f.). Als Ausweg bleibt dem Gatten dann nur, seine Bedürfnisse anderweitig zu befriedigen oder eben, wie erwähnt, Liebkosungen zu erzwingen. Die „frostige Naturanlage" wiegt schwer, weil Zärtlichkeit und sexuelle Zuwendung beziehungsweise Entzug von beidem (nebst „Tränen") die Hauptmittel sind, die die Gattin im Konfliktfall taktisch einsetzen soll (a. a. O., 325 ff.). Dass diese nonverbalen Maßnahmen, durch Liebkosung zu befehlen und durch Tränen zu ermahnen (a. a. O., 352), nicht als niederträchtige bis erpresserische Strategien gebrandmarkt sind, verdankt sich der „naturwissenschaftlichen" Konstituierung der Geschlechter und der damit biologisierten Codierung von Konfliktherden. Ideologien erzeugen als Handlungsstrategien Ideologeme (die jenseits interaktiver oder kommunikativer Techniken liegen, Standardisierungen und damit unflexibel sind).

Zusammenfassung

Auch dieses Kapitel schließt mit resümierenden Kurzantworten auf die zentralen Fragen.
– Liebesverständnis und Liebeshandeln:
– Was bedeutet Liebe und Lieben? Wie zeige ich als Liebende/Liebender, dass ich liebe?
Liebe und Lieben offenbaren sich im 19. Jahrhundert in der bürgerlichen Ehe als wechselseitige Achtung voreinander – allerdings in geschlechtsspezifischen Varianten. Liebt die Gattin, zeigt sie das in ihrer absoluten Hingabe an den Mann. Sie richtet sich in allem, was sie tut, an seinen Bedürfnissen aus und befolgt die ihr auferlegten Pflichten. Ihre vornehmliche Aufgabe liegt darin, dem Gatten ein idyllisches, sprich harmonisches Heim mit einer heiteren und stets ihm zugeneigten Gattin zu bieten, damit ihr Mann sich von den Strapazen seines beruflichen und öffentlichen Lebens erholen kann. Liebt der Gatte, äußert er das mit materieller Fürsorge. Ihm ist auferlegt, seine Ehefrau zu versorgen und ihr die Rahmenbedingungen dafür zu schaffen, dass sie ihre Bestimmung entfalten kann. Das Ideal der bürgerlichen Liebesehe profiliert die Ehe als eine Gemeinschaft, in der die Gatten wechselseitig ihre Pflichten erfüllen, einander darin unterstützen und jeder seinen Teil dazu beiträgt, ein moralisch und sittlich vorbildliches Leben zu führen.
– Welche Vorgaben liefert die Ideologie der Geschlechterdifferenz in der Liebes-Semantik und folglich im Lieben? Welche Rolle spielen psychologische Erkenntnisse im Liebeshandeln, in der gelebten Gemeinschaft?
Die Ideologie der Geschlechtscharaktere wird auf biologische Grundlagen gestellt. Sie konstruiert Mann und Frau polar, als gegensätzliche Charaktere, die einander in der Ehe ergänzen sollen. Die Geschlechter repräsentieren diametral entgegengesetzte Typen, die in voneinander deutlich unterschiedenen mentalen, psychischen und sozialen Welten leben. Die polare Konstruktion spiegelt sich in der Bestimmung und den Funktionen, die die Geschlechter im Lieben und in der Ehe übernehmen. Die Frau ist reines Gefühlswesen, schwach und dazu geboren, ihre Existenz durch die Liebe zu ihrem Mann zu legitimieren. Die Natur prädestiniert sie dazu, den Sinn ihres Lebens darin zu finden, dass sie ihre Personalität entfaltet, indem sie ihr gesamtes Agieren in den Dienst des Mannes stellt und sich darin auflöst. Sie gibt sich ihm total hin, realisiert darin ihre Prädetermination und manifestiert ihre Liebe. Der Mann erscheint als rationales, be-

herrschtes und zum Herrschen geborenes Wesen. Ihm obliegt die Verantwortung, die Schutzbedürftigkeit der Gattin zu befriedigen und ihr Korrektiv zu sein, wenn sie Fehler macht. Seine Liebe dokumentiert sich demzufolge in dem Maße, in dem er den Anforderungen nachkommt, die ihm die Geschlechtersemantik zuträgt. Psychologische Erkenntnisse spielen im besprochenen Zeitraum noch keine Rolle. Es sind die Ideologie der Geschlechter und tradierte moralische, teilweise noch religiöse Folien, die den Referenzrahmen abgeben und vorgeben, wie Liebe und Ehe Gestalt annehmen.

   – Welchen Stellenwert hat die Liebe?

Liebe als Gefühl ringt in der bürgerliche Liebe und Ehe noch darum, auch für den Mann zu gelten. Die Geschlechterideologie stilisiert die Gattin zum Gefühlsmonopol wie zur Gefühlsspezialistin. Sie muss emotionale Zuwendung zeigen, ihre Liebe in emphatischem und selbstlosem Handeln bezeugen und die eheliche Beziehung als Gefühlsgemeinschaft erschaffen. Der Mann wird zum rationalen und nüchternen Wesen erhoben, dessen originäre emotionale Motive unklar bleiben. Luzide sind allenfalls die Rechte, die er beanspruchen kann, nämlich durch die liebende Fürsorge ein Heim vorzufinden, in dem seinen Wünschen Rechnung getragen wird, in dem er vor Unbill und Ärgernissen geschützt ist und sich ungestört regenerieren kann. Insofern können wir eine sekundäre Motivation vermuten, nämlich die innere Bedürftigkeit nicht nur nach sittlicher Vervollkommnung durch die Gattin, sondern auch sein Bedarf nach einer emotionalen Atmosphäre, die seine Nüchternheit, die er in der Außenwelt demonstrieren muss, kompensiert.

Konfliktverständnis und Konfliktbehandlung:
· Wie zeigt sich ein Konflikt in der Liebesbeziehung?
· Welche Normen werden den Liebenden vorgelegt?
· Welche Gebote resultieren aus der Geschlechtertypologie? Welche Rolle spielen sie im Verständnis von Konflikten, Konfliktgenese und Konfliktbehandlung?
· Welche Empfehlungen, mit Konflikten umzugehen, geben psychologische Konzepte?

Ein Konflikt bricht auf, sobald die Liebenden von den ihnen zugeschriebenen Ge- und Verboten abweichen und damit legitime Ansprüche unbefriedigt sind. Konfliktentstehung und Konfliktmanifestation sind an die Normen gekoppelt, die den Geschlechtern zugewiesen sind. Das Regularium verpflichtet die Gattin auf ein Leben für und durch den Mann. Das bürgerliche Eheideal zeichnet die Ehe als das Forum, in dem die Frau ihre Destination in der Anpassung an den männlichen Charakter und seine Bedürfnisstruktur zu entfalten hat. Weicht sie davon ab, provoziert sie Konflikte und wird zur Schuldigen. Der dem Mann zugeschriebene Charakter und seine Bestimmung exkulpieren den Gatten weitgehend als Mitverursacher ehelicher Konflikte. Die Logik und Charakterologie der Geschlechter sorgen dafür, dass die Frau mit ihrer dominanten Gefühlsmotivation Konflikte heraufbeschwört. Sie macht sich ehelicher Zwistigkeiten schuldig, sobald sie ihrer Aufgabe unangemessen nachkommt oder gar von den Konventionen weiblichen Verhaltens abweicht und dadurch den Gatten missstimmt. Über die Messlatten entscheidet der Mann. Seine Urteile geben den Ausschlag dafür, wann die Gattin durch Verhalten und Ansinnen Disharmonien evoziert.

Analog zur Devianz von geschlechtsspezifischen Aufträgen als Konflikte generierendes Handeln werden Dissonanzen dadurch gelöst, dass sich der Abweichler auf seine Pflichten besinnt und sich ihnen adäquat benimmt. Die Empfehlungen, Konflikte zu handhaben, richten sich vornehmlich an die Gattin, weil sie als Hauptursache ehelicher Streitanlässe stigmatisiert ist. Es ist die Geschlechteranschauung, der die Ratschläge (oder: „Rat-Schläge"?!) entnommen sind. Sie weisen die Gattin an, Konflikten durch gehorsames und altruistisches Verhalten vorzubeugen und auflodernden Unstimmigkeiten die Schärfe zu nehmen und die Flammen zu ersticken. Ihr wird geraten, dies vor allem nonverbal zu tun, nämlich durch „Liebkosungen" und empfindsames, auf den Mann bezogenes Handeln.

Verstehens-Leistung und Anwendungs-Bezug:
– In welcher Weise helfen die Ausführungen für die Gestaltung einer Paarbeziehung heute?
Um Wiederholungen zu sparen, möchte ich auf nur einen Aspekt verweisen, den die Ideologie der polaren Geschlechtscharaktere transportiert. Noch heute kursiert das Diktum, die Frau oder – in gleichgeschlechtlichen Beziehungen – der weibliche Part sei für das Gefühlsleben zuständig, während der Mann, respektive der männliche Part vor allem die Außenbeziehungen zu pflegen hätte. Diese Rollenverteilung gewann in den 70er Jahren des 20. Jahrhunderts insofern an Brisanz, als ab damals die Frauen als Scheidungen oder Trennungen Antreibende bemerkbar wurden – und zwar mit der Klage, der Geliebte entziehe sich nahezu vorsätzlich sowohl der Aufgabe, die Beziehung zu intensivieren, als auch der Notwendigkeit, über Gefühlsfragen in der Liebesbeziehung zu sprechen. Damit verbinden

sich zwei Gesichtspunkte: das Sosein von Frau und Mann und daraus folgend die Art oder der Stil der Kommunikation sowie die Themen. Die Argumente, die der Mann zu seiner Verteidigung noch aktuell anführt, entspringen der Verinnerlichung jener Eigenschaften, die die Geschlechterideologie annimmt. Das klingt dann etwa so: „Naja, ich kann halt nicht so über Gefühle reden. Schließlich bin ich ein Mann. Und außerdem habe ich das nicht gelernt. Es klappt doch auch alles. Ich weiß gar nicht, was du hast. Was sollen wir über unsere Beziehung reden?" Die Argumente der Frau zur Verteidigung ihrer Forderung, der Mann möge sich der „Gefühlsarbeit" genauso stellen, verdanken sich ebenfalls der besagten Semantik, nur invers oder umgekehrt gewendet. Und das Muster sieht etwa so aus: „Ich reagiere sensibler als du auf Stimmungen zwischen uns. Ich bin schließlich eine Frau, und Frauen sind Männern in Gefühlsdingen sowieso überlegen. Nur habe ich keine Lust mehr, allein zuständig dafür zu sein, dass es in unserer Liebe stimmt. Du musst auch deinen Anteil tragen und wenigstens mit mir über unsere Beziehung sprechen." – Solche und ähnliche Dialoge entlarven ein offenkundig tief verankertes Muster, einen Stempel, dessen Farbe als ausgetrocknet galt. Doch er hinterlässt Abdrücke. Die Struktur der Problematik, die sich in Gesprächen wie dem Beispiel oben eingeschlichen hat, dokumentiert, dass zentrale Setzungen der Geschlechtercharakterologie mehr als nur Rudiment oder Relikt sind. Vielmehr gelang es ihnen über den Weg der Sozialisierung und Kulturisation, sich in den Seelen der Menschen solchermaßen zu verhaken, dass wir heute noch – unbemerkt oder unbewusst – Wünsche und Forderungen begründen mit einem Gedankengebäude, das wir zerstört dachten. Und auch hier gilt: Wissen und Erkennen ermöglichen zumindest, sich neu zu entscheiden!

Liebe ist für die Frau Hingabe an den Mann und für ihn Hingabe an sein Potenzial – die Frau liebt den Mann, der Mann liebt sein Leben, manchmal beide einander. Liebe bis in die 40er Jahre des 20. Jahrhunderts

Überblick

Historisches Panorama

Mit dem Blick auf Liebesauffassungen, Eheideal und Frauenbild wechselten in dem Zeitraum von grob 50 Jahren Fortschritt, Stagnation und Rückschritt einander ab (z. B. Böhme 1979; Brehmer et al. 1983; Gerhardt 1979; Hörning 1971; Ostner/Pieper 1980; Rosenbaum 1980; Schenk 1987; Weiland 1983). Während und nach dem 1. Weltkrieg wurden Frauen massenhaft in den Produktionsprozess eingeschleust und bewiesen so, dass sie „ihren Mann stehen" konnten. Parallel dazu stärkten der bürgerliche und proletarische Zweig der Frauenbewegung das weibliche Selbstbewusstsein, in dem sich emanzipatorische Bestrebungen sowie die Überzeugung regten, dass die patriarchalische Struktur von Ehe und Familie anachronistisch und damit obsolet sei. Allerdings blieb dies nicht von Dauer. Nach 1918 gelang es, die Frauen an den Herd zurückzuschicken und ihre Deautonomisierung einzuleiten. Im Verlauf der Herrschaft der Nationalsozialisten kulminierte dieser Prozess darin, die Frau zur geborenen Hausfrau und Mutter rückzuverwandeln. Als die Frauen während des 2. Weltkriegs wieder im Produktionsprozess vertreten waren und ihnen nach Beendigung des Krieges ihre Leistungen für den Wiederaufbau nicht abgesprochen werden konnten, erwachten die emanzipatorischen Impulse zwar aus ihrem Schlummer und Frauen begannen, Ansprüche – gerade in Sachen Liebe und Ehe – zu stellen. Dennoch war auch diese Belebung nur kurzfristig. Die Zersetzung tradierter Normen und Werte verunsicherte die Menschen, und sie erlebten – wieder einmal – ihr Umfeld als anomisch und chaotisch. Auf der Suche nach Orientierung und Halt besannen sie sich auf Vertrautes und Althergebrachtes. Dies betraf Liebe und Ehe in besonderem Maße. Mann und Frau kehrten in den Schoß der patriarchalisch geführten Ehegemeinschaft zurück. Diese Umkehr zum Tradierten wurde ab den späten 40er Jahren praktisch brisant, weil die Kluft zwischen Eheideal und Ehepraxis eheliche Spannungen erhöhte.

Trotz oder gerade wegen der erheblichen Unruhen in der gesamtgesellschaftlichen Szenerie blieb die bürgerliche Ehe nach dem 1. Weltkrieg auf den ersten Blick, was sie war: eine auf den Mann bezogene, seine Dominanz erhaltende und geschlechtsideologisch festgezurrte Lebensgemeinschaft. Daran änderte auch die Frauenbewegung nichts. Die technische Entwicklung arbeitete der beherrschenden Stellung des Mannes noch zu. Denn die technischen Innovationen brachten den Frauen Erleichterungen im Haushalt und ermöglichten es umso mehr, sie in den unsichtbaren Hintergrund zu drängen. Die Interpretation, Hausfrauentätigkeit sei Liebesdienst und nicht Arbeit, sowie die Verpflichtung und Verantwortung, die Kinder zu erziehen, schoben die Frau immer weiter in das Haus hinein. Sowohl die Ideologie der Geschlechtscharaktere als auch die Pädagogisierung der Erziehung schotteten die Frau im häuslichen Geschehen ab. Der Mann war draußen, die Frau drinnen. Sie lebten in völlig unterschiedlichen Welten, wobei galt: Der Mann kann, wenn er will, auch ohne Gattin leben – er verwirklicht sich in der Welt des Berufs und der Öffentlichkeit; die Frau kann aber nicht ohne Gatten leben, weil sie dazu vorgesehen ist, im Dienst des Gatten ihren Lebenssinn zu finden.

Zunächst unmerklich und diffus geriet das Gebäude um die Wende zum 20. Jahrhundert in Bewegung. Gerade die Verbannung der Frau schlug ungewollt in ihr Gegenteil um. Das biedermeierische Frauchen gewann mit wachsender Entlastung von haushälterischen Anstrengungen und unter dem Einfluss der Frauenbewegung Gelegenheit hinzu, über die eigene Situation nachzudenken. Früchte dieser Muße waren zwar einerseits Putzsucht und das Xanthippe-Syndrom, aber auch offene Unzufriedenheit. Flankiert von der medizinisch, eugenisch (im Sinne der Volksgesundheit) und freudianisch inspirierten Aufwertung der Sexualität als einer bedeutsamen Komponente von Liebe und Ehe artikulierte die bürgerliche Frauenbewegung die weibliche Verärgerung und engagierte sich für die Liebesehe, für Frauenrechte und Frauenberufe. Unter dem Einfluss frühromantischer und psychoanalytischer Impulse postulierten sie eine neue Liebe. Dieses Liebesideal forderte zum einen eine Liebe in Freiheit und Echtheit, sozusagen authentische Liebe. Zum zweiten verknüpften die Frauen

ihre Liebesvision – und das war ein Novum – damit, ihre weibliche
Sexualität entfalten zu dürfen. Als rüttelte diese Erweiterung nicht
schon genug am bürgerlichen Liebes- und Eheideal, trumpften die
Frauen noch mit dem Hinweis auf, dass das Ausleben weiblicher Erotik und ehelicher Sexualität als gemeinsames Erleben unmittelbar
Auswirkungen auf das psychische Wohlbefinden und die Qualität der
ehelichen Beziehung hätten. In diesem Diskurs schlagen zwei Entwicklungen zu Buche. Um die Jahrhundertwende sorgte Sigmund
Freud mit seiner „Entdeckung der Sexualität" und ihrem Stellenwert
für psychische, „hysterische" Erkrankungen oder Störungen gerade
im Bürgertum für Furore. Seine Erkenntnisse und Sichtweisen, die er
im Rahmen seiner psychoanalytischen Theorie publizierte und therapeutisch einsetzte, sickerten in das Alltagsbewusstsein der Bürger ein
und lösten vor allem in der Frauenbewegung sowie in der sozialisti-
schen Strömung turbulente Diskussionen aus. Ihr gemeinsamer Nenner war die Kritik der bürgerlichen Moral und hier im Besonderen die
Sexualmoral. Nach dem 1. Weltkrieg hatte sich die Szenerie insofern
verändert, als in weiten Teilen der Bevölkerung Sexualität von Ehe
entkoppelt war. Das Zusammenleben von Mann und Frau befreite von
der Prämisse, dass sexuelle Zuwendung Ehe bedinge und vice versa
und diese wiederum gesicherte Verhältnisse. Vielmehr sei, so die Devise, eine Liebesbeziehung auch ohne Ehe möglich. Die vernichten-
de Kritik geißelte sowohl den Korsettcharakter, den die Ehe für die
Frau hatte, als auch die Ungleichheit der Geschlechter in der ehelichen Gemeinschaft. Beides stand einer „freien" Liebe und Ehe im
Wege. (Diese Diskussion wurde in Mittel- und Nordeuropa sowie in
Russland und den USA geführt, vgl. Schenk 1987, 162 ff.)

Im ersten Jahrzehnt des neuen Jahrhunderts entwickelte sich die
Disziplin der Sexualwissenschaft, die zunächst noch konservativ aus-
gerichtet war und dem Codex der Geschlechterideologie folgte. Die
Integration biologischer und vor allem psychologischer Aspekte be-
tonte eher technische Aspekte der Sexualität wie biologische Disposition und Konstitution der Geschlechter und nahm Möglichkeiten der
Verhütung ins Visier (van de Velde 1926). In den ersten zwei Jahrzehnten wurden Eheberatungsstellen gegründet, bei denen zuerst ge-
sundheitspolitische Zwecksetzungen im Vordergrund standen, deren
Themen indes sukzessive um Sexualberatung, Empfängnisverhütung
und juristische Fragen erweitert wurden (z.B. Beckel 1969; Fetscher
1927; Halberstadt 1983; Marcuse 1927; Scherer/Dornreich 1956). Die
Beratungsstellen trugen zu einer Liberalisierung von Sexualität bei,
sodass selbst das Thema der vorehelichen Sexualität seinen Weg in

ein öffentliches Forum fand (eindrucksvoll hier die Frauenzeitschriften, z.B. Die Frau, 1905 ff.; Der Mutterschutz, 1905 ff.; Die Neue Generation, 1908 ff.). Diese die alten Ketten sprengenden Bestrebungen hätten den Anfang markieren können, sich der Krallen der überlieferten Geschlechterfestschreibung zu entledigen. In den 20er Jahren sah es so aus, als gelänge das Unternehmen. Der Krieg hatte eine Verselbstständigung der Frauen, auch in ökonomischer Hinsicht, erzwungen. Er beförderte das weibliche Selbstwertgefühl und provozierte Forderungen, die Frauen vorher kaum auszusprechen gewagt hatten. Er hatte ihnen gezeigt, zu welch „männlichen" Leistungen sie fähig waren. Insofern nahmen sie (vorübergehend) als aktive Akteure am öffentlichen Leben teil und gestalteten es mit. Zudem intensivierte sich im gesamten sozialen Leben die im vorangegangenen Jahrhundert begonnene Individualisierung. Sie spornte die vehemente und unübersehbare Parteinahme für die weibliche Perspektive genauso an wie die Betonung und Aufwertung persönlicher Glücksbedürfnisse – und zu diesen gehörte wesentlich ein Lieben und Eheleben, das beide Geschlechter zufrieden stellte und glücklich machte. Der emanzipatorische Feldzug führte zu einer Krönung, die in einer Synthese bestand. Selbstverwirklichung auch der Frau, ihr Recht auf einen Beruf und eine eigene Sexualität verschlangen sich mit den traditionellen Diskurselementen von Gattin und Mutterschaft.

Der Befreiungsschlag nahm die Rhetorik der Liebesehe beim Wort und ließ als einzig wahres Motiv, eine Ehe zu schließen, nur die Liebe gelten. Die Liebesehe wurde zum sittlichen Ideal erhöht.

Doch folgte dem Pathos Ernüchterung im Gewand restaurativer Tendenzen, denen sich die bürgerliche Frauenbewegung bald anschloss. Insbesondere wandte sie sich von der Idee der partnerschaftlichen Eheführung und freizügiger Sexualmoral ab und den traditionalen weiblichen Tugenden wie Keuschheit und Gattinnen-Dasein zu. Der Aufbruch hatte (diesmal) keine Zukunft und gerann zur Kapriole. Vermutlich erschienen die emanzipatorischen Anstrengungen als zu gewagt in einer Zeit, in der die Menschen aufgrund des gesamtgesellschaftlichen Bebens unsicher waren, an welchen Normen sie sich orientieren konnten. So verlockte der Weg in eine traditionelle Ehe, die persönliches Glück, Sicherheit, Geborgenheit und Lebenssinn geben sollte. Die Institution Ehe, so Erwartung und Anspruch, schützte vor jenen Folgen des individualistischen Zeitgeistes und der soziokulturellen Wirrungen, die als destruktiv, zumindest verunsichernd empfunden wurden. Auf der Basis dieser Motivlage wurden Wirtschafts- oder Vernunftehen noch bis in die 40er Jahre geschlossen, neben jenen Ehen, innerhalb deren sich die Gatten als liebendes Paar begriffen. Bezüglich der proletarischen Ehe wurde die Verbürgerlichung ihres Eheideals fortgesetzt und erfolgreich zu Ende geführt. Das Einnisten des bürgerlichen Ideals erschien als Konsequenz aus den bereits erwähnten Merkmalen der Lebenssituation. Notlagen und die weitgehende Auflösung verwandtschaftlicher Kohäsion sowie damit verbundene soziale Desintegration bestärkten die Sehnsucht nach einem friedlichen Ort. Die gesellschaftsweite Etablierung der Gattenfamilie und die verbreitete Lektüre von Eheratgebern flankierten den Siegeszug der bürgerlich-romantischen Eheidylle. Allerdings führte der Ehrgeiz, die gesamte Semantik in das Alltagsleben zu übersetzen, zu großen Schwierigkeiten, weil die proletarische Ehe die materiellen Voraussetzungen nicht erfüllte, die die Verwirklichung des Vorbilds benötigte (z. B. Ferch 1913; Soder 1980). Bis weit in das 20. Jahrhundert hinein verharrte die Arbeiterehe in dieser konfliktreichen Zwangslage, die durch die Ökonomie knapper Mittel, beengten Wohnraum, wenig Bildung und bürgerlicher Ideologie gekennzeichnet war. Der Hiatus zwischen Anspruch und Wirklichkeit rief fast programmatisch Spannungen hervor, die im Vergleich zum Bürgertum dramatische Züge aufwiesen. Ließen Bürger Konflikte bestenfalls als Knistern im Ehegebälk zu, musste man im proletarischen Milieu vor Explosionen und Einstürzen Deckung suchen.

Krise der Ehe

Das Reden über Ehe war eine Debatte über die Krise der Ehe. Der elegische Gesang, den Untergang der Ehe prophezeiend, entzündete sich an einer Vielfalt von Hoffnungen, Diagnosen und Entwürfen, die die Propheten in zwei Lager spalteten. Die Vertreter der einen Partei schlussfolgerten aus der düsteren Diagnose vom Niedergang der Ehe, dass allein die Rückkehr zu alten Zeiten und damit die Reinstallation der bürgerlichen Ehefassung aus dem 19. Jahrhundert die Rettung sein könnten. Repräsentanten der anderen Richtung postulierten neue Eheformen. Beide gingen von der gleichen Beobachtung aus (z. B. Bovet 1959, 1969; Kaufmann 1988; Karlweis 1925; Keyserling 1925; Malina 1959; Weber 1929, 1938). Der Wirbel gesamtgesellschaftlicher Umbrüche fegte altehrwürdige Werte hinweg, ohne neue an ihre Position zu setzen. So entstand eine Lücke, die erst im Laufe der Zeit mit Alternativen aufgefüllt wurde. Die Zäsuren ergriffen die Ehe insofern, als das bürgerliche Eheideal infolge veränderter Rahmenbedingungen und gewandelter Ansprüche in Frage gestellt wurde. Unter anderem ließ das neue Selbstbewusstsein vor allem der erwerbstätigen Frauen die Scheidungsziffern in die Höhe schnellen, sodass die Unauflöslichkeit der Ehe faktisch als Relikt der Vergangenheit angehörte. Simultan wurden vermehrt Liebesehen geschlossen und an die Ehe individualisierte Ansprüche herangetragen. Dies führte zu einer Überfrachtung der Ehe und Überforderung der Gatten. Die Lockerung verwandtschaftlicher Bande, der Wegfall äußerer Zwänge, die Privatisierung und Emotionalisierung der Partnerwahl und die Erwartung, in der Ehe erfüllten sich persönliche Sehnsüchte, labilisierten die Ehe. Zusätzlich strapazierte die Wertung, eine glückliche Ehe bedinge eine beglückende Sexualität. All diese Faktoren trugen neben der Verunsicherung und der Suche nach Orientierung dazu bei, dass der Ehediskurs zunehmend mit psychologischen Erkenntnissen und Begriffen bestückt wurde. Während auf dem Sektor Sexualität die Psychoanalyse Sigmund Freuds die fraglichen Kategorien und Denkfiguren lieferte, gab die Analytische Psychologie Carl Gustav Jungs in ehephilosophischen und ehepolitischen Fragen den Ton an (Jung 1925, 294 ff.).

Der restaurativen Replik auf die Ehekrise opponierte eine progressive. In den 20er Jahren schwappte die Diskussion über die „Kameradschaftsehe" (Lindsey/Evans 1930) in den deutschsprachigen Raum. Der Pionier, Ben Lindsey, fand schnell Apologeten (z. B. Wolf 1928). Die Kameradschaftsehe hob die prinzipielle Gleichwertigkeit von Mann und Frau hervor. Die Frau rangierte nicht mehr als Liebesdienerin, sondern „als ebenbürtige Kameradin des Mannes" (a. a. O., 63). Das Kameradschaftskonzept sah die Möglichkeit der Scheidung vor, weil „Mann und Frau bei Eingehung der Ehe niemals völlige Gewissheit darüber haben können, dass sie auf Dauer zusammenpassen und glücklich sein können" (Lindsey/Evans Nachdruck 1966, 11). Der Entwurf zerbrach ein weiteres Tabu, indem er außereheliche Freundschafts- und Sexualbeziehungen nicht nur zuließ, sondern sogar empfahl, da „Ehebruch als Heilmittel gegen Scheidung" fungieren könne (a. a. O., 48). Anlass für die These, Untreue verhindere Scheidung, war die Abkehr des Kameradschaftsideals von der – damals grassierenden – Fixierung auf eheliche Sexualität als Liebesindiz, als Konfliktlöser und Qualitätsmaß für die Ehe (dazu später mehr). Ferner speisten sie die Kritik an der Ungleichheit der Geschlechter in der Ehe, vor allem an der Positionierung der Gattin als Dienstleisterin in ihr Modell ein und bekämpften die Mentalität von

der Frau als Besitz des Mannes. Die Begründer der Kameradschafts-
architektur beobachteten, dass in den Mittelschichten gegen die bürgerliche Fassung einer idealen Ehe Sturm gelaufen wurde, und inter-
pretierten dies als Reaktion auf die Unvereinbarkeit von Ideal und
praktischem Leben. Daher werteten sie den Rang von Untreue als
Chance um, nämlich als Möglichkeit, Vernunft und Gefühl zu-
sammenzubringen; sie banden Untreue an das Einverständnis des betroffenen Eheteils und unterstützten diese Angst und Empörung neh-
mende Umdeutung, indem sie Ehebruch terminologisch neutralisier-
ten und von „intimen Freundschaften" sprachen.

Diese Ansicht drang kaum in die Welt der gelebten Ehe ein. Sie
musste vor den Toren des herrschenden Eheentwurfs umkehren, da
sie im damaligen Deutschland mehr oder minder im Sand der ge-
schlechtspolaren Ideologie versickerte, die mit zeitlicher Nähe zum
Nationalsozialsozialismus biologistisch eingefärbt und zu einem Re-
sonanzboden für rassehygienische Auslassungen und Praxis wurde.

Liebe und Ehe im Nationalsozialismus

Die nationalsozialistische Version der idealen Ehe reicherte die
klassische Geschlechterpolarität um biologistische Facetten an, nahm
die Ergänzungsvision der frühromantischen Liebe auf und stellte das
Konzept in den Diskurs über die arische Rasse (z. B. Beeking 1938).
Demnach verkörpert der Mann physisch „das kraftvolle, schaffende,
zeugende und führende Prinzip". Seine psychische Disposition profiliert seinen „Grundwesenszug", der ihn zum „Schöpferischen, Akti-
ven" macht (a. a. O., 13 f.). Er ist „nach außen" orientiert, betrachtet
Haus und Heim „nur als Teil seiner Welt" und ist „Pionier der Kultur". Bei ihm dominiert „nüchterne verstandliche Zergliederung",
weshalb er ein „lebendiges Interesse für Abstraktes" hat (a. a. O.,
14 f.). Im psychosexuellen Bereich ist er aktiv, trennt er Seelisches
und Physisches, orientiert sich auf Sinnlich-Sexuelles und bedarf geringer psychophysischer Reizung (a. a. O., 73, 18 f.). Seine leichte
Erregbarkeit, seine leidenschaftliche Wildheit ebenso wie seine Sach-
lichkeit benötigen die „eheliche Liebe als Formungskraft" und die
Ehe als Institution, die die „Geschlechtsgemeinschaft" als „vollkom-
menste und ausgeprägteste Ich-Du-Gemeinschaft" begründet, in der
der Partner zum „Grundthema des tiefsten Sehnens und Strebens"
avanciert (a. a. O., 19, 13, 31 ff.). In dieser Gemeinschaft findet der
Mann, was er braucht, um sich sittlich zu vervollständigen und zum

„ganzen Menschen" zu werden, nämlich „einzigartige Anregung und
geistige Befruchtung", Fürsorge und geregelte Sexualität (a. a. O.,
32 ff.). Er soll sich aber nicht im wohligen Nest festsetzen, sondern
seine „starke geistige Vitalität" entfalten, ferner an der „Vertiefung
und Durchformung" der ehelichen Beziehung arbeiten. Keinesfalls
darf er sich zum „Pantoffelhelden" degradieren lassen oder in „Abhängigkeit und Hörigkeit" verfallen, sondern muss als „Haupt" gleich
einer Galionsfigur schon von ferne erkennbar sein (a. a. O., 4).
Die Frau wird als Gegenpol erschaffen – prädestiniert, dem Mann
zu dienen, „Ja" zu sagen zur Ausbildung seines personalen Seins
(a. a. O., 76) und ihrer Bestimmung zur Mutterschaft nachzukommen.
Das weibliche Dasein und ihre Persönlichkeit entfalten und erschöp-
fen sich darin, Mutter, Geliebte und „Gestalterin und Hüterin" von
Ehe und Familie zu sein. Diese häuslich markierte Welt regiert sie
„mit Feinempfinden für Sittlichkeit" (a. a. O., 76). Die Sexualität der
Frau ist – entgegen der des Mannes – an Liebe und die Person des
Gatten gebunden. Wird sie untreu, stellt sie die Liebe in Frage. Der
Mann liebt die Liebe, die Frau liebt den Mann. Erst in den 50er Jahren wird Sexualität als Liebesbeweis auf den Mann ausgedehnt. Zudem ist die Frau, was sie ist, „ganz und gar", „gut oder schlecht". Die
Frau ist Gefühlswesen, intellektueller Tieffflieger und verfügt als nicht
intelligibles Wesen weder über die Fähigkeit, scharfsinnige Überlegungen anzustellen (das setzte ja abstraktes Denken voraus, dessen
sie allerdings nicht mächtig ist), noch darüber, ihre Persönlichkeit dif-
ferenziert zu entfalten. In ihren grauen Zellen wohnt Intuition statt
Verstand, und „an die Stelle der Logik des Intellektes [tritt] die Logik
des Instinktes" (a. a. O., 55 f., 16). Der Koinzidenz von Emotionalität, Instinktgeleitetheit und Suggestibilität entwachsen denn auch
„oberflächliche Beurteilung der Dinge, Neigung zu Äußerlichkeit,
Tand und Putzsucht" (a. a. O., 61, 63, 79 ff.). Was hier noch biologisch verbrämt erscheint, wird in den 50er und 60er Jahren in einen
psychologisierten Diskurs überführt. Putzsucht und dergleichen werden dann als Symptom, als Ausdruck seelischer Defizite und über-
kompensatorischer Bestrebungen gedeutet.
    Sowohl im sexuellen Bereich als auch im psychischen program-
miert dieses Ideal Konflikte vor. Düstere Wolken ziehen sich bereits
wenige Jahre nach Kriegsende am Ehehimmel zusammen. Noch kün-
digen sich Donner und Blitze des Ungewitters erst an.

132 Liebe bis in die 40er Jahre des 20. Jahrhunderts

Ehe und Eherecht

Im Eherecht des Bürgerlichen Gesetzbuches legten die traditionalen und neuen Tendenzen Spurrillen. Einerseits schrieb das BGB die Ehe als eine überindividuelle Gemeinschaft, als Institution fest. Ihr lag die Vorstellung einer „ihren Zweck in sich selbst tragenden, von sittlichen Grundsätzen bestimmten Verbindung" zu Grunde (Dörner 1974, 70). Auf der anderen Seite eröffnete das BGB individuelle Spielräume. Es verzichtete darauf, die geschlechtsspezifischen Pflichten und Rechte hervorzuheben, und begnügte sich mit dem abstrakten Begriff der „Lebensgemeinschaft". Die leitende Einsicht war, dass der „sittliche Gehalt der Ehe", also das Geflecht legitimer und legaler Verhaltenserwartungen, moralischer Verantwortung und ehelicher Kommunikation nicht kasuistisch, in einer detaillierten Aufzählung dargestellt und katalogisiert werden konnte. Das Umschwenken von einem kasuistischen, einzelne Richtlinien und Gebote formulierenden Recht (noch im ALR) auf einen abstrahierend-generalisierenden Stil betraf übrigens das gesamte Rechtswesen (Larenz 1980, 21 ff.).

Das BGB trug sowohl dem idealiter gewichtigen Rang der Gefühle als auch der Individualisierung der Ehe zudem insofern Rechnung, als es die Scheidung der Gatten nach dem Verschuldungsprinzip vorsah. Eine Trennung wurde im Gesetzestext konzipiert „als Sanktion auf eine wissentliche und willentliche Missachtung der gegenüber dem Partner bestehenden Pflichten. Damit macht das Gesetz eine Trennung allein von Störungen in den persönlichen Beziehungen der Gatten abhängig; ein objektiver, dem Einflussbereich der Eheleute entzogener und die Erfüllung etwaiger Ehefunktionen verhindernder Vorgang kann dagegen nicht mehr zur Scheidung berechtigen, da vom Standpunkt der bürgerlichen Ehelehre die Ehe als gefühlsgeprägte Lebensgemeinschaft [...] nicht zur Erreichung bestimmter Zwecke eingegangen wird" (Dörner 1974, 109). Das ergänzende Ehegesetz von 1938 fügte den Scheidungsgründen das Zerrüttungsprinzip hinzu. Dieser Grundsatz fungierte als Generalklausel, die es ermöglichte, die Logik der individualisierten Betrachtung und Abwägung durchgängig anzuwenden, indem sie „die mannigfaltigen Störungsquellen", die zur Zerrüttung führen konnten, berücksichtigte (ebd.).

Ratgeber

Ab der Jahrhundertwende kursierten neben den immer schon ver-
legten konfessionellen zwei neue Akzente in der säkularen Ratgeberliteratur. Neu auf dem Markt erschienen Bücher, die sich explizit an
die Arbeiterklasse wandten und jene, die sich vorwiegend mit dem
Thema Sexualität befassten. (Das diesbezüglich populärste und bis in
die 60er Jahre verlegte Buch >Die vollkommene Ehe< [1923] von Th.
H. van de Velde werden wir aus unserer Analyse ausklammern. Es beschäftigt sich ausschließlich mit biologischen Erklärungen und sexuellen Praktiken in der Ehe. Wenn dies auch ein Datum für den auf-
geblähten Stellenwert der Sexualität ist, zeigt sich das Werk für unser
die eheliche Sexualität überschreitendes Erkenntnisinteresse als zu
wenig einschlägig. Angemerkt sei, dass das Buch als Paradigma für
die Vereinbarung geschlechtsideologischer, traditionaler Komponenten und dem Zugeständnis weiblicher Sexualität gelesen werden
kann.)

Nicht zuletzt aufgrund der Wirkung rassehygienischer und eugeni-
scher Interessen im Namen der „Volksgesundheit" thematisierten die
zunehmend von Ärzten verfassten Ehebücher in erster Linie Körper-
lichkeit und Sexualität. Diese Gewichtsverlagerung von sozialen Um-
gangsformen auf Leiblichkeit wurde begleitet von einem Boom an
Eheberatungsstellen, die primär eugenische Beratung betrieben
(nachzuvollziehen etwa anhand der Frauenzeitschriften >Die Frau<,
>Neue Ethik< sowie der Zeitschrift >Neue Generation< Nr. 22–24,
28; vgl. auch Halberstadt 1983; Marcuse 1927; Maues 1924).

Den Ratgebern gemeinsam war das Bemühen um Aufklärung und
Belehrung, während sie in der Gewichtung ehelicher Sexualität und
geschlechtsspezifischer Codierung durchaus Unterschiede aufwiesen.
Im folgenden Abschnitt sollen drei Ratgeber stellvertretend die drei
Hauptausrichtungen bezeugen. Hans Bergner repräsentiert jene Strömung, die eheliche Sexualität primär in den Kontext rassenpolitischer
Ambition einbettete und die klassische Geschlechtercharakterologie
mit dem romantischen Bild der Vereinigung verwob. Das Ehepaar
Emilie und Paul Fried ziehen wir als Zeitzeugen für jenen Zweig heran, der einen Schritt aus der Charakterologie herauswagte, indem der
Frau ein eigenes Sexualempfinden und Sinnlichkeit zugesprochen
wurden. Die eheliche Sexualität erhielt zudem „ehepolitische" Relevanz und reüssierte zum Medium und Signum ehelichen Glücks. Die
genannten Ratgeber transportieren eheideologische Botschaften in
den ersten knapp drei Jahrzehnten. Wir machen dann einen Sprung in

die 40er Jahre zu Richard Drews, der den herannahenden neuen Zeitgeist repräsentiert, sowohl inhaltlich als auch der Form nach. Zwar schwebt über seinen Ausführungen noch die Wolke der traditionalen Geschlechteranschauung. Aber sie lässt Morgenrot hindurch. Zaghaft noch bricht der Autor auf zu neuen Ufern, die das Verhältnis der Gatten zueinander verändert beschreiben. Drews adressiert ausdrücklich den Mann – was an sich bereits ein Novum ist. Er gibt der Ahnung Ausdruck, der Gatte täte wohl daran, die partikulare Bedürfnisstruktur der Frau zu berücksichtigen, und enthebt sie der Vorstellung, ihre Existenz ausschließlich als Dienerin ihres Mannes zu bestreiten. Zwar bleiben auch bei diesem Autor die geschlechtsspezifischen Dispositionen Ausgangspunkt und Anker der Erörterungen. Dennoch entfernt er sich von der Striktheit der Anwendung und wagt, (zulässige) Nebenpfade einzuschlagen. Beispielsweise untersagt er dem Mann, seine ihm (wenn auch wesensmäßig) zukommende Burschikosität und Unbeherrschtheit an der Gattin auszulassen, und bringt den Mut auf, eheliche Konflikte als Ereignisse zu beachten, die das eheliche Glück bereichern und sichern können – selbstverständlich unter klar artikulierten Voraussetzungen.

Hans Bergner

Bergner ist Arzt und nennt sein 1922 verfasstes Buch: >Die Ehe. Ärztliche Ratschläge und Belehrungen<. Dass dieses Werk 25 Auflagen erlebte, belegt eindrucksvoll, wie stark seine aufklärenden und belehrenden Auslassungen zur ehelichen Sexualität und zum ehelichen Glück nachgefragt wurden.

Der Autor begreift eheliche Sexualität vor allem als Angelegenheit der Frau in ihrer Funktion als Verwöhnende und immer Attraktive. Um dies zu erreichen, gibt er ihr „Techniken" an die Hand, die das Erscheinungsbild, den Phänotypus der Gattin in Augenschein nehmen. Es sind Empfehlungen an körperliche Hygiene, Gymnastik, Kleidung und Verhaltensgebote (a. a. O., 39 ff., 49 ff., 76 f.). (Die dargestellten Techniken sind unterlegt mit rassehygienischer Einstellung und richten die Ratschläge an die Frau entsprechend aus. Da sie unseren thematischen Fokus bestenfalls am Rand berühren, vernachlässigen wir sie.)

Bergner schiebt der Gattin die Letztverantwortung dafür zu, dass sich der Gatte rundum zufrieden und glücklich fühlt. Damit die Frau ihm das gewährt, lenkt der Autor ihre Aufmerksamkeit auf den se-

xuellen Anteil des männlichen Wohlbefindens. Der Gattin wird ein
Spagat aufgenötigt. Sie soll auseinander halten, was zusammengehört. Einerseits nämlich schwelgt sie in Gefühlen und Sehnsucht und
„[möchte] so gern jeden Tag Liebe um Liebe tauschen", während sie
andererseits gleichzeitig die Rolle der dienstleistenden Sexualpartne-
rin spielen soll, „keusch" und zurückhaltend zu sein geheißen ist und
keine „Begierden" zeigen darf. Vielmehr „dulde [sie], dass der Mann
ihre Reize genieße, aber sie zeige nicht, dass Begierden in ihr toben,
die ihre Würde, ihre Achtung vermindern würden" (a. a. O., 49, 58).
Denn eine sinnliche Frau vermöge nicht, „seine Liebe in gleichem
Feuer zu erhalten" (ebd.). Salopp: Eigentlich (im wörtlichen Sinne)
ist die Frau in erotischer Hinsicht Vamp, muss sich aber, aus sittlichen
und aus Gründen immer währender Anziehungskraft, als Jungfrau tar-
nen. Dass ihr genau daraus ein Vorwurf gemacht wird (und „Hexen"
unter anderem infolge dieser Paradoxie verbrannt wurden), sei nur
beiläufig erwähnt.

Bergner bewertet eheliche Sexualität bei aller Bedeutsamkeit noch
nicht als Garantieschein für eine glückliche Ehe und gesteht ihr auch
die Kompetenz noch nicht zu, mediatisierend Konflikte zu lösen. Sein
Katalog für eine „gelingende Ehe" entspringt seinem Eheideal als
Vereinigung von „sinnlicher Liebe" und einer „regelrechten guten
Kameradschaft". Im selben Atemzug konzediert er, dass eine Ehe, die
nur eine der beiden Komponenten realisiert, glücklich sein kann. In
jedem Fall gilt, dass „für eine Liebe auf Dauer [...] die Treue die un-
verbrüchliche Vorbedingung [ist]" (a. a. O., 9, 11, 16). Zudem
„[muss] man sich gegenseitig verstehen". Dieses Postulat ist dem bürgerlichen Harmoniemodell verpflichtet und zeichnet sich durch die
Abwesenheit von Konflikten aus (siehe a. a. O., 30). Liebende müssen einander wortlos und blind verstehen; denn ihre Verständigung
wird nicht verbal-kommunikativ, sondern behavioral hergestellt. Die
Liebenden „haben einander anzupassen; wo das gelingt, werden sich
auch viele Gegensätze stillschweigend ausgleichen". Nicht das Sich-
Auseinander-Setzen-mit, sondern Angleichung ist das Gebot der
Stunde. Dissonanzen sollen über Verhalten überbrückt, ja getilgt werden. Die Semantik ehelicher Harmonie brandmarkt Unstimmigkeiten,
gar Streit, als Makel per se. Adaption und Assimilation, Anpassung
und Angleichung, werden zu konditionalen Voraussetzungen und zu
Konstituenzien einer glücklichen Ehe stilisiert. Willigkeit und Erfolg
dieser Leistungen entscheiden über die Qualität der Ehe. Wer liebt,
streitet nicht, und wer streitet, der liebt nicht – so die dem Harmoniemodell innewohnende Kausalität. Dem Lieben wird untergeschoben,

Konflikthaftes bereits im Vorfeld auszuräumen, genauer: zu verhindern. Liebe als Zeichen von Reibungslosigkeit und umgekehrt. Liebe als Medium ehelichen Friedens. Liebe und Ehe werden damit nicht individualistisch konzipiert, sondern einer idealen Beziehungslogik integriert. Ziel von Liebe und Ehe ist es, eine glückliche Ehe zu leben und der Institution Reverenz zu erweisen, weniger aber, als Individuen glücklich zu werden. Das mag spitzfindig klingen, ist es aber nicht. Denn die pejorative Wertung von Konflikten und ihre Verbannung in die Welt der Nichtliebe speist sich aus einer Haltung, die besagt: Eheliche Zwistigkeiten schaden der Beziehungsqualität (und bergen die Gefahr der Zerrüttung und damit der unerwünschten Scheidung), nicht aber den Gatten. Die konstruktiven Möglichkeiten, die die Gatten als Personen (und für ihre Beziehung) mobilisieren könnten, indem sie Dissonanzen besprechen, bleiben dem Diskurs noch äußerlich. Insofern ist es konsequent, die Homogenisierung „stillschweigend" vollziehen zu sollen. Verbaler Austausch erübrigt sich.

Die nonverbale Strategie verpackt Bergner ausdrücklich in weitere Varianten der Liebes-Codierung von Konfliktträchtigem. So, wenn er das Umgehen mit divergierenden Interessen nicht etwa kognitiven Kompetenzen und diskursiver Gesprächsführung überantwortet, sondern zu einer Sache emotionaler Qualitäten – als Zeichen der Liebe – und sittlich verordneter Selbstdisziplin – als Gehorsam gegenüber der Steuerungsinstanz Moral – macht: „Solange das Liebesgefühl obliegt", werden „Reibungen" sich „ausgleichen", und: „Anzupassen aneinander ist die große Kunst der ehelichen Moral" (a. a. O., 31, 59). In einer guten Ehe gibt es keine Zerwürfnisse, weil die Gatten einander in Liebe zugetan sind, ihre „heilige Pflicht, die Last [...] mit Geduld zu ertragen" bereit sind und Selbstkontrolle üben, indem sie „zweckentsprechende Bescheidenheit", „selbstlose Liebe" und „guten Willen" zeigen (a. a. O., 60 f.). – Vielleicht haben in diesen Maximen die (überraschenden, unerwarteten) Rosen des Gatten und das (ebenfalls unerwartete) Kochen des Lieblingsgerichtes des Mannes ihren Ursprung: als Versöhnungsgesten. Allerdings wären sie je als siamesischer Zwilling geboren; denn mit ihnen kam auch das misstrauische Beäugen derartig unerwarteter, an und für sich angenehmer Überraschung auf die Welt. Und noch eine Anmerkung sei gestattet: Wir können hier einmal mehr verstehen, wie es zu der von Männern präferierten Redewendung von der Gattin als „besserer Hälfte" gekommen sein mag: Seit jeher luden das bürgerliche Liebes- und Ideal der Frau ihr die Bürde auf die Schultern, den Mann sittlich zu komplettieren und ihn zu einem zivilisierten Wesen zu kultivieren. Dieser Aufgabe, ja diesem Fatum konnte sie nur dadurch gerecht werden, dass sie dem Mann moralisch – und das impliziert stets emotional – überlegen war. Sie inkarnierte Moral und repräsentierte das moralische Prinzip.

Emilie und Paul Fried

Das Ehepaar wendet sich in seinem (in drei Auflagen erschienenen) Buch >Liebes- und Eheleben. Ein praktischer Ratgeber für die gesunde und harmonische Ehe sowie für sexuelle Notfragen< (1929, 1949) an alle Personen, die ihre „bessere Hälfte" noch suchen oder sich bereits in einer öde gewordenen oder Zerrüttungsgefahr ausgesetzten Ehe befinden. Charakteristischerweise weben die Frieds zwar neuartige Tendenzen in ihren Diskurs ein, bringen indes das Gebäude der traditionalen Semantik nicht zum Einsturz. Wie in fast sämtlichen Eheratgeberbüchern jener Zeit fällt das Reden über das richtige Eheleben größtenteils zusammen mit dem Reden über physische und physiologische Grundlagen sowie – in einem psychoanalytisch imprägnierten Diskurs – über psychische Auswirkungen weiblicher und männlicher Sexualität. Die Rezeption rassehygienischer Fragestellungen bringt es mit sich, dass die Autoren leibliche Gesundheit ausschweifend erörtern und in ihrer Gliederung des Buches dem damaligen Usus folgen. In einem allgemeinen Teil klären sie über biologisch-sexuelle Fragen auf, denen Ausführungen zur Anatomie und Physiologie der geschlechtsspezifischen und ehelichen Sexualität folgen. Diese wird dem psychoanalytischen Blick unterworfen und bewertet die psychophysische Relevanz von Sexualität sowohl für jeden Eheteil als auch für die eheliche Beziehung. Neben zahlreichen Ratschlägen für sexuelle Praktiken genießen Gattenwahl, körperliche und seelische Reife, sexuelle Aufgeklärtheit, Verhütungs-, Zeugungs- und Vererbungsfragen, Körperhygiene und Gesundheit und geschlechtsspezifische Seins- und Verhaltensnormen Aufmerksamkeit. Wie immer konzentriert sich unsere Analyse auf Diskursfragmente, die auf Eheideal, Geschlechtercharakterologie und Konfliktmanagement zielen.

Das Ideal von Liebe und Ehe trägt Harmonie, Liebe als Gefühl und Freundschaft auf ihrem Banner: „Die Grundlagen, auf denen eine harmonische Ehe aufgebaut sein muss, sind in erster Linie die Liebe, dann – damit sie nicht einem verzehrenden Flackerfeuer gleiche [...] – herzliche, innige, von hoher Achtung getragene Freundschaft"

(a. a. O., 20). Die achtungsvollen Freundschaftsgefühle sollen offenkundig dem Risiko vorbeugen, das Ende der Ehe mit dem Verglimmen der Verliebtheit zu besiegeln. Fast modern, wenn nicht avantgardistisch klingt es, wenn die Autoren eine weitere Säule der Ehe beschreiben. Die Gatten sollen „ungeachtet der Ehebindung volle persönliche Freiheit im Denken und Handeln" haben, allerdings, und das ist jetzt der traditionale Schlag auf den Kopf, das disziplinierende Ziehen am Schopfe, sind die Eheleute angehalten, „ihrer Verantwortung bewusst – nur das tun [zu] dürfen, was beiden Teilen nutzt" (ebd.). Ein Schritt nach vorn, zwei zurück, könnte die Devise lauten. Nüchtern gesagt: Der nach heutigem Verständnis zu Tage liegende Widerspruch zwischen der Norm der persönlichen Entfaltung und Individualisierung einer- und andererseits dem Gebot der Rücksichtnahme ist in dem Büchlein keiner. Denn die Autoren umrahmen ihr Reden mit der klassischen ideologischen Ausrichtung, in der Individualität auf Gattung, nicht auf den Einzelnen bezogen ist und die Entfaltung der Individualität folglich beziehungslogisch, also relational gemeint ist und auf Angleichung hinausläuft. Die Idee, die hinter der Kulisse wirkt, ist die der Ergänzung zweier verschiedener Teile zu einem Ganzen, der Gatten zur Ehe. Insofern treffen wir hier alte Bekannte wieder.

An Schärfe verlieren die Konturen des tradierten Ideals in anderen Passagen – etwa hinsichtlich dessen, was der Gattin gestattet wird. Beispielsweise befürworten die Autoren weibliche Berufstätigkeit, wenn auch im Rahmen solcher Berufe, die der „natürlichen pflegerischen oder karitativen Veranlagung der Frauen entsprechen" (a. a. O., 23). Neu darin ist, dass sich die Frau nicht ultimativ für Ehe und damit gegen einen Beruf entscheiden muss. Ein weiteres Novum treffen wir in der Erlaubnis an, dass die Gattin älter sein darf als der Mann. Denn aufgrund von „Mode, Sport und Körperpflege" kann sich die Gattin jung halten, und wenn die Eheleute emotional tief verbunden sind, „das seelische Band fest geknüpft ist, besteht für die geschlechtliche Harmonie keine Gefahr" (a. a. O., 25). Schönheit und Liebe erhalten die sexuelle Attraktion – eine wesentliche Grundlage für die glückliche Ehe. Deshalb gilt: „Erst die Organe kräftigen, dann die Ehe schließen" (a. a. O., 179), so als könnten die Gatten die Ehe auf Dauer stellen, indem sie Erotik als Konditionstraining betreiben! Und: Ein Schalk, der meint, eine Renaissance im Ego-Körperkult und dem Anhimmeln von Jugendlichkeit ab den 90er Jahren zu erkennen! – In analytischer Hinsicht erweist sich die Sexualisierung ehelichen Glücks als revolutionär, weil sie eine auf die Personen zielende, diese umgreifende Individualisierung ermöglicht. Die Ehe wird zu einer

Lebensgemeinschaft, die beide Eheleute als Individuen beglücken soll (a. a. O., z. B. 216). Noch stagniert die individualistische Glückskonzeption in der Sphäre des Sexuellen und der Ehe als Sexualgemeinschaft. Der Einschnitt ist noch kein Kollaps. Doch sie stellt die Weichen für den Diskurs über die persönliche (und nicht mehr gattungsgemäße) Selbstentfaltung der kommenden Jahrzehnte – und wir fügen hinzu: dem Dauerbrenner spätestens seit dem Psychoboom der 70er Jahre.

Die Frieds konzipieren die Ehe auch als Seelengemeinschaft und codieren sie moralisch: „Die Verpflichtungen, die zwei Menschen eingehen, die ihr Schicksal miteinander verbinden, sind – selbst wenn keine Kinder vorhanden sind – so vielfältig, dass die Scheidungsabsicht erst nach reiflicher Überlegung verwirklicht werden darf" (a. a. O., 70). Diese „reifliche Überlegung" schließt die Konsultation einer Eheberatungsstelle ebenso ein wie das Ergründen der „richtigen Ursache" (a. a. O., 214). Die Frage nach den Ursachen durchbricht die tradierte Tabuisierung von Konflikten. Zerrüttungssymptomen wird psychologisch, physiologisch und soziologisch nachgespürt (a. a. O., 214 ff.). Dennoch kollabiert die althergebrachte Geschlechtercharakterologie nicht, und mit ihr bleiben deren legitimatorische und normative Folie intakt. Mann und Frau werden nach wie vor polar, als auf Ergänzung angelegte Teile konstruiert und folglich auf die – inzwischen bekannten – Charaktermasken reduziert, denen wiederum Wesen und Bestimmung zugeschrieben sind. Der „eigentliche Beruf", die Berufung der Frau ist „Gattin und Mutter" zu sein; sie hat „den richtigen Ton im intimen Leben anzuschlagen" und soll die „Fehler im Mann kennen, aber übersehen; und wenn sie nicht mehr übersehen werden können, an die Stärke des Mannes appellieren! Das schmeichelt seiner Eigenliebe" (a. a. O., 89, 49, 191 f.). Der ehefrauliche Beitrag zum Konfliktmanagement liegt einmal mehr darin, sich auf die Idiosynkrasien des Gatten einzustellen. Helfen bei sexuellen Problemen noch Techniken der „Erotisierung" (a. a. O., 109 ff.) und können auf sexualisierter Basis sogar kleine Reibereien beigelegt werden (die „Liebkosungen" aus dem 19. Jahrhundert), übernimmt in ernsteren Fällen das Kommando die geschlechtscharakterologische Semantik. Sie führt Regie, indem Spannungen durch Appelle an Stereotypen, an vorgeschriebene Weisen des Soseins und Verhaltens delegiert werden. Konflikte werden über den Rekurs auf Typiken und Rituale gelöst, deren allgemeinste Formel mit den Worten beschrieben ist: „nur sich weder im Äußeren noch im Benehmen gehen lassen" (a. a. O., 193). Die oben notierte individualisierende Motivationssuche setzt sich nicht in den Ehedialog fort. Die Schlüsselverfahren, Zwistigkeiten zu behandeln, rangieren noch immer unter dem Vorzeichen des Harmonieideals von der Reibungslosigkeit und prädestinierten damit die Strategien der Schlichtung und Rücksichtnahme, Verdrängung und Selbstkontrolle, der Anpassung und Ignoranz.

Richard Drews

Mich in der Analyse von Ausschnitten aus Richard Drews Büchlein >Der bezaubernde Gatte. Kleine Anleitung zur glücklichen Ehe< (1942) kurz zu fassen, fällt mir schwer. Er schreibt in Reimen und so charmant, dass vermutlich jeder das Buch mit einem permanenten Lächeln im Gesicht liest. (Zu reimen war damals nichts Exotisches, sondern eine verbreitete Weise, Belehrungen, auch in der Werbung, zu formulieren – wozu sich mancher veritabler Dichter wie z. B. Frank Wedekind, einst Reklame-Chef der Firma Maggi, nicht zu schade fand.) Dennoch sei gewarnt: Die Reime klingen in ihrer Mehrheit lustig bis frivol, transportieren indes (wie den Text illustrierende Zeichnungen) mit allem gebotenen Ernst ideologische Attitüden und Verhaltensmaßregeln.

Drews adressiert zwar den Gatten, ermuntert aber eingedenk des Umstandes, dass zur Ehe auch die Gattin gehört, die Frau ebenfalls dazu, das Büchlein zur Hand zu nehmen:

„Auch für die Gattin ihrerseits
Hat dieses Büchlein seinen Reiz." (a. a. O., 3)

Trotz der Einladung der Gattin zur Lektüre, richtet sich der Autor durchgängig direkt an den Ehemann. Dies scheint eine Reaktion auf zwei Umstände zu sein. Erstens richtet sich das Gros der Ratgeber an die Frau. Zweitens scheint das ehemännliche Verhalten sozial sichtbar korrekturbedürftig zu sein. Drews rückt die männliche Leistung in den Vordergrund und legt damit die empirisch häufigsten „Flegelhaftigkeiten" des Gatten frei. Motiv genug, das Buch in Ausschnitten zu diskutieren.

Der Gatte, wesensmäßig hitzig, soll stets freundlich sein, sich auch im Streitfall nicht danebenbenehmen und rücksichtsvoll sein:

„Ein kluger Mann, das sei betont,
Ist nett nicht nur im Honigmond." (a. a. O., 10)

„Man knallt als wahrer Kavalier
Nur selten mit der Zimmertür.
...
Behandle deine Frau als Braut
Und sei im Zorne nicht zu laut." (a. a. O., 26 f.)

Außerdem rät ihm Drews, während und nach der Balzzeit das Imponiergehabe auf ein realisierbares Maß zu verringern, um wahrscheinliche, daraus resultierende Konflikte zu antizipieren und Blamagen vorzubeugen:

„Wer viel verspricht, verspricht sich leicht,
Weil der Charakter oft nicht reicht.
...
„Das süße Wort, das wir versprechen
Kann sich im Leben bitter rächen." (a. a. O., 10)
Und:
„Was nützen ihm die schönsten Posen
Die Frau sieht ihn in Unterhosen." (a. a. O., 14)

Während der erste Ratschlag negative Folgen als Begründung heranzieht, soll er sich zu Hause nicht aufblasen, weil er dort die Möglichkeit vorfindet, er selbst und entspannt zu sein. Gleichzeitig vermittelt der Autor, wofür die Gattin zu sorgen hat:

„Ein kluger Mann schätzt sein Zuhause
Als Ruhepunkt und Atempause
...
Hier soll er freudig Anker werfen
Das schont sein Herz und seine Nerven." (a. a. O., 57)

Geradezu beiläufig erwähnt Drews, dass die Frau selbstverständlich ein fröhliches Heim zu arrangieren hat, in dem der Gatte regenerieren kann. Allerdings – und das ist neu – überträgt er dem Gatten Mitverantwortung:

„Das Ehe-Barometer fällt,
Wenn man sich wie ein Kauz verhält." (a. a. O., 62 f.)

In die gleiche Richtung zielt die Forderung an den Mann, weder die Ehe noch das Dasein der Gattin zur Selbstverständlichkeit herabsinken zu lassen. Monotonie soll der Gatte mit „der Kunst der Unterhaltung" abwenden:

„Ein kluger Mann hat Phantasie
Sitzt er seiner Gattin vis-a-vis,
Und nur ein Mann, ein äußerst trister,
Zieht stets dasselbige Register.
Er soll im Gegenteil nicht zaudern
Mit seiner Frau charmant zu plaudern,
Und zwar so lieblich und charmant,
Als sei man eben erst bekannt
…
Beschwingt und wie von Wein berauscht,
Sodass sie außer Atem lauscht." (a. a. O., 68 f.)

Die Liebenswürdigkeit des Mannes entpuppt sich bei genauerem Hinsehen als ein Verhaltensprogramm und eine Attribution, die beide den Modus der Konfliktbehandlung in der Ehe definieren. Die von der klassischen Semantik abweichende und progressiv wie waghalsig anmutende Mitzuständigkeit des Gatten für die Atmosphäre in der Ehe degradiert die Gattin im selben Zuge zu einem Dummerchen, das unterhalten werden will oder muss, und zum applaudierenden Publikum des Gatten. (Dass die Funktion als Entertainer für den Mann auf Dauer anstrengend ist und von ihm erhebliche Leistungen an Selbstkontrolle und Verdrängung beziehungsweise schauspielerisches Talent verlangt, sei nicht verschwiegen.) Die Mitverantwortung des Mannes schubst die Gattin zwar aus einer ihrer traditionalen Käfigzellen hinaus, konsolidiert indes simultan die Herrschaft des Mannes. Die Frau wird entmündigt, infantilisiert und als ebenbürtige Partnerin ausgeschlossen, und damit kehrt Drews offensichtlich in die Obhut der geschlechterpolaren Zuschreibung zurück. Das untermauern auch die folgenden Analysen.

Im Einklang mit der Ideologie nimmt Drews den Mann als naturhaft polygam veranlagt an und begründet mit dieser Verwurzelung die männliche eheliche Treue als heroisches Tun (a. a. O., 44 ff.):

„Die Treue ist kein leerer Wahn,
Das Gute bricht sich meistens Bahn." (a. a. O., 45)

Sicherheitshalber packt Drews den anfälligen Gatten zusätzlich bei seinem Ehrgefühl:

„Gib deinem Herzen einen Stoß,
Nur wer entsagt, ist wirklich groß." (a. a. O., 45 f.)

Gelingt es dem Gatten, entgegen seiner Triebausstattung treu zu
bleiben, hebt ihn das in moralischer Hinsicht empor. Die Forderung
nach Triebkontrolle und der Einhaltung des Treueschwurs wird also
zum einen moralisiert, und zum anderen beweist der Gatte darin seine Liebe zur Frau. Sexuelle Treue wird liebes-codiert und wird als
Konstitutivum einer glücklichen Ehe deklariert:

„Ein kluger Mann liebt niemals lau,
Besonders seine eigene Frau
...
Doch wenn er kalt wie Gletscherwand,
Zerreißt das zarte Liebesband." (a. a. O., 15)

Ohne Konzessionen der Gattin kommt die Verführbarkeit des Mannes offenkundig nicht aus. Da die männliche Treue eine heldenhafte
Leistung ist und die Ehefrau die Natur des Mannes bedenken soll,
wird sie angehalten, dem Gatten, konkret: seinem Verantwortungsge-
fühl grundsätzlich zu vertrauen, gleichzeitig indes die sexuelle Disposition des Mannes zu würdigen und ihrem reizbaren Mann Spielraum zu lassen:

„Doch wer den Blick gern schweifen lässt,
Tut's nur, wenn er charakterfest.
Ein solcher Mann genießt Kredit,
Wenn er nach andern Frauen sieht." (a. a. O., 45 f.)

Und:

„Sie weiß, dass er sie doppelt liebt,
Wenn sie ihm etwas Spielraum gibt." (a. a. O., 46 f.)

Der Lohn, so die Botschaft, für die Großmütigkeit der Gattin liegt
in einer verstärkten Liebe und Zuwendung des Mannes. Daraus folgt:
Bedient sich der Gatte außer Haus, ist die mangelnde Toleranz der
Frau schuld daran.
   Widmen wir uns Drews Vorstellungen, die sich um Konflikte und
ihre Behandlung in der Ehe ranken. Der Autor geht induktiv vor. Zunächst stellt er einige Konfliktherde vor und liefert die Maximen, de-

nen zu folgen ist, gleich mit. Allmählich fließt die Behandlung von Einzelfällen über in allgemeine Regeln, die anzuwenden sind, entweder um Konflikten vorzubeugen oder um sie schnell beizulegen. Drews tritt als Protagonist der patriarchalischen Binnenstrukturierung der Ehe auf – „Ein kluger Mann bleibt Herr im Haus"– und verteidigt die konventionelle Rollenverteilung (a. a. O., 72). Ausdrücklich warnt der Autor den Mann davor, seinen Dominanzanspruch auf die hausfrauliche Domäne auszuweiten, sondern er möge, um Zwistigkeiten zu vermeiden, die Differenzierung von Aufgaben und Hoheiten um der Ehestabilität willen respektieren:

„Doch hat er – bitte dies zu buchen! –
In ihrer Küche nichts zu suchen,
...
Wenn streng getrennt das Herrschgebiet,
Dann ist die Ehe aus Granit." (a. a. O., 74 f.)

Neben der Vermeidung stattet Drews den Mann mit pädagogischen Fertigkeiten aus, um ihm selbst bei Anlässen, die den Gatten ärgern und dazu verlocken, seine Rechte despotisch durchzusetzen, die Überlegenheit zu sichern. Der Gatte soll strategisch loben und damit nicht ideologisieren, sondern pragmatisch und erzieherisch geschickt agieren. Ein solcher Anlass ist „vorbeigeratenes Essen":

„Als Kenner ihrer Frauenpsyche
Lobt er die Güte ihrer Küche",

um damit – Ziel der Lobeshymne – zu erreichen:

„Den Frauenehrgeiz zu entfachen,
Am nächsten Mittag kann er lachen." (a. a. O., 66 f.).

Weitere Anlässe gerechtfertigter männlicher Empörung bis hin zum gerechten Zorn liegen vor, etwa wenn die Frau ihre Pflicht, für Ordnung zu sorgen, auf den symbolischen Wirkungs- und Herrschaftsbereich des Mannes: den Schreibtisch ausdehnt:

„Ein kluger Mann ist nicht empört,
Wenn sie sein Schreibtisch-Zustand stört
Und braucht nicht seine Lungenkraft,
Wenn sie auf diesem Wandel schafft;

...
Und wenn es in ihm kocht und siedet,
Scheint er doch äußerlich befriedet.
Er lobt ihr Tun, ermutigt sie
Und rühmt ihr ordnendes Genie." (a. a. O., 70)

Die Beispiele zeigen, dass der Gatte aufgerufen ist, mit psychologischen Tricks zu arbeiten, die allesamt sich die weibliche Natur zu Eigen machen. Er soll generös dulden und loben – und stutzt die Frau auf das Niveau des liebevollen Naivchens herab. Ertragen, Dulden, Schweigen als weitere männliche Taktiken, um Konflikte im Keim zu ersticken, suggerieren, mit jenen identisch zu sein, die der Frau durch die Geschlechtersemantik aufgenötigt werden. Eine genauere Betrachtung schält jedoch heraus, dass die Gleichheit nur formal ist. Während die – in der Terminologie von Bestimmung und Hingabe verschlüsselten – Maßnahmen, die der Gattin empfohlen werden, bedeuten, sich auf den Mann und seine Bedürfnisse einzustellen und ihnen vollständig Folge zu leisten, entlarvt die Anwendung der formal selben Strategien seitens des Mannes, dass sie für ihn Instrumente sind, um seine Interessen durchzusetzen. Sie verwandeln sich zu Werkzeugen seiner Herrschaft und Superiorität. Sie sind Mittel zum Zweck. Diesen Sachverhalt verschleiert der Ratgeber nicht, sondern exponiert ihn. Dabei wendet er die geschlechtsontologische Verteilung kognitiver Fähigkeiten an, nach der der Mann rational, die Frau intuitiv ist. Die weibliche Kompetenz erstreckt sich auf Gefühl und Intuition, und insofern soll der Mann sie durchaus ernst nehmen, allerdings weniger prinzipiell als vielmehr exzeptionell:

„Ein kluger Mann hört dann und wann
Sich gerne ihre Meinung an
Und lässt sie, wenn auch äußerst selten,
So doch mal ausnahmsweise gelten." (a. a. O., 24 f.)

Das Zitat weist auf das kategoriale Umfeld hin, innerhalb dessen der Mann grundsätzlich besser Bescheid weiß und seine Rationalität den Ausschlag gibt. Drews beleuchtet indes auch Felder, auf denen die intuitive Kompetenz der Gattin den Mann das Fürchten lehrt. Die Intuition erweist sich als mächtig und im wörtlichen Sinn durchschlagend und gewinnt innerhalb der Ehe eine beziehungslogische Notwendigkeit, weil sie entlarvend wirkt. Sie ringt dem Gatten eheförderliches oder -abträgliches Verhalten ab. So etwa spornt sie ihn

an, entweder nicht oder wenn schon, dann hieb- und stichfest zu lügen, weil die Gattin dank ihrer weiblichen Schläue seine Betrügereien
ohnehin aufdeckt:

„Ein kluger Mann lügt nicht zu oft,
Auch wenn er Vorteil sich erhofft,
…
Die Gattin haushoch überlegen,
So ruht auf Lügen wenig Segen." (a. a. O., 21)

Aus diesem Grund soll der Gatte, beim Lügen ertappt, auf Wider-
stand verzichten und auch – des weiblichen „Röntgenblicks" und
Spürsinns eingedenk – nicht auf Vorwände ausweichen (ebd., 88 f.).
Mutet dies fast als Kotau vor der weiblichen Hellsichtigkeit an,
reinstallieren die allgemeinen Regeln, die Drews in konfliktuellen Situationen zu befolgen rät, die Oberhand des Gatten. Für ihn, den „klugen Mann", geht es nämlich darum, Mittel und Wege zu finden, die
zeigen, „wie man sich am besten durchsetzt", und das funktioniert so:

„Er führt ein sanftes Regiment,
Weil er die Frauenseele kennt.
Mit Frau und Hündchen spricht man leise,
Mit Zuckerbrot regiert der Weise.
…
Ein kluger Mann hat öfters recht,
Doch meidet er das Wortgefecht.
…
Wer eine Frau zum Gegner hat,
Erweise sich als Diplomat.
…
Das ist der klügste Mann der Welt,
Der nachgibt – und doch recht behält." (a. a. O., 87, 28 f.)

Neben der psychologischen Gewieftheit und den heldenhaften Ma-
nifestationen der „zarten Rücksichtnahme", sprich Selbstkontrolle,
animiert Drews den Mann, das Repertoire seiner Techniken um innere Distanz, Humor und Indifferenz zu erweitern und sie als Konflikt-
regulatoren einzusetzen – und damit sämtlich Schachzüge, die sowohl
seine Überlegenheit bestätigen als auch ausdrücken, die Frau nicht
ernst nehmen zu müssen:

„Behalte, Menschenskind, Humor,
Auch wenn der Partner ihn verlor!
Humor ist lächelnde Distanz
Und leiht den Dingen Edelglanz.
...
Beginnt sie gar auf dich zu schimpfen,
Dann sollst du dich mit Gleichmut impfen." (a. a. O., 73)

Die Strategien, die dem Mann angeraten werden, gehorchen der
Logik des Abwiegelns, des Abblockens, des Verharmlosens und ver-
hindern schon deshalb verbal-kommunikative Auseinandersetzungen.
Nonverbale Varianten empfehlten sich nach Drews, weil dialogische
Wege, Spannungen zu bewältigen, vergebliche Liebesmüh auch
wegen der unterentwickelten rationalen Logik der Frau sind:

„Ist ihre Logik manchmal drastisch,
So wird man dennoch nicht sarkastisch.
...
Den Argumenten, die sie häuft,
Auch wenn's dich schaudernd überläuft.
...
Nein, er beherrsche seine Wangen,
Und lächle erst – wenn sie gegangen." (a. a. O., 48)

Die Darstellung der Gattin als redseliges Schäfchen, das der nüch-
tern-vernünftigen Denkart des Mannes nicht gewachsen ist, fließt
praktisch in die Aufforderung, sich der argumentativen Auseinandersetzung zu verweigern. Die Legitimation taucht aus den Nebel-
schwaden der Geschlechterontologie hervor, die aufgrund ihrer polaren Verteilung kognitiver Fähigkeiten die diskursive Einigung überflüssig macht. Der Unmöglichkeit des Dialogs entspricht die
Unnötigkeit argumentativer Verständigung – und verweist auf nonverbal herbeizuführende Versöhnung, die Mittel und Zweck, Weg
und Ziel zugleich ist. Da eheliche Konflikte, wenn die Gatten einander in Liebe zugetan sind, die Ehe nicht zerrütten, tabuisiert Drews
sie nicht. Er konfrontiert sie vielmehr mit der diametral gegensätz-
lichen männlichen und weiblichen Natur und folgert daraus, dass
Konflikte der Ehe wesensmäßig innewohnen und damit grundsätzlich
unvermeidbar sind. Die Berufung auf Natur, die an und für sich immer „gut" ist und deshalb angibt, was der Fall sein darf und soll, ruft
sogar eine positive Bewertung hervor, indem Drews einem Kon-

flikt die Chance einräumt, reinigendes und auffrischendes Gewitter zu sein:

„Man kann sich noch so heftig lieben:
Der Ehe-Himmel kann sich trüben.
...
So mag das Wetter sich entladen:
Der guten Ehe wird's nicht schaden!
...
Wenn das Gewitter sacht erlischt,
Dann fühlt man sich hernach erfrischt."(a. a. O., 83 f.)

Es sei betont, dass die affirmative Stellungnahme zum Ehestreit nur scheinbar mit der essenziellen Unmöglichkeit wechselseitigen Verstehens konfligiert und auch nur scheinbar im Widerspruch zum Harmoniemodell steht, das Konflikte als Ausfluss mangelnder Liebe interpretiert. Die harmonische und glückliche Ehe dokumentiert sich gerade und auch in der Versöhnung. Der notorische Antagonismus zwischen dem Wegfall verbal-kommunikativer Verständigung und Konfliktbejahung ist keiner, weil Versöhnung (dank der regulierenden Funktionen und Leistungen der Geschlechtercharakterologie) Reden nicht nötig hat und sich über rollentreues und ritualisiertes Verhalten herstellt.

Zusammenfassung

Liebesverständnis und Liebeshandeln:
· Was bedeutet Liebe und Lieben? Wie zeige ich als Liebende/Liebender, dass ich liebe?
· Welche Vorgaben liefert die Ideologie der Geschlechterdifferenz in der Liebes-Semantik und folglich im Lieben? Welche Rolle spielen psychologische Erkenntnisse im Liebeshandeln, in der gelebten Gemeinschaft?
· Welchen Stellenwert hat die Liebe?
Um zu viel Redundanz zu vermeiden, seien die drei Fragen in einem beantwortet. Liebeswillen zeigen die Gatten noch immer in jenen Bereitschaften, Leistungen und Verhaltensweisen, die die Ideologie der polaren Geschlechtscharaktere gebietet. Eine neue Dimension ist die der ehelichen Sexualität. Unter dem Einfluss naturwissenschaftlicher und psychologischer, insbesondere psychoanalytischer Attitüden und Erkenntnisse wird das eheliche Leben um eine Sexua-

lität bereichert, die grundsätzlich beide Geschlechter als mehr oder weniger aktive Beteiligte einbezieht. Das wirkt sich auf die Liebessemantik insofern aus, als eheliche Sexualität allmählich zum Liebesbeweis heranreift und ihre Qualität Auskunft über die Qualität der Ehe gibt.

Konfliktverständnis und Konfliktbehandlung:
· Wie zeigt sich ein Konflikt in der Liebesbeziehung?
· Welche Normen werden den Liebenden vorgelegt?
· Welche Gebote resultieren aus der Geschlechtertypologie? Welche Rolle spielen sie im Verständnis von Konflikten, Konfliktgenese und Konfliktbehandlung?
· Welche Empfehlungen, mit Konflikten umzugehen, geben psychologische Konzepte?

Da die Geschlechtercharakterologie noch immer den Diskurs über Liebe und Ehe überstrahlt und die Landschaft absteckt, innerhalb deren sich die Gatten bewegen, gibt es in der Haltung, wodurch Konflikte heraufbeschwört werden, noch keinen fundamentalen Fortschritt. Konflikte entstehen aufgrund abweichenden Verhaltens von vorgegebenen Seins- und Handlungsweisen. Infolgedessen ist determiniert, wie Konflikte zu behandeln und zu lösen sind. Mann und Frau, von Natur aus divergente Welten, können sich nicht verstehend auf verbal-kommunikativem Wege verständigen, geschweige denn konstruktiv streiten und diskursiv sich einigen, sodass sie nonverbale Wege gehen müssen, um Versöhnung zu erreichen. Diese schließen präventive Strategien des Rollengehorsams, des Ausweichens und Vermeidens genauso ein wie „therapeutische" Maßnahmen von Banalisierung und Ignorieren, Anpassung und scheinbaren Konzessionen sowie „Liebkosungen". Psychologisch begründete Konfliktbehandlung deutet sich an, wenn der ehelichen Sexualität „ehehygienische" Bedeutung beigemessen wird und sie damit den Rang eines (behavioralen) Mediums zur Schlichtung und Versöhnung erhält.

Verstehens-Leistung und Anwendungs-Bezug:
· In welcher Weise helfen die Ausführungen für die Gestaltung einer Paarbeziehung heute?

Den Belehrungen, die die Liebesauffassungen der beiden vorangegangenen Jahrhunderte eröffnen, fügt der Diskurs in der ersten Hälfte des 20. Jahrhunderts die Relevanz der Sexualität hinzu. Sexualität gewinnt in dem Maße Gewicht, in dem ihr ehehygienische Relevanz verliehen wird. Sie trägt sowohl zur physischen als auch zur psychi-

schen Gesundheit von Mann und Frau und damit der Ehe bei und
wird insofern biologisch und psychoanalytisch eingesponnen. Ihre
Liebescodierung hebt eheliche Sexualität als Signum für Liebe empor
und injiziert ihr die Kraft, eheliche Konflikte zu moderieren, sodass
die Qualität ehelicher Erotik sukzessive die Intensität der Liebe und
die Qualität der Ehe abbildet. Und das ist heute noch vertraut! Nicht
nur, dass Erotik und Sexualität in der Liebesbeziehung einen Muss-
Status genießen, der die Abwesenheit sexueller Bindung als Absenz
von Liebe geißelt oder schlicht konstatiert, dass, wo keine erotische
Attraktion vorliegt, keine Liebesbeziehung existiert. Dazu kommt,
dass auch heute Partnerschaften das Diktum einverleibt haben, in der
gelebten Sexualität spreche sich die Wahrheit der Liebe aus. Die Auswirkungen sind bekannt: Verwirrung, Selbstzweifel, sexuelle Paar-
therapie und Trennungen – selbst dann, wenn sich die Liebenden see-
lisch-geistig wunderbar verstehen. Die zum Teil nur in Nuancen
unterschiedlich farbigen aktuellen Liebesauffassungen schleppen ein
weiteres Relikt mit:

In der geschlechterideologisch und biologisch legitimierten Polygamie des Mannes steckt für lange Zeit, mit Ausläufern bis heute, der
Grund dafür, dass der männliche Seitensprung nicht nur – sei es mit
lächelnder, mit ergebener oder mit verbittert-sarkastischer Miene –
toleriert wird, sondern auch, dass die polygame Ausrichtung kokett-
tierend Verwendung findet – und für die Frau das Gegenteil gilt. Da
kursieren das verschmitzt artikulierte „Appetitholen außer Haus, Essen zu Haus" oder wird einem Mann grinsend bis schmeichelnd das
Etikett des Casanovas oder Frauenhelden zugute gehalten und dadurch seine Männlichkeit und gar Attraktivität erhöht. Männer können sich brüsten, promisk zu sein. Sie lieben die Liebe. Frauen lieben
den Mann, sind natürlicherweise monogam und haben sich zu schämen, falls ihre Augen erotisch-sehnsüchtig beim Blick auf einem anderen als dem Ehemann erleuchten. Zwar wurde weibliche Promiskuität vor rund zwei Jahrzehnten schick, modern und als Zeichen von
Fortschrittlichkeit und Befreiung aus den klassischen ideologischen
Fesseln gefeiert. Dennoch haftet weiblicher Untreue bis heute ein
Odeur an, der weniger „verrucht" (und damit erotisch anziehend)
meint als eher „unschicklich, moralisch abtrünnig und verdächtig".
Verdächtig, weil die weibliche Sexualität bis heute mit emotionaler
Intensität und folglich Bindung assoziiert wird. Über Jahrhunderte ist
weibliche Erotik liiert mit Liebe. Das stellt alle Errungenschaften
emanzipatorischer Bestrebungen in Frage und verschärft jene Konflikte, die um erotische Zuwendung und damit immer um Liebe os-

zillieren. Und dies im Falle der Untreue des Mannes als auch in dem der Frau, nur laufen Herleitung und Begründungen auseinander: Der Mann ist von Natur aus polygam, die Frau natürlicherweise monogam. Daraus werden Ansprüche und Erwartungen, Rechte auf Exkulpation und endgültige Schuldsprüche abgeleitet: Weil der Mann polygam konstruiert ist, ist er naturgemäß reizbar und zwangsläufig dem Konnex von Liebe und Sexualität enthoben und muss die Frau ihm Freiräume gewähren, ihm im Falle der Untreue verzeihen, jedenfalls nicht an seiner Liebe zweifeln. „In the heat of the moment" gilt für ihn, aber nicht für die Frau. Weil die Frau wesentlich monogam ist, kann sie sich nur einem Mann hingeben und das tut sie (moralisch korrekt) dann, wenn sie ihn liebt. Liebe und Erotik treten immer zusammen auf und sind kausal aufeinander verwiesen. Wo weibliche körperliche Hingabe ist, ist auch Liebe, und wo Liebe ist, ist weibliche erotische Entfaltung. Das eine bringt das andere hervor, sie stehen in einem wechselseitigen Bedingungsverhältnis. Deshalb ist weibliche Untreue desaströs und die des Mannes weitestgehend und grundsätzlich bis heute verzeihlich.

Auch hier gilt: Wissen ermöglicht, zu verstehen, und Verstehen legt den Grundstein dafür, wissend Entscheidungen zu fällen: alles so zu lassen, wie es ist, oder etwas zu verändern.

Psychologische Konzepte und Eheratgeber vom 18. Jahrhundert bis zu den 40er Jahren des 20. Jahrhunderts

Das Kapitel skizziert, ausgehend vom 18. Jahrhundert, in wenigen wesentlichen Linien einschlägige psychologische Gedankenläufe und Konzepte, macht sie in ihrem historischen Entstehungsraum verständlich und verweist auf Spuren, die sie in der Ratgeberliteratur hinterlassen. Es beschränkt sich darauf, jene Psychologien zu akzentuieren, die dem Oberbegriff geisteswissenschaftliche oder – später – klinische Psychologie zuzurechnen sind (und klammert daher die den Kontratermini experimentelle oder naturwissenschaftliche Psychologie zugehörigen Strömungen aus; vgl. v. a. Ash/Geuter 1985; Jaeger/Stauble 1978).

Die Auflösung der feudal-ständischen Gesellschaft initiiert eine Revolution aller Grundlagen gesellschaftlichen Lebens. Zu ihnen gehören auch Überzeugungen, die bis dahin fraglos akzeptiert wurden. Im Zuge der Umwälzung gerät der Glaube ins Wanken, in einer natur- und gottgegebenen Ordnung zu leben. Das Zerbröckeln ehedem verlässlicher Lebensformen und Orientierungsmuster veranlasst das Taumeln des Subjekts, der Menschen. Sie fühlen sich verloren und verlassen, weil der Geltungsverlust traditioneller Muster und habitueller Modelle nicht gleichzeitig assistiert wird von der Entstehung neuer, allgemein gültiger Normen. So wird ein Vakuum generiert, innerhalb dessen die Menschen selbsttätig neue Routinen und Orientierungsfolien erschaffen müssen. Die Abkehr vom Althergebrachten, der Verlust bekannter Autoritäten und die Leerstelle im sozialen Leben erwachsen dem Einzelnen zum Problem. Er wird auf sich selbst geworfen. Aus der Bevormundung religiöser und ständischer Bindungen freigesetzt in eine Welt, in der es auf ihn selbst ankommt, verantwortet er sein Leben selber. Diese Autonomisierung ist zunächst nicht willkommen; denn sie ist anstrengend und aufreibend. Der Einzelne paddelt in der unbekannten Brandung gesellschaftlicher Veränderungen um sein Leben und muss in eigener Regie klären, nach welchen Normen und Maßgaben er seine Existenz ausrichten möchte. Die Wandlung seiner Erfahrungswelt und das Erlebnis, selbst entscheiden zu müssen, in welche Richtung er das Schiff seines Lebens gleiten lassen will, sowie die Notwendigkeit, initiativ werden zu müssen, münden auf der individuellen Ebene gehobener, wissenschaftlicher und literarischer Kreise in schriftliche Bewältigungsversuche. In Romanen, Reiseberichten, Tagebüchern, Auto- und Biographien, in Briefen und Geschichten versuchen die Autorinnen und Autoren, sich selbst und – via Publikation – anderen Menschen eine Orientierung inmitten der Turbulenzen zu bieten. Auf der kollektiven Ebene dokumentiert sich der Strukturwandel als Wandel in der Öffentlichkeit (Habermas 1962). In der zweiten Hälfte des Jahrhunderts rufen Kaufleute und Beamte, weltliche und geistliche Gelehrte sowie die literarische Intelligenz Foren ins Leben, die helfen sollen, sich seiner selbst zu vergewissern und die eigene Individualität zu verwirklichen. In Salons, Kaffeehäusern und Tischgesellschaften werden, verwoben mit Themen des politischen und wirtschaftlichen Geschehens, jene kulturellen Fragen aufgeworfen und erörtert, die beantworten sollen, wer man jeweils sei und wohin man in der Selbstentwicklung wolle und könne.

Ein wissenschaftliches Dokument jener Versuche der Selbstverständigung und Klärung ist das von Karl Philipp Moritz herausgegebene >Magazin für Erfahrungsseelenkunde< (1783–1793). Das Magazin nimmt das Leiden an der Gesellschaft zum Angelpunkt seiner Abhandlungen und unterzieht im Dialog zwischen Autoren und Lesern die gedruckten Lebens- und Erfahrungsberichte eingehender Analyse. Es beabsichtigt, dadurch die Selbst- und Fremderkenntnis zu fördern. Im Rahmen dieses Unternehmens diskutiert es psychopathologische Symptome mit dazugehörigen therapeutischen Interventionen. Der Herausgeber verfolgt eine Art Lehr- und Lernprozess und beäugt die diversen Umlernvorgänge, also die Weisen, wie sich Menschen in der fremden Welt neu orientieren, untersucht Leidensmodi, die Betroffene durchlaufen, und ihre Verarbeitungstechniken, mittels deren sie ihrer psychischen Schwierigkeiten Herr zu werden versuchen. Dazu sammelt Karl Philipp Moritz individuelle Erfahrungsberichte, die sich mit dem Aufbau zerstörter Identität beschäftigen, und formuliert daraus ein Konzept einer empirischen Psychologie der Normalität und Abweichung. Mit anderen Worten, er nutzt das Material, um ein Programm einer Psychologie und Psychopathologie bürgerlichen Verhaltens zu schreiben (Jaeger/Stauble 1978, Bd. 1). Die Idee, die diesem Programm zu Grunde liegt, ist die Vorstellung, einen Begriff von sich selbst als Subjekt der Geschichte, als Akteur und Individuum zu gewinnen. Um dieses „Selbst-Bewusstsein" erlangen zu können, muss der Einzelne seine Lebensgeschichte reflektieren und mit ihr jene Bedingungen thematisieren, die ihn aus der bis dato determinierenden Ordnung herausgelöst haben und ihn nötigen, selbsttätig für sich zu sorgen und selbstkontrolliert zu handeln. Diese Erfahrung bildet Moritz in seiner anthropologischen Annahme ab, dass jedem Menschen eine Kraft innewohne, die ihn in die Lage versetze, selbsttätig und autonom (sich selbst Gesetze auferlegend) zu leben. Dieses Gebäude an Reflexionen und Erkenntnissen machte Moritz einem breiteren, des Lesens mächtigen Publikum zugänglich, indem er sie in zwei Romane goss, nämlich >Anton Reiser< und >Andreas Hartknopf<.

Das Anliegen der Selbstverständigung und Selbstreflexion, der Wiedergewinnung einer Orientierung begegnet in den Liebesdiskursen jener Zeit. Die drei Liebeskonzeptionen des 18. Jahrhunderts schlagen darin unterschiedliche Wege ein. Die „vernünftige Liebe" (und Ehe) verspricht Sicherheit, indem sich die Betroffenen den religiösen und moralischen Normen unterwerfen. Sie konzipiert Liebe als ein (eheliches) Verhältnis, in dem Mann und Frau die tradierten Konventionen der Ehepartnerwahl befolgen, ihre geschlechtsspezifische Bestimmung leben und einander darin ergänzen. Die „zärtliche Liebe" antwortet auf die subjektive Beunruhigung, indem sie die Gefühlskomponente stärker betont und hervorhebt, dass der Moral die Empfindung und die Zugeneigtheit zum Du vorausgeht. Antwortet ein Liebender auf den Geliebten aus seinem Innern heraus, kehrt er diese Gefühle nach außen und verkleidet sie in zärtliche Fürsorge, zu der er sich verpflichtet, setzt dies – analytisch betrachtet – voraus und legt empirisch nahe, dass der Liebende in sich hineingehorcht hat. Insofern kann die Bewegung der Selbst- und Innenschau dazu beigetragen haben, den Entwurf der zärtlichen Liebe zu erzeugen. Die Vermutung, die Psychologie der Selbstvergewisserung weise Verbindungen auf mit Liebesvorstellungen, könnte sich beim frühromantischen Liebesbegriff erhärten. Denn er bricht mit allen Tabus seiner Zeit (spiegelt damit die subjektive Reaktion auf historische Revolution), sucht radikale Neuorientierung und ortet sie in reiner Personalität und der Verschmelzung der Identitäten. Um indes „wahrhaft" zu lieben und die „wahre Liebe" zu finden (und nicht etwa der Illusion, sie gefunden zu haben, zu erliegen), muss der Liebende zunächst den Blick auf und in sich selbst senken. Um die Wahrscheinlichkeit zu erhöhen, zu erkennen, was er sucht, braucht er die Kenntnis davon, welche Bedürfnisse, Sehnsüchte, Wünsche ihn leiten. Dadurch gewinnt er Anhaltspunkte, wie das Du beschaffen sein muss, um sich mit ihm in Liebe zu vereinen und einander zum ganzen Menschen zu ergänzen. – In der Ratgeberliteratur schlägt sich der geisteswissenschaftliche Diskurs nicht nieder, sondern klebt an hergebrachten Folien.

Zu Zeiten des Magazins rangierte diese Art der Psychologie mit ihrem introspektiven, der Innenschau und Selbstreflexion verschriebenen Programm (das später den Weg der hermeneutisch-verstehenden, dann der klinischen Psychologie einschlägt) unter dem Titel „Populärpsychologie". Sie grenzt sich ab von der „wissenschaftlichen Psychologie", deren Bemühen nicht darum kreist, Antworten und Hilfen für subjektive Irritationen zu finden. Ihre Forschung rankt um jene Probleme menschlichen Funktionierens, die das sozialstrukturelle und ökonomische Brodeln aufwirft. Diese Psychologie ist eine objektivistische oder mechanistische und widmet sich primär physiologischen Aspekten. In den 30er und 40er Jahren des 18. Jahrhunderts expandiert die (psychologische) Physiologie als Antwort auf wirtschaftliche Erfordernisse und technische Entwicklungen von Produktionsmitteln. Insbesondere die Sinnes- und Muskelphysiologie gelangt zu Ruhm, weil sie hilft, die einzelnen Sinnesfunktionen in ihrer „Reichweite, Diskriminierungsfähigkeit genauer zu bestimmen, den Umfang und die Dauer der Informationsverarbeitung bis zur motorischen Umsetzung in einfache und komplexe Reaktionen zu erkennen und schließlich die spezifischen Merkmale des Verlaufs von gleichförmigen kontinuierlichen Tätigkeiten" zu ermitteln (Jaeger/Staeuble 1978, 275).

Die psychophysische, experimentelle Ausrichtung psychologischer Forschung kann den Eheleuten nicht helfen, eine glückliche Ehe zu führen. Ebenso wenig entdecken wir in den Lebenshilfen Spuren der introspektiven oder geisteswissenschaftlichen Populärpsychologie. Möglicherweise stapft hingegen die vermögenspsychologische Richtung in die Ratgeber hinein, und zwar eingewickelt in die Kleider der Geschlechterideologie. Der Hauptgedanke der Vermögenspsychologie leitet die Vielfalt von Fähigkeiten aus einer Gruppe angenommener, also gesetzter (!) Vermögen her, heute würden wir von Kompetenz oder Potenzial reden. Die geschlechtsspezifischen Zuschreibungen von Fähigkeiten und Unfähigkeiten, von Eigenschaften und Verhalten, von Pflichten und Rechten lassen sich folglich mit Rekurs auf wissenschaftlich destillierte Vermögensaussagen begründen. Explizit, das sahen wir, machten Ratgeber von der Anrufung dieser Autorität allerdings keinen Gebrauch, sondern vertrauten, noch mit dem Traditionalen verwachsen, vor allem der Überzeugungs- und Direktionskraft moralisierenden Redens mit ihrem Rückgriff auf Gott, Sitte oder Natur. An dieser semantischen Codierung hält das 19. Jahrhundert weitgehend fest, wenn auch ab und zu in den Ratgebern der Bogen zur „Naturwissenschaft" geschlagen wird. Ihren Einfluss macht nicht die psychotechnische Forschung geltend, deren Ansätze in dieser Zeit nachgefragt sind, weil man sich bemüht, das Ausbildungssystem zu effektivieren und die Selektion von Arbeitskräften zu optimieren. Vielmehr sind es Fortführungen der „beschreibenden Psychologie", der Charakterologie und der Typologie, die in die Ratgeber hineinragen.

In den 80er Jahren entwickeln Breuer und Freud die Grundrisse der Psychoanalyse, deren Ätiologie psychischer Störungen und Erkrankungen deutlich von der Schulmedizin abweicht, weil sie psychogene Symptombildungen annimmt und verfolgt. Sie sucht, unter der Annahme eines unbewussten Sektors in der Persönlichkeit, nach verborgenen und erst durch therapeutische Arbeit ins Licht des Bewusstseins zu befördernden Ursachen und deren strukturellen, systematischen Zusammenhängen. Freud sollte Recht behalten, wenn er prognostizierte, „dass die Annahme unbewusster seelischer Vorgänge einen folgenschweren Schritt [...] für Wissenschaft und Leben bedeuten würde" (Fallend et al. 1985, 117). Über die Beschäftigung mit dem Syndrom der Hysterie deckten Breuer, Freud und Mitarbeiter eines der brennendsten Probleme des Bürgertums auf: die Sexualität. Die Studien lösten, wie zaghaft an den Ratgebern des ausgehenden 19., deutlich bereits zu Beginn des 20. Jahrhunderts ein Erdbeben aus, weil sie das Reden über Sexualität enttabuisierten und eine Verbindung zum persönlichen und folglich zum ehelichen Wohl herstellten. Gesellschaftsfähig wurde der Sexualitätsdiskurs in Begleitung der These ihrer ehehygienischen Funktion. Unsere Analysen dokumentieren, dass die Kategorien dieses Diskurses in den Ratgebern rezipiert wird.

Ab der Jahrhundertwende diversifiziert sich das Spektrum psychologischer Konzepte weiter. Neben der Denkpsychologie, der Ganzheitspsychologie der Leipziger Schule, der Gestalttheorie der Berliner Schule, der Entwicklungspsychologie gewannen vor allem tiefenpsychologische Zweige an Einfluss. Populär wurden die Psychoanalyse Sigmund Freuds, die Analytische Psychologie Carl Gustav Jungs und die Individualpsychologie Alfred Adlers. Die (universitären) Disputationen schlängeln sich um einige „Leitbegriffe", die zumindest in der Rhetorik im Liebes- und Ehediskurs eine Rolle spielen, nämlich Ganzheit und Sinn, Entwicklung und Genese, Persönlichkeit und Charakter (Ash 1985, 66). Zwar entbehrt die Ratgeberliteratur des ausdrücklichen Bezugs auf diese Psychologien. Hingegen lassen sich Niederschläge und Spuren durchaus nachweisen. Neben der Rede vom Geschlechtscharakter entdeckten wir die Semantik der Ganzheit und des Sinns, nach der Liebe und Ehe die zwei halben Menschen durch wechselseitige Vervollkommnung oder Ergänzung in zwei ganze Menschen verwandeln, diese sich in ihrer (charakterologisch prädestinierten) Persönlichkeit entfalten und ihnen die Sphäre bieten, ihrem Leben Sinn zu verleihen. Die nachhaltige Imprägnierung der Liebe durch die Entdeckung der Sexualität wurde bereits erwähnt. Dieser Diskurs gilt in erster Linie aufklärerischen Zwecken und konzentriert sich auf biologische und physiologische Komponenten. Allmählich schiebt er jedoch die geschlechtsspezifische Erlebniswelt in den Vordergrund und führt eheliche Sexualität als ein kardinales Moment ein, das über die Qualität der ehelichen Beziehung Aussagen macht. In diesem Zusammenhang liegen Bezüge zur Psychoanalyse nahe.

Die schon oben behauptete Infiltration tiefenpsychologischen Denkens in den Liebesdiskurs wird verständlicher vor dem Hintergrund des Umstandes, dass es ihm gelang, nach dem 1. Weltkrieg zur „Massenanwendung" zu kommen (Fallend et al. 1985, 124). Nachdem sie sich theoretisch auch schweren Neurosen und Psychosen geöffnet hat, wird insbesondere die Psychoanalyse auf breiter Front popularisiert. Sie reitet auf einer Welle von Zeitschriftengründungen, Verlage lancieren „eine Vielzahl von populären Darstellungen, Einführungen in die Psychoanalyse und Anwendungen"; sie findet Aufnahme in diverse Bereiche der Volksaufklärung und psychologischer Lebenshilfe und stellt die dramaturgische Architektur für Filme (a. a. O., 125 f.; z. B. Hitchcock). Allerdings, das belegen die Ratgeber, liquidiert die psychoanalytische die traditionale Semantik noch nicht, sondern stabilisiert diese. Während die Psychoanalyse vornehmlich die Rhetorik um die eheliche Sexualität prägt, wird die jungianische Psychologie herangezogen, um sowohl ephephilosophische oder eheideologische als auch Fragen der ehelichen Sexualität zu beantworten. Sie liegt all jenen nahe, die Liebe und Ehe als Medium, als Weg und Ziel begreifen, die eigene Persönlichkeit zu finden und ihr Ausdruck zu verleihen. Sie erinnert an den frühromantischen Liebesentwurf. Sie weckt romantisch-mystische Ideen auf und überführt diese Renaissance auf die eheliche Erotik. Sie enttabuisiert Sexualität und entanimalisiert Sexualität, indem sie sie zu einem metaphysischen Akt der Verschmelzung stilisiert. Insofern sie diese Vereinigung als beidseitig und die Liebe als Einswerdung von Animus und Anima, dem männlichen und weiblichen Aspekt des Menschen, thematisiert, hilft sie, das weibliche Sexualleben ins Blickfeld zu rücken. Zwar löscht sie die Führungsrolle des Mannes nicht. Der liebende Mann wird indes angehalten, die weibliche Art erotischen Erlebens einfühlsam und rücksichtsvoll aufzunehmen. (Ein Hauch dieser Philosophie weht durch den Ratgeber von Drews.)

Die Semantiken erfahren im nationalsozialistischen Deutschland keine revolutionäre Wendung. Die Veränderung erschöpft sich in der Verlagerung von Schwerpunkten. Stärker zentriert werden die biologischen, rassehygienischen und eugenischen Aspekte, während das seelische Moment der ehelichen Gemeinschaft tendenziell an die Peripherie rückt. Es wird nicht vergessen als vielmehr immer schon mitgedacht.

Liebe ist die Frage: Und was meinst du mit Liebe? Liebe ist alles bis nichts. Liebe von den 50er Jahren des 20. bis zum Beginn des 21. Jahrhunderts

Überblick

Historisches Panorama

In den ersten Jahren nach Kriegsende hatten Männer wie Frauen dramatische Veränderungen ihrer Lebensumstände hinzunehmen und mussten sich neu arrangieren (vgl. z. B.: Hörning 1973; Mayntz 1955; Beckel 1969; Prokop 1980; Pross 1975, 1978, 1979; Schenk 1987; Wurzbacher 1969, 1987). Der Kollaps der staatlichen und wirtschaftlichen Ordnung schleuderte die Menschen in eine Situation, die sie als anomisch oder chaotisch erlebten. Der Krieg hatte wie ein Orkan gewirkt, Menschen sozial entwurzelt und ließ sie in Ehe und Familie als einzigem verbliebenen zuverlässigen Halt flüchten, hoffend, dort ein Netz noch intakter Sozialbeziehungen zu finden. Allerdings trafen viele Betroffene dort Unvertrautes an. Der gesellschaftliche Zusammen- und Umbruch wirbelte traditionale Muster auf und erzwang gerade auch im familialen und ehelichen Leben eine komplette Neuorientierung. Verbreitet war die Ehe in der Tradition der Kameradschafts- oder Gefährtenehe als Solidargemeinschaft. Die Ehe erschien als ein Bündnis, dessen Ziel die Koordination der Kräfte war, um ein Zuhause wieder aufzubauen, das die ersehnte Sicherheit und Geborgenheit bringen sollte. Annäherungsweise bereits in den 50er Jahren, unleugbar jedoch in den späten 60er Jahren brachen sich im Alltagsleben Entwicklungen Bahn, die das Eheleben faktisch neu zu organisieren zwangen. Ein heterogenes Bündel an Ursachen und Gründen leitete das Wanken der tradierten Eheideologie ein und führte, wenn auch erst etwa zwei Jahrzehnte später, dazu, dass ihr Monopol für die Lebensgestaltung kippte. Wie es zu diesem tief greifenden und bis in die feinste Kapillare des persönlichen Lebens hineinragenden Prozess kam, sei im Folgenden (stark gerafft) nachgezeichnet.

Die vor und während des Krieges im Erwerbsleben stehenden Frauen hatten Kompetenzen und ein Selbstvertrauen ausgebildet, die irreversibel waren – und auch sein sollten. Denn nach Kriegsende wurden ihre Fähig- und Fertigkeiten sowohl von der Gesellschaft (Wiederaufbau, Trümmerfrauen) dringend gebraucht als auch von den Männern. Diese mussten nicht nur ihre Kriegserlebnisse verkraften, sondern sich zudem in einer Welt neuer Berufsstrukturen, technischer Entwicklungen und selbstständiger, souveräner Frauen zurechtfinden. Die Rollen waren tendenziell vertauscht, mit ihnen wandelte sich insbesondere das Anspruchsverhalten der Frau. Zwar dauerte es bis in die 60er Jahre, bis Ehefrauen wagten, eigene Ansprüche für ihr Leben zu reklamieren und der Familienkarriere eine neben- oder gar untergeordnete Funktion beizumessen. Und sie mussten erst noch die moralisch durchgesetzte Debatte über ihre „Doppelrolle" überstehen (z. B. Dunkelmann 1961; Sullerot 1971). Doch geriet unmittelbar nach Kriegsende die Zersetzung der traditionalen Eheanschauung unumkehrbar ins Wanken und vollzog sich in der Folgezeit schleichend, aber unaufhaltsam.

Auf die Zäsur reagierten vor allem die Männer mit großer Verunsicherung. In ihrer Verzweiflung umklammerten sie die klassische Rollenverteilung umso fester. Der Versuch, die Ehe als Solidargemeinschaft in der vorgegebenen rigiden Weise zu arrangieren und darin in harmonischer Partnerschaft zu leben, schlug fehl. Sie erwies sich als unzeitgemäß oder obsolet. Auf der einen Seite stand die erwerbstätige und souveräne Frau, auf der anderen sollte sie sich patriarchalischem Ansinnen unterwerfen – das musste zu Spannungen führen und tat es auch, in der öffentlichen Diskussion über die Doppelrolle als auch in der Ehe. Auf männlicher Seite überwogen Verunsicherung und – je nach Schichtzugehörigkeit – (über-)kompensatorische Bemühungen, sich als Oberhaupt zu reinstallieren, das in der Lage ist, Frau und Kinder allein zu ernähren. Auf der weiblichen Seite plagte ein schlechtes Gewissen. Noch bis in die 70er Jahre hinein (und oft noch heute, zu Beginn des 21. Jahrhunderts!) kämpfte die Frau mit der vernichtenden Kritik, zugleich Gattin, Mutter und Berufstätige sein zu wollen (z. B. Kaufmann 1988; Pfeil 1961; Wurzbacher 1969). Schuldgefühle wurden ihr gleichsam von innen und außen aufgedrängt. Von innen, weil sie selbst ihre Statusveränderung kognitiv und psychisch noch nicht verarbeitet hatte und innerlich dem traditionalen Frauenideal verhaftet war. Von außen wurden ihr Schuldgefühle implantiert, da die Vorwürfe, sie verhalte sich egoistisch, auf fruchtbaren Boden in ihrer Selbstbefindlichkeit stießen. Die Massenmedien taten in den 50er und 60er Jahren wenig dazu, emanzipatorische Anstrengungen zu unterstützen und damit den empirischen Verhältnissen Rechnung zu tragen. Im Gegenteil, sie transportierten alte Leitbilder, die sie zum Teil in einem Ausschließlichkeitsverhältnis konstruierten, also in der Entweder-oder-Logik verankerten. Die ideale Frau war tüchtige Hausfrau, fürsorgende Mutter, heißblütige Gattin, perfekte Gastgeberin und kompetente und attraktive Gefährtin des Mannes (vgl. z. B: Dunkelmann 1961; Horvath 2000; Siebenschön 1968). Öffentliche Medien halfen kaum, neue Modelle ehelichen Zusammenlebens zu generieren. Die Betroffenen blieben einem Wechselbad von Tradition und Modernität ausgesetzt, das darin kulminierte, der Frau ein Orchester von Seinsmodi zuzumuten. Sie sollte auftreten als „mitverdienende geistig agile Vollpartnerin in der Ehe, die ihrem Mann auf seinen Höhenflügen folgt, dabei mit links die eigene Karriere bewältigt, mit rechts ein Pärchen Kinder regiert, den Haushalt nebenbei erledigt, als perfekte Gastgeberin in der Rolle der glamorösen Gefährtin glänzt und ohne Mühe ebenso attraktiv für die anderen wie für den eigenen Mann die begehrenswerte Gespielin bleibt" (Siebenschön 1986, 92 f.). Unter diesem Vorzeichen überforderten die Eheleute einander wechselseitig. Sie personifizierten damit die Kollision von Wesens- und Ergänzungsideologie einerseits und den Alltag andererseits.

Der Anachronismus der traditionalen Festlegungen wurde nicht nur daran sichtbar, dass diese am ehelichen Alltag zunehmend scheiterten. Die Grenze ihrer Verwirklichung zeigte sich zudem an der Vervielfältigung von Ehemodellen, die als „Strukturtypen" erkennbar wurden (Richter, in: Beckel 1969, 7; Wurzbacher 1969, 88 ff.). Ein Typus kann als traditional-rational bezeichnet werden und zeichnete sich dadurch aus, dass die klassische Semantik das Eheleben lotste. Diese Ehen galten als stabil. Beim zweiten Typ konkurrieren das patriarchalische Leitbild und der Anspruch auf Gleichrangigkeit der Partner. Infolge des ideologischen Dissens litt die Ehe unter Rivalismen und war daher fragil. Im dritten Modell deklarieren die Gatten, sich am Leitbild der Egalität zu orientieren, setzen ihren Anspruch aber nur ansatzweise um. Die Instabilität der Ehe fangen die Partner auf, indem sie der „Aussprachefähigkeit", der kommunikativen Auseinandersetzung, hohe Priorität einräumen. Im vierten Strukturtypus, der zur Nähe zu den 70er Jahren an praktischer Bedeutung gewinnt, potenziert sich die Anforderung, der sich die Partner stellen, noch einmal. Er konzediert der Frau „einen Vorrang unter Verweis auf ihre individuellen Lebensansprüche" (Wurzbacher 1969, 149) und kehrt die klassische Asymmetrie um. In den 60er Jahren dominierten die ersten beiden Modelle. Die allmähliche Hinwendung zu den beiden anderen Modellen verdankte sich der zunehmenden Entlastung von materiellen Sorgen, sodass Eheleute sich verstärkt um die Qualität des ehelichen Binnenklimas kümmern konnten.

Was für den dritten Typus der gleichrangigen Gefährtenschaft noch hinreichend war, wurde für den vierten Typus der Privilegierung der weiblichen Sicht und Rolle zur unabdingbaren Notwendigkeit. Die Partner mussten bereit sein, die Richtlinien, nach denen sie ihre Liebesbeziehung gestalten wollten, individuell auszuhandeln. Sie betraten Neuland, weil es kein Modell gab, auf das sie hätten rekurrieren können. Sie waren zurückgeworfen auf ihre Fähigkeiten und mussten sich intensiv miteinander beschäftigen. Die so motivierte Individualisierung und Intimisierung führten zwei qualitativ neuartige Anforderungen im Gepäck. Zum einen Anforderungen an das, was ab den 80er Jahren kommunikative oder – in den 90ern – emotionale Kompetenz genannt wird. In Ermangelung objektiver Regularien mussten die Partner erstens grundsätzlich darüber sprechen, an welchen Idealen sie ihre Liebesbeziehung ausrichten wollten, und zweitens oblag es ihnen, situativ immer wieder neu darüber zu entscheiden, was aus welchen Gründen zu gelten hätte. Zum anderen konnten sie die Konfliktbehandlung nicht mehr einem obligatorischen Referenzrahmen delegieren, sondern waren genötigt, personal zu attribuieren. Mit anderen Worten, insofern die Geschlechtersemantik ihre Gültigkeit verloren hatte, konnte Fehlverhalten nicht mehr mit Verweis auf sie erledigt werden, sondern wurde persönlich zugeschrieben. Individualisierung, Personifizierung sowie die Verwirrung um die ideellen Vorzeichen des Liebeslebens erwiesen sich insofern als Büchse der Pandora, als sie das Eheleben komplizierter und konfliktreicher machten. In dem Maße, in dem die Partner gefordert waren, fixe Normen durch Aushandlung zu ersetzen beziehungsweise zu definieren, in dem sie individuelle Interessen zu verschränken hatten, nahmen Probleme und Entscheidungsfälle zu. Die Beteiligten gerieten in innere Bedrängnis und nahmen die Angebote der Ratgeberliteratur dankbar an. Zusätzlich öffneten sie bereitwillig die Tür zu ihrem Binnenraum, an dem psychologische und psychotherapeutische Profis bereits ungeduldig warteten, um einfallen und ihre Interventionskünste ausprobieren zu können. (Dazu unten mehr.)

Will man verstehen, aus welchen Gründen Liebende den psychologisierenden Helfern diese breite Einfallsschneise boten, muss man sich deren psychische Belastung in Erinnerung rufen und den neuen zentralen Stellenwert der Zweierbeziehung vergegenwärtigen. Die Menschen fühlten sich durch die „Umwertung aller Werte" und die Erosion struktureller und materieller Gewissheiten infolge der beschleunigten funktionalen Differenzierung ihrer Lebensumwelt derartig verunsichert, dass sie – wie schon einmal – einen Bereich suchten, in dem sie ihr Bedürfnis nach Lebenssinn, Geborgenheit und sozialer Verankerung stillen konnten. Der Rückzug ins Private lag nahe und Ehe, Partnerschaft oder Liebesbeziehung wurden dazu auserkoren, dieser Ort zu sein. Die Schöpfung und Kultivierung dieser Welt innerhalb neuer Rahmenbedingungen erforderte von den Liebenden, diese ihre „wirkliche Welt" mit normativen Standards und Verhaltenscodices zu versorgen – und diese mussten sie je neu verhandeln. Konfrontierte diese Situation die Betroffenen bereits mit Furcht erregenden Ansprüchen, wuchs die Herausforderung sozusagen exponentiell mit dem in den 70er Jahren ausbrechenden Psychoboom.

Doch bevor wir uns dieser Zeitspanne zuwenden, bedarf es einer wichtigen, weil nachhaltigen Ergänzung zu den Jahren davor. Die 50er und 60er Jahre können unter dem Vorzeichen gelesen werden: „Sexualität – freudianisch betrachtet", und führen damit eine Tradition aus der vorhergehenden Epoche fort. Mitte der 60er Jahre „schwappte, von Skandinavien kommend, die so genannte 'Sex-Welle' über die Bundesrepublik" (Schenk 1987, 192), massenwirksam verbreitet durch Oswald Kolles Aufklärungsfilme „Deine Frau, das unbekannte Wesen" (1969) und „Dein Mann, das unbekannte Wesen" (1970). Diese sowie Filme mit erotischem Akzent zogen ein riesiges Publikum an, zumal etwa zeitgleich die Antibabypille ihren Siegeszug antrat. Die Aufklärungs- und Sexualisierungswoge brach indes nur scheinbar die traditionale Geschlechterideologie auf, weil die Federführung nach wie vor dem Mann zugeordnet wurde und die Frau die hingebende und „passive, sich opfernde Bettgenossin" blieb (O'Neill 1974, 32 f.). Durchschlägige Impulse erhielt der Diskurs in der zweiten Hälfte der 60er Jahre durch die Studentenbewegung und die feministische Strömung, die – in einer Mischung aus Marxismus und Psychoanalyse – massive Kritik an der bürgerlichen Ehe übten und vor allem in der „sexuellen Befreiung" ein Mittel sahen, die traditionalen Ketten zu sprengen. Neben der Enttabuisierung des Redens und dem freizügigen Praktizieren von Sexualität stürmte diese Rebellion auch die Bastion der Ehe als zwingend heterosexuelle Gemeinschaft. Die Bemühungen, homosexuelle Beziehungen als Lebensgemeinschaften zuzulassen und – schließlich – zu legalisieren, schlängeln sich bis in das Jahr 2002. Simultan erwächst der „Ehe mit

Trauschein" in dem Zusammenleben oder der „Ehe ohne Trauschein"
eine Konkurrenz und provoziert – wieder einmal – eine heftige öffentliche Debatte um die „Krise der Ehe" (z. B. Wingen 1984; Schenk
1987). Es sei nur darauf hingewiesen, dass sich die „Ehen auf Probe"
in ihren grundlegenden Problemen und Konfliktfeldern nicht systematisch von Ehen unterschieden. Zwar bemühten sie sich, dem Leitbild der Partnerschaft zu folgen, hielten in praxi indes am alten Paradigma weitgehend fest. Die skizzierten Entwicklungen wurden auch
sprachlich abgebildet. In dieser Zeit fundamentaler Innovationen und
Wandlungen wurden in öffentlichen Diskursen die Termini Ehe und
Eheleute zunehmend durch die Begriffe Partnerschaft und Partner ersetzt.

Damit haben wir uns den 70er Jahren genähert, die noch einmal eine paradigmatische Wende einleiten. Auf den Wellen der feministi-
schen Bewegung reiten – ob als Parasiten oder als Promotoren, sei
dahingestellt – Werte mit, deren Quelle psychologische Konzepte waren. Diese wiederum können als Antworten gedeutet werden, der in
Not geratenen Seele zu helfen. Diese soll – selbstreflexiv – ihre Wunden aufdecken und gemeinsam mit Psychoexperten heilen. Der
Psychoboom propagiert als Weg zu Selbstfindung und Gesundung jene Suchaktionen, die unter den Termini Selbstentfaltung, Ichfindung
oder Selbstverwirklichung bekannt wurden und derartig flink das Alltagsbewusstsein und -handeln durchdrangen, dass sie binnen kurzer
Zeit der Trivialisierung und Banalisierung anheim fielen. Das tat ihrem (auch kommerziellen) Erfolg keinen Abbruch, den sie damit hatten, neue Deutungs- und Orientierungsmuster in die Köpfe und Herzen der Menschen zu pflanzen und sich als Eltern von Sinnfragen zu
generieren. Die Ego-zentrierte Wende, die Reverenz an das Ich und
dessen Positionierung in den Mittelpunkt persönlicher Lebensführung
konnten die Psychospezialisten allerdings nur mit der Unterstützung
der Adressaten leisten, die sich als Betroffene fühlten und Nachfrage
erzeugten – und bis heute erzeugen (vgl. Mahlmann 1991; Nagel/Sei-
fert 1979). Ohne verschwörungstheoretisch planvolles Inszenieren
unterstellen zu wollen, seien Bedingung der Möglichkeit und Prozess
wie folgt rekonstruiert: Die durch Umbrüche katalysierte Verunsicherung warf das Individuum auf sich selbst zurück und provozierte
Fluchtbewegungen. Dem liefen Prozesse parallel, die als Anwachsen
der Komplexität beschrieben werden können. Die berufliche Lebenswelt differenzierte sich immer mehr aus und degradierte die Einzelnen zu Funktionsträgern. Sie zerstückelte die ganze Person in Teil-
rollen und förderte (unter anderem) das Gefühl, einer anonymen und

fremden Welt ausgeliefert zu sein, in der die Leistung alles und die Person nichts zählte. Diese subjektive Befindlichkeit nährte das Bedürfnis, eine alternative „Parallelwelt" aufzubauen, in der man authentisch sein und sich entfalten konnte und sich aufgehoben fühlte. Die drängende Suche endete in der Liebesbeziehung, als Ehe oder Partnerschaft ohne Trauschein. Diese wurde nun überfrachtet mit jenen Bedürfnissen, die in der Außenwelt vakant blieben. Jeder wollte seine Persönlichkeit oder sein Ich entfalten, wollte sich individualisieren und mit einem geliebten Menschen glücklich sein. Die Botschaft der einschlägigen Psychologien versprach, beides zu finden, wenn die Einzelnen wagten, sich selbst zum Gegenstand introspektiver Betrachtungen zu machen, sich in der Liebesbeziehung zu emanzipieren (besonders die Frau) und sich den Anforderungen zu stellen, die ein gemeinsames Leben an die Ausbalancierung subjektiver Interessen heranträgt. Selbstverständlich boten die Psychoexperten ihre tatkräftige Assistenz an – und ein Blick sowohl auf die literarischen Ergüsse im Bereich Ratgeber als auch auf das explosive Wachstum und die Vielfalt psychotherapeutischer Angebote zeigt, dass ihre Hilfsofferten begeistert angenommen wurden und werden. Lediglich die Schwerpunkte der Probleme, die den Gang zum Therapeuten oder den Griff zum Buch veranlassen, unterlagen und unterliegen saisonalen Schwankungen.

In den 70er Jahren nahm das Thema sexuelle Treue einen prominenten Platz in der Loge des Beziehungs-Theaters ein. Das Hauptstück hieß „Selbstentfaltung und glückliche Liebesbeziehung – wie soll das funktionieren?". (Der hohe Wiedererkennungswert mit aktuellen Dramen ist keinesfalls zufällig!) Im ersten Akt dominiert die Frage nach Sinn und Unsinn, nach Möglichkeit und Unmöglichkeit gelebter Monogamie. Der Konfliktstoff verdankt sich einer Diskrepanz. Einerseits hatten sich die Menschen noch nicht von dem Ideal der monogamen und exklusiven Liebe und Ehe befreit. Andererseits dehnte sich das Selbstverwirklichungsthema auf die Sexualität aus. Dem psychologischen Diskurs gelang es, Liebe und Lust zu dissoziieren. Die Kernbegründung verwies darauf, dass die individuelle Verschiedenheit der Person auch deren Bedürfnisstrukturen einschließt, differente Dispositionen nicht zwangsläufig zusammenlaufen und sexuelle Attraktivität (eine Angelegenheit physiologischer Reiz-Reaktions-Mechanismen oder doch vergänglicher Affekte) ohnehin mit der Zeit nachlässt. Das Ergebnis war revolutionär: Liebe wurde von sexueller Treue abgekoppelt, diese war weder Kondition noch Beleg von Liebe – und sie lebt dennoch, diese Verbindung! Sosehr sich Paare massenweise bemühten, das Thema Treue zum Unthema zu deklarieren – sie scheiterten. Bis heute beharren Liebende darauf, sexuelle Treue sei ein Zeichen von Liebe. Sie folgen einem naturwissenschaftlichen Diskurs, demgemäß Erotik allein eine Frage physiologischer und chemischer Wechselwirkungen sei, und sie versagen einem psychologischen Plädoyer die Gefolgschaft, demgemäß sexuelle Treue zu Konflikten bis Hass führe, Toleranz hingegen zu neuen Chancen. Dieser Zwiespalt ist es, von dem Psychoexperten und selbst ernannte Paarprofis profitieren. Die Ambivalenz trieb und treibt Liebende in die Arme der Psychospezialisten. Dort hofften (und hoffen) sie zu lernen, was nötig ist, nämlich das „richtige Ideal", das der „offenen Ehe" (O'Neill 1974), und Techniken gelingender Kommunikation, also Gesprächsführung, und des „konstruktiven Streitens" (Bach/Wyden 1970, Neuauflage 2000). Auf dem Sektor der Ratgeber transportierten etwa die Klassiker >Die offene Ehe< (O'Neill) und >Streiten verbindet< (Bach/Wyden) psychologischen Standards, Normen und Werte der idealen Liebe und Ehe. Sie wurden von einem breiten Publikum als funktionale Äquivalente zu den traditionalen Regularien willkommen geheißen, und so übten (und üben) sich massenweise Paare darin, offen zu kommunizieren, konstruktiv zu streiten, sexuelle Untreue als liebesindifferent zu werten und sich in der Liebesbeziehung selbst zu entfalten. Das Florieren des Psychogeschäfts und die anhaltende Konjunktur dokumentierten allerdings unüberschaubar, dass mit den neuen Idealen etwas nicht stimmen konnte und kann. (Der Einwand, die neuen Werte liefen an den Bedürfnissen der Menschen vorbei, seien nicht leistbar, wird regelmäßig weggewischt und mit dem Hinweis bedacht, dass es der Grad der Verinnerlichung traditioneller Normen sei, der die Geburt der freien Liebe verhindere. Nun, das lässt sich diskutieren. Es ändert nur bedauerlicherweise nichts am Problem: dass selbst im Jahr 2002 Berichte, Ratgeberliteratur und Therapeuten noch immer um diese Thematik kreisen und fieberhaft nach lebbaren Arrangements fahnden, die die Betroffenen glücklich sein lassen. (Auf die Winkelzüge in den – übrigens nicht neuen – Argumentationen kommen wir noch zu sprechen.)

Allerdings entfaltete die psychologisierte Liebessemantik ihre Macht in den öffentlichen Medien und damit in den gelebten Beziehungen noch nicht durchgängig. Der Markt der Beratung divergierte in zwei Stränge. Eindrucksvoll belegt die Durchsicht von Massenmedien, insbesondere Unterhaltungssendungen, „Yellow Press" und hier Frauenzeitschriften sowie Werbung, dass diese noch in den 80er Jahren als Transmissionsriemen traditioneller Ideologiekomponenten

wirken (z. B. Böhme 1979; Bleske 1981; BMJG 1980; Frau und Gesellschaft 1981; Giger 1981; Sullerot 1971; Ulze 1979; Horvath
2000). Gleichzeitig schlugen sich Beratungs-, Fach-, Trainings- und
theoretische Fachliteratur für das neue Leitbild, ausgestattet mit
Gegenprogrammen, in die Bresche (z. b. Fischalek 1979; Mandel
1984; Metz-Göckel/Müller 1987; Mieth 1984; Willi 1976; 1978).
Die 80er Jahre und folgende bestärken vorhandene Entwicklungen
oder nehmen vergangene Diskussionen und Sichtweisen wieder auf.
„War die alte Ehe vormals ein Duett nach einer genau festgelegten
Pflicht-Partitur, dann gleicht die Ehe heute mehr einer improvisierten
Jam-Session zu zweit, bei der noch nicht einmal klar ist, wer welches
Instrument spielt, geschweige denn wonach und wie" (Siebenschön
1968, 269 f.). Diese Charakterisierung, die des sarkastischen Unter-
tons nicht entbehrt, greift das Brodeln Ende der 60er Jahre auf und
beschreibt das subjektive Empfinden von Betroffenen noch heute sehr
gut. Sie bedarf lediglich der Erweiterung auf hetero- oder homosexuelle Liebesbeziehungen. Zur Bereicherung und Verunsicherung
trug in den 80er Jahren der zum Bestseller avancierte Liebesdiskurs
von Erich Fromm >Die Kunst des Liebens< (1956) bei. Seine Botschaft fächert Liebe in diverse Liebesarten auf, unterscheidet reife
und unreife Liebe und begreift (unter Anlehnung an C. G. Jungs Konzept der Individuation) Lieben als einen Weg, menschliche Reife zu
erlangen, sich selbst und damit die persönliche Bestimmung zu verwirklichen. Echtes oder wahrhaftes Lieben bedingt, dass sich der Liebende selbst liebt, um auf diese Weise eine Liebesverbindung überhaupt eingehen zu können. Lieben, so Fromm, transzendiert die (nai-
ve) frühromantische Vision von der symbiotischen Vereinigung als
Verschmelzung zweier Identitäten insofern, als wahre Liebe „eine
Vereinigung, bei der die eigene Integrität und Individualität erhalten
bleibt", ist (Schenk 1987, 205). Fromm verbeugt sich vor dem Zeitgeist. Denn dieser vermengt die Melodie der Individualisierung mit
Tönen der Sehnsucht, ein intimes Paralleluniversum zu gebären. Da
zudem gilt: „Ich werde geliebt, weil ich liebe", ist der Liebende ge-
zwungen, sich des Liebens würdig zu verhalten. Fromm nimmt gewissermaßen das Echoprinzip an und kolportiert die Überzeugung,
dass Lieben Lieben generiert. Da sich weder die subjektive Entfaltung noch das eigene liebenswürdige Benehmen noch die Gestaltung
einer „reifen" Liebesbeziehung automatisch einstellt, entpuppt sich
reifes Lieben als Arbeit. Über die Qualität einer Liebesbeziehung entscheidet fortan das kommunikative Geschick, eigene mit den Interessen des anderen zu verweben, und so ähnelten zahlreiche Partner-

schaften eher einem Dauergespräch als einem Liebeshandeln. Das Idiom „Beziehungsarbeit" genießt ab jener Zeit denn auch weite Verbreitung. Jetzt müssen Liebende verabreden, worin sich ihr Lieben offenbart, und sind genötigt, dies bar jedweder allgemein gültigen Leitlinien zu tun. Selbstverständlich bieten in diesem Zusammenhang die Psychoexperten wieder ihr Wissen und Können feil.

Und das wird konsequent nachgefragt. Man stelle sich die konfuse Lage vor: Dank des Diskurses, der zur offenen Ehe und Partnerschaft verpflichtet, verwischen sich die Grenzen der ehemals exklusiven Zweierbeziehung. Der Anspruch an Autonomie, Individualisierung und Glück in der Liebesbeziehung flexibilisiert die Demarkationslinie, die Innen und Außen markiert. Die Grenzlinie wird perforiert, weil die Welt außerhalb der Partnerschaft bedeutsam(er) wird. An Relevanz und Einfluss gewinnt sie in zweierlei Hinsicht. Zum einen werden Menschen und Beziehungen benötigt, um die eigene Selbstverwirklichung voranzutreiben, und zwar in allen Hinsichten, mental, kognitiv und erotisch-sexuell. Zum anderen soll das „gemeinsame Selbst", die Lebensgemeinschaft, vor den die Identität zersetzenden unpersönlichen, formalisierten Ansprüchen einer fragmentisierenden anonymen Welt schützen, kompensieren oder entschädigen. Das macht die Verbindung nicht nur komplizierter, sondern auch zerbrechlich. Die Öffnung der Intimbeziehung erzwingt folglich den Umbau von Stabilitätsvorstellungen, also einer veränderten Antwort auf die Frage, wie Kontinuität und damit Verlässlichkeit möglich ist. Sie fordert heraus, ein Repertoire kommunikativer Techniken und Lernbereitschaft auszubilden, um beides zu gewährleisten, die Ich-Entfaltung und die Konsolidierung der Beziehung. Da es in der partnerschaftlichen Liebe keine objektiven Richtlinien und apriorischen Leitplanken mehr gibt, sind die Liebenden notwendig auf das Gespräch als Medium verwiesen. Das Schweben im normativ freien Raum fordert ihnen ab, in der liebenden Interaktion zwischen zwei kommunikativen Dimensionen hin und her zu springen, je nach Notwendigkeit. Die erste kann als inhaltliche, konkrete oder punktuell-situative bezeichnet werden. In dieser Dimension handeln die Liebenden Inhalte und Regeln ihrer Intimität aus. Zusätzlich erklimmen sie die Metaebene, in der sie über ihre Beziehung reden. In dieser Sphäre regulieren sie, welche Erwartungen erwartet werden dürfen, und überwachen, ob und von wem die vereinbarten Regeln eingehalten werden. Im Konfliktfall müssen Liebende klären, unter welchen Bedingungen ein Konflikt vorliegt. Sodann verabreden sie, wie sie damit umgehen, wenn einer von ihnen einen Konflikt empfindet, um von dort – ebenfalls vereinbart – eine konstruktive Auseinandersetzung zu starten. In der Befolgung von deren Kriterien erkennen sie wechselseitig, inwiefern der je andere seine Liebe mitlaufend dokumentiert, und zwar sowohl anhand von nonverbalen Zeichen als auch von Worten. Mittels beider Ausdrucksebenen können und müssen sie ihre Liebe und ihr Bemühen um Kontinuierung glaubwürdig signalisieren. Die Metakommunikation müssen sie beherrschen, weil ein unergiebiger, stagnierender oder eskalierender Verlauf der Auseinandersetzung erfordert, auf die Vogelperspektive umzuschalten. Von oben, der Metaposition aus, betrachten sie, wer welchen Beitrag zur Verschärfung des Konflikts in welcher Weise leistet und anhand welcher Regeln welche Lösung mit welchen Maßnahmen einzuleiten sind (Glasl 1998; Mahlmann 2000).

Harmonie durch Konflikt

Insgesamt erstreckt sich die Kommunikation von Liebenden auf sämtliche Normen, die in der Liebe gelten sollen. Außergewöhnlich herausfordernd ist bis heute, die Ethik des Selbst und der Gemeinschaftlichkeit zu buchstabieren und dann – um der Liebe eine Chance auf Dauer zu geben – zu kombinieren. Diese intensive wie expansive Kommunikation muss Konflikte grundsätzlich vorsehen, und zwar in ihrer bereichernden, weiterbringenden Funktion. Als Bild: Liebende liegen sich während des Streitens in den Armen. Im Zuge der Komplizierungen, eine Liebesbeziehung zu begründen und Ewigkeit in Aussicht zu stellen, gebiert die kommunikative Wende eine Umwertung des Konflikts. Ab sofort gilt: Konflikte sind eine Chance – und deshalb müsst ihr Liebenden bereit sein, Konflikte einzugehen und auszutragen! Und dies aus mehreren Gründen: Konfliktthematisierung ist unausweichlich, weil sich partikulare Lebensläufe und -visionen (die einander zunächst Black Boxes sind) zusammentun und Interessenunterschiede eher Regel als Ausnahme sind. Anders gesagt, nehmen mit dem individualisierten Lebenslauf und Lebensentwurf die Reibungsflächen zu, sodass das klassische Programm, Konflikte über Anpassung zu vermeiden, sie über Rekurs auf Konventionen im Keim zu ersticken oder nonverbal zu kaschieren, nicht mehr zu halten ist. Ferner – psychologisch gedacht – beschwört derjenige, der Spannungen übertüncht, verschweigt oder sich dem Reden über Konfliktuelles gänzlich entzieht, gravierende Konflikte herauf, die sowohl um das individuelle Glück betrügen als auch das Überleben der Be-

ziehung riskieren. Denn der Zusammenprall – so die tiefenpsychologische Idee – ist nur aufgeschoben, weil sich Zwistigkeiten unter-
schwellig nähren, andere, meist indirekte, Kanäle suchen und sich
disproportional zum Anlass, explosiv und überraschend zu entladen
tendieren. Die Affirmation des Konflikts drängt sich zudem durch die
„Offenheit auf der Zeitachse" (Beck-Gernsheim 1986, 217) auf. Um
das persönliche und das Glück zu zweit zu ermöglichen, müssen Lie-
besuchende in die Welt ausschwärmen, um die Eine oder den Einen
zu finden. War es zu Zeiten der frühromantischen Liebe schon
schwierig, des wahrhaft geliebten Menschen habhaft zu werden, kompliziert sich dies ab den 80er Jahren sprunghaft. Da kursieren einmal
psychologisierte Überzeugungen. Insbesondere die tiefenpsychologische Variante mit ihrer Logik des Rückblicks sowie die konstruktivi-
stische Erkenntnistheorie sorgen dafür, alles widerrufbar zu halten.
Sie lehrt, dass in der (persönlichen, kollektiven) Vergangenheit die
Chancen der Gegenwart wie der Zukunft verborgen liegen. Die Welt
erscheint als zufällig, sie ist kontingent, es kann alles auch anders
sein. Auch in der Retrospektive und der Interpretation samt den Fol-
gerungen kann man sich irren. Nichts stimmt mehr, aber alles ist
möglich – und deshalb sage ich heute, dass ich dich liebe, aber ich
kann mich getäuscht haben. Diese Wankelmütigkeit oder die Vorsicht,
sich festzulegen und verbindlich zu sein, werden forciert von dem
psychologischen Gebot, auf der Suche nach sich selbst immer wieder
zu überprüfen, ob und was man optimieren kann, um das persönliche
Wachstums- und Entfaltungspotenzial auszuschöpfen – was seinerseits ratsam ist, weil individuelles Glück sich an dem Grad misst, in
dem es einem Menschen gelingt, sein Ich zur Geltung zu bringen.
Dass dies ein Zirkelschluss ist, stört weder die Propheten noch die
Jünger noch die Betroffenen. Und dass hier ein Ethos verkündet wird,
dem man folgen kann oder auch nicht, entzieht sich ebenso der Ent-
larvung. Die Hypothese gilt als Fakt, und was zu zählen scheint, ist,
dass diese psychologisierte Ethik von Liebe, Leben und Glück die
Leitplanken ersetzt, die einst die geschlechtsspezifische Charakterologie und die konventionelle Moral präsentierten. Die psychologische
Semantik vermittelt Orientierung, Referenzrahmen und Sicherheit in
der Grundausrichtung. Sie wird zur Autorität für Liebesfragen und
kann sich in ihrer Utopie von einer konfliktschwangeren Harmonie
als Bedingung der Möglichkeit von Liebesglück durchsetzen.

   Es ist der psychologischen Semantik zu verdanken, Harmonie neu
zu konzipieren. Galt vorher, Harmonie sei gleichbedeutend mit der
Abwesenheit von Zank, werden die Liebenden jetzt aufgefordert, Un-

stimmigkeiten aufrichtig und ungeschönt „auf den Tisch zu bringen", offen zu legen und zum Gegenstand des Gesprächs zu machen. Dies in konstruktiver Absicht, sodass Streiten „wirklich" verbindet und nicht zum Dauerzwist perpetuiert. Paradox formuliert: Disharmonie erzeugt Harmonie. Oder, je mehr gestritten wird, desto fester fällt die Bindung aus und desto tragfähiger die Harmonie. Jedenfalls dann, wenn die Liebenden „richtig" zanken – und damit sie dies lernen, erfinden die Psychoexperten entsprechende Kurse und paartherapeutische Konzepte. Und obwohl die Psychosemantik keinen Haltepunkt einbaut und nicht definiert, wann ein Streit beendet sein, wie lange er sich hinziehen sollte und Argumente welcher Provenienz dominante Geltung beanspruchen können, sodass ein Konflikt sich beliebig als „Dauerbrenner" einnisten und Streit zum Habitus werden kann – obwohl die Psychologie also einen Streit als infiniten Regress und Progress zulässt, durchwandert sie mühelos und mit bemerkenswerter Breitenwirkung Seele und Verstand von Liebenden und hinterlässt auf dem Picknicktisch das Menü einer konstruktiven, die Liebe bereichernden und erhaltenden Konfliktkultur. Sie liefert Kochkurs und Rezepte mit, die allerdings vage genug bleiben, um bestenfalls im Idealfall dabei zu assistieren, Liebesglück zu mehren. Die Aussichten darauf verbessern sich, sobald die Kontrahenten den moderativen Beistand von Profis erbitten. Paartherapeutisch klug und professionspolitisch ist dafür gesorgt, dass die Nachfrage nach Rat und Tat rege bleibt. Dies zumal, da der Erfolg nicht garantiert und gleichzeitig zugestanden wird, dass Misserfolg nichts mit Theorie und Handlungsanleitungen prinzipiell zu tun hat, viel dagegen mit den Betroffenen, schlimmstenfalls mit der (irrtümlich oder fälschlicherweise) gewählten Theorie oder den Therapeuten. Diese Hilfen haben zwar, wie erwähnt, in einem Umfeld psychologisierten Fühlens und Denkens, Redens und Handelns durchaus ihre Funktion, betten indes konstruktive Unterstützung und Therapiesucht – und damit Bevormundung beziehungsweise Entmündigung – nahe beieinander.

Das aktuelle Nebeneinander

Ob die lebenslange Liebe angesichts steigender Scheidungsziffern und der seit dem 18. Jahrhundert um knapp 50 Jahre gestiegenen Lebenserwartung zu einem „Wegwerfartikel" verkommen ist (Jellouschek 1988/2001, 15), kann zu Beginn des 21. Jahrhunderts verneint und bejaht werden. Verneint insofern, als „die große Liebe [...] noch

immer das Ideal der Deutschen [ist]", die Sehnsucht nach einer lebenslangen Intimbeziehung mit frühromantischen Einsprengseln die
Menschen in eine Liebesbeziehung treibt (Der Spiegel 9, 2001,
86–89; Jellouschek 1992). Allerdings auch zum Therapeuten, bei dem
Liebende Rat und Tat suchen, um ihre Partnerschaft fortzusetzen und
das Versprechen auf Liebesglück zu erfüllen. Denn, und hier beginnt
die Affirmation auf die oben gestellte Frage, das Liebesglück beständig zu halten, ist schwieriger geworden, weil traditionelle und von außen oktroyierte Stabilitätsfaktoren heute weitgehend entfallen oder
doch an Breitenwirkung eingebüßt haben und es folglich in das Geschick der Liebenden gelegt ist, Verlässlichkeit und Beständigkeit
herzustellen. Zudem verfolgen heute Liebende nicht von vornherein
aktiv, eine lebenslange Gemeinschaft einzugehen, sondern leben eine
Einstellung, die Dauerhaftigkeit als wünschenswert darstellt, aber
nicht zwingend und um jeden Preis (Badinter 1986, 236 ff.). Bemerkenswert ist dennoch, dass die – mit Verlaub – Ursehnsucht nach Bindung ein facettenreiches Spektrum gebiert, an dessen Anfang und Ende Gegensätze stehen. Es zeigt sowohl das Ausweichen oder Verweigern, überhaupt eine dauerhafte Partnerschaft einzugehen, sei es aus
Angst vor der Verbindlichkeit, sei es aus Furcht vor Schwierigkeiten
infolge der Abhängigkeit (Hilgers 2001, 25), als auch die stete Suche
nach Möglichkeiten, durch therapeutisch gelenkte Interventionen die
Probleme zu überwinden und mit externer Unterstützung die Ewigkeit zu fabrizieren. Sowohl der Abschied vom lebenslangen Liebesglück mit demselben geliebten Menschen als auch das permanente
Ringen um Endlosigkeit präsentieren die Pole, die das aktuelle
Nebeneinander, die persönlichen und partnerschaftlichen Paralleluni-
versen, ideologisch und praktisch kennzeichnen. Die folgenden Ausführungen zeichnen den Status quo von Diskursen und Fakten in
leichten Strichen nach.
    Wir treffen in unserer Gegenwart jene Ehe oder Partnerschaft an,
die der traditionellen Geschlechterideologie nahe steht. Der hoff-
nungsfrohe Ausruf, spätestens mit der Normalität der erwerbstätigen
Partnerin sei ein Schlussstrich unter die geschlechtliche Aufgabenverteilung und Arbeitsdomänen gezogen, erwies sich als Illusion. Insbesondere in der Mittelschicht blieb die Erwartung unerfüllt, der Einzug der Frauen in das Erwerbsleben rufe zwangsläufig eine emanzipatorische oder egalitäre Infrastruktur der Partnerschaft hervor.
Vielmehr neigen Frauen dazu, ihre Karriere zu unterbrechen oder einzustellen, sobald der Partner eine gehobene Position innehat oder
Kinder das Paar zur Familie erweitern (Blossfeld 2002, 46 ff.). Die-

ses „vormoderne" Verhalten wird im Wesentlichen darauf zurückge-
führt, dass die Ausläufer der klassischen Verteilung der Geschlechterrollen bis in die Psyche des heutigen Menschen hineinragen. Der
Internalisierung ist zu verdanken, dass noch heute die männliche
Identität und Rollendefinition jener Attribute entbehrt, die ihn der
intimen Kommunikation öffnen und eine Affinität zu Haushalt und
Familie herstellen (ebd.; Krumpholz-Reichel 2002, 44 f.; Willi 2002,
20 ff.). Analoges gilt für den weiblichen Part. Die Doing-Gender-
Theorie begründet die Festigung geschlechtsspezifischen Verhaltens
mit dem Hinweis auf die selbstprogrammierende und die soziale
Identität rekonstruierende Konsequenz des faktischen Tuns. Sie
behauptet, dass Männer und Frauen in dem Maße die Geschlechter-
konzeption realisieren und sich selbst als Charaktere dieser Anschauung im alltäglichen Leben immer wieder herstellen, in dem sie geschlechtsspezifische Tätigkeiten verrichten und damit Rolleniden-
titäten einnehmen. Sie werden somit zu dem, wie sie sich verhalten.
Das Tun bestimmt das Sein. (Widerlegt wird dies anhand von Studien
zur Intersexualität, z. B. Hassel 2001, 25 ff.) Daraus folgt, drittens,
dass Menschen, die von dieser Rollenverteilung sichtbar abweichen,
unter Rechtfertigungsdruck geraten – und der wird als unangenehm
erlebt, weshalb die meisten Paare den Weg der Anpassung an die geltenden Konventionen wählen (Blossfeld 2002, 46). – Ob diese Paare,
homo- oder heterosexuell, damit ihre Chance erhöhen, ihre Liebe lebenslang zu erhalten, sei dahingestellt. Es mag sein, dass die „einzige, erst mit dem Tod endende Liebesgeschichte zu erleben, […]
weiterhin das Privileg von einigen sein [wird]" (Badinter 1986, 262).
   Es kann aber auch anders kommen, nämlich dann, wenn Liebende
sich ihrer Situation und damit dessen, was ihr Glück bewirkt, und
dessen, was ihre Schwierigkeiten hervorquellen lässt, bewusst werden – und folglich in der Lage sind, eine fundierte Entscheidung darüber zu fällen, was sie im Innersten ersehnen und für möglich halten,
sowie ob sie das, was sie ersehnen und als konkrete Utopie malen,
mit dem gegenwärtigen Liebespartner anstreben möchten. Die lebenslange Liebe hängt damit ab von Sehnsucht und Erkenntnissen,
von Bereitschaften und Fertigkeiten und ihrer Kombination.
   Evident dürfte inzwischen sein, dass psychologische und psychologisierte sowie soziologische und soziologisierte Redensweisen in den
Diskurs über Liebesbeziehungen eingeschleust sind und determinie-
ren, was aus welchen Gründen wie betrachtet und getan werden sollte. (Mit der Erforschung des Gehirns fallen zudem neurophysiologi-
sche und neuropsychologische Erkenntnisse über die Ratsuchenden

einher, so etwa, indem Gefühle untersucht werden [populär in Magazinen wie z. B. P.M. 8, 2001; Bild der Wissenschaft 8, 2001, 88 f.; Psychologie heute: z. B. März 2002, 20 ff., August 2002, 20 ff.; Der Spiegel 9, 2001, 86 ff.; Focus 27, 2002, 118; Die Zeit 1, 2002, 28]. Da dies auf den Diskurs [noch] keine die Praxis dominierenden Einflüsse hat – außer, dass Hormonpräparate zur Steigerung der Lust konsumiert werden –, vernachlässigen wir diesen Aspekt.)

Psychologisch infiltrierte Abhandlungen über Liebe spannen den Bogen von der Verliebtheit bis hin zum Lieben – und damit schenken sie uns eine essenzielle Unterscheidung. Liebende sollten ihre Gefühlslage und ihre Visionen überprüfen und sich selbst befragen, ob es ihnen primär darum geht, in ewigem Verliebtsein zu schwelgen oder sich auf das Wagnis des Liebens einzulassen (z. B. Hilgers 2001). Im Stadium des Verliebtseins nämlich, das idealerweise dem Lieben vorausgeht, sind wir eigentlich in uns selbst verliebt. Verliebtsein ist ein „selbstbezogener Zustand". „Im Unterschied zu einer dauerhaften Liebesbeziehung kennt der Verliebte seinen Schwarm eigentlich kaum [...]. Und ist daher auf seine Fantasien verwiesen [...] Wer verliebt ist, wünscht sich, dass das Objekt der Idealisierung möglichst den eigenen Vorstellungen entspricht. Verliebtheit ist ein Entwurf für die Zukunft und eine Projektion der inneren Paradiesvorstellungen auf die angebetete Person" (a. a. O., 25). Statistische Erhebungen entlarven, dass dieses Stadium nur wenige Wochen währt (Der Spiegel 9, 2001, 86–89), sodass der „Aufbruch der Seele zu neuen Ufern" und ihre „Revolution gegen die Diktatur der Gewohnheit und Mittelmäßigkeit" (Hilgers 2001, 25) schnell erreicht ist und sich die Verliebten überlegen müssen, ob das Ende der Verliebtheit, die sich wesentlich als Idealisierung und Erotisierung des Lebens offenbart, das Ende der Liebesbeziehung ist. Fällt die Entscheidung zu Gunsten einer andauernden Beziehung aus, haben die Liebenden einige Fragen zu beantworten und Hürden zu überwinden.

Der Liebesdiskurs ist in eine Zeit eingebettet, die (aus zahlreichen Gründen) der Logik des Individualismus gehorcht. Eigenliebe in den Begriffen von Selbstverwirklichung ist ein psychologisch transportiertes und promoviertes Thema und erschwert es, eine Liebesbeziehung auf Dauer einzugehen. „Sich einlassen auf" wird ein geflügeltes Wort. Die Egozentrierung rückt die Frage in den Vordergrund, wie weit der Liebende bereit ist, den Partner in sein Leben einzuschließen und ihn in allen Lebensmomenten und Lebenslagen mitlaufen zu lassen, also zu vergegenwärtigen und insofern nicht nur die eigene Perspektive zu verfolgen, sondern auch der Persönlichkeit und dem Leben des anderen sowie der Beziehung gestaltenden Einfluss auf den persönlichen Lebensentwurf einzuräumen. Manche Autoren und Therapeuten sehen einen „übersteigerten Individualismus" am Werk, der der Zweierbeziehung insofern im Wege steht, als er die Bereitschaft zu Hingabe verringert (z. B. Badinter 1986, 253 ff.; Jellouschek 1992, 1998) und das Geben und Nehmen zu einem Kalkulationsvorgang von Investition und Return on Investment degradiert – und das trotz der Sehnsucht nach verlässlicher Zuwendung: „Wir wünschen uns nichts sehnlicher, als geliebt zu werden; aber sind wir fähig, den anderen um seiner selbst willen zu lieben? [...] Die niemals gesicherte Lösung wird erreicht durch subtile Kompromisse, bei denen es stets um die Befriedigung des Ichs geht. Sobald das Ich sich beeinträchtigt, unverstanden oder entfremdet fühlt, verliert die Paarbeziehung ihre Daseinsberechtigung. Man ist sich durchaus darüber im Klaren, wie zerbrechlich sie ist, und so wird der Bruch als integrierender Bestandteil der Liebesgeschichte verstanden" (Badinter 1986, 257). Das Scheitern wird von vornherein eingebaut, mehr als Regel denn als Ausnahme betrachtet. Darin kann eine Vorsichtsmaßnahme gesehen werden, ein Schutz vor Schmerz und Enttäuschung, die das eigene Ich zu sehr gefährden. Liebende bleiben dann so lange zusammen, wie die freudvollen Momente überwiegen und man Erfüllung findet. „Wenn sich aber das Leben zu zweit als unerträglich oder auch nur enttäuschend erweist, gibt man gegenwärtig dem lauwarmen 'Bett für sich' den Vorzug. Wenn uns die vollkommene Einheit mit dem anderen nicht gelingt, wenden wir uns lieber uns selbst zu und verhätscheln unser Ich. Diese Rückwendung zu uns selbst bestärkt unseren Egoismus und macht es manchmal schwerer, neue Bindungen herzustellen. [...] Wir sind hin- und hergerissen zwischen unserem Wunsch nach Unabhängigkeit und Vollständigkeit und unserem Verlangen nach der vollkommenen Verschmelzung und so schwankt unser Verhältnis zum anderen zwischen zwei Extremen – der Indifferenz und der Interferenz" (Badinter 1986, 262 f.). Gerade weil es anstrengend und kompliziert erscheint, eine dauerhafte glückliche Beziehung zu stiften, reduzieren Liebende die Komplexität, der sie ausgesetzt sind, indem sie binär codieren: Alles oder nichts, das ist die Frage. „Lieber versucht man es immer wieder von neuem, in der Hoffnung, irgendwann die vollkommene Einheit zu erreichen, statt Kompromisse einzugehen, wie sie für jede langlebige Beziehung charakteristisch sind" (ebd.).

Dabei ist Promiskuität oder die Philosophie des ständigen Neuanfangs kein Zeichen dafür, dass Partner die Liebe nicht ernst nähmen oder Beständigkeit nicht anstrebten. Auch Wankelmütigkeit drückt nicht notwendig eine Unbeständigkeit der Gefühle aus. Die Gefährdung der Kontinuität entspringt zusätzlich zu den Auswüchsen von Selbstliebe und Selbstsicherheit den Ansprüchen, mit denen die Liebesbeziehung torpediert wird. Liebende wollen in ihr nicht nur persönliche Entfaltung finden, sondern auch individuelles Glück, inneren Frieden und Halt. Liebende überfrachten die Liebe damit, Refugium (!) zu sein, in dem die in der Außenwelt des Alltags zugefügten Wunden geheilt und Sinnlücken gefüllt werden. Liebe verkörpert die Bedingung der Möglichkeit, immer wieder aufs Neue Enthusiasmus und Euphorie zu erzeugen und ein Leben auf dem Gipfel des höchsten Gebirges menschlicher Freude zu bieten. Liebe ist als vollkommen gedacht und muss – so die Erwartung – Vollkommenheit ermöglichen. Da Liebe Heilsversprechen ist, erwarten Liebende alles von ihr, und wenn die Glücksverheißung nicht eintrifft – warum, so stirnrunzelnd die Frage, dann noch bleiben, anstatt auf die Suche nach einer neuen Chance aufzubrechen? Konflikte und Enttäuschungen werden konsequent erneut umgedeutet: von ihnen als Möglichkeit, Erkenntnisse zu generieren und neue Optionen zu eröffnen, zur Störquelle, zu einem lästigen Faktor, dessen man sich entledigen will. Warum noch zusammenbleiben, wenn man sich nicht mehr einig ist? Warum die Beziehung fortsetzen, wenn der Andere auf dem Weg der Selbstverwirklichung weniger bereichert als nötigt, Teile der eigenen Persönlichkeit zu unterdrücken?

Die Zuwendung zum Ego, breitflächig kolportiert durch den Psychoboom der 70er, aufgefrischt durch die Yuppie-Kultur des Neuen Marktes und die Rede von der „Ich-AG" in den 90er Jahren, erhöht das Ich zu einem „kostbaren Gut", das zugleich „ästhetischen, wirtschaftlichen und moralischen Wert" genießt (Badinter 1986, 239). Es gewinnt ethische Qualität und wird zum Vorzeichen des individuellen Lebens. Man stellt sein Handeln in den Dienst dieses Kultus. Ausgangs- und Endpunkt persönlichen Einsatzes bestimmen sich danach, inwiefern er Freude, Glück und Ruhm und somit das Ich seiner Entfaltung näher bringt. Der Partner wird daran gemessen, inwiefern er dazu beiträgt – und unterliegt in der Beurteilung, inwiefern sich die Verbindung mit ihm lohnt, Kriterien der Effizienz und Effektivität. Erweist er sich als mehrheitlich insuffizient, ist das Ende der Gemeinschaft besiegelt. Das soziale oder auch geschlechtsideologische Ethos der Gemeinsamkeit ist abgelöst durch Selbstreferenz, durch den kategorischen Imperativ der Eigenliebe, deren Diener wir zu sein haben. Das moralische Postulat fordert von Personen, sich selbst zu lieben und zu verwirklichen. Dieses Kreisen um sich selbst determiniert, in welcher Weise geliebt wird und wie sich Liebe offenbart. Der Primat gilt dem Ego und der Kultivierung seiner Bedürfnisse, sodass der Wert des Intersubjektiven, der Beziehung, zusammenschrumpft auf das Mittel zum Zweck. Angesichts der Dominanz des Ichs gerinnt der Status der Verbindung von einem absoluten zu einem relativen Wert. Der Duktus des Liebens ähnelt einer Paradoxie: „In unserer Liebesbeziehung will ich mich frei verwirklichen können, auch unabhängig von deinen Wünschen und ohne Rücksicht auf sie, und gleichzeitig brauche ich deine Hilfe; denn ich lebe mit dir, weil du mein Selbst bereichern und ihm zur Entwicklung verhelfen kannst." Das heißt: Lieben zeigt sich dort, wo der eine Part sich aufgibt, zu Gunsten des anderen – und das kann nicht gut gehen; denn diesen Anspruch erheben beide Seiten.

Praktisch wird es immer kniffliger, einen Ausgleich zu finden zwischen dem egozentrierten Verlangen nach freier Entfaltung und der Sehnsucht nach Symbiose. Die Vorstellung von Gemeinsamkeit dividiert sich in Gesten des Nehmens und Gebens und konstituiert die Liebes- als Tauschbeziehung, die ökonomischem Kalkül unterworfen wird. Getauscht werden Liebesbeweise. Da die Sensibilität für die eigene Befindlichkeit ausgeprägt und die Aufmerksamkeit auf die Leistung der Zuwendungen vom Partner gerichtet ist, registrieren die Partner genau, wann ein Missverhältnis vorliegt. Die Buchhaltung wird akkurat geführt, sodass man Argumente und konkrete Belege vorlegen kann, sobald wachsende Monotonie und Indifferenz, Spannungen und Konfliktfrequenz als Vorboten einer Disproportionalität gewertet werden. Und zeichnet sich ab, „dass die Leiden die Freuden überwiegen werden, nimmt man lieber Abstand" (Badinter 1986, 250).

Oder inszeniert die Liebesbeziehung als Dauertherapie. Das ist nur ein scheinbarer Widerspruch; denn die Anstrengungen, die Liebe kontinuieren zu lassen, entstammen nicht einer altruistischen Moral. In der Motivation spielt ein ganzes Orchester an Gründen mit, die sich in der Symphonie des Verlangens nach Zuverlässigkeit und Geborgenheit vereinigen und darin den Wert des Anderen verdeutlichen. Für die Beziehung wird gekämpft, solange beide dieselbe Grundmelodie summen. Das tun sie, wenn sie einander wechselseitig als signifikante Person begreifen, mit der jeweils das Ziel eigenen Glücks noch am ehesten (im Vergleich zu anderen Kandidaten) erreicht werden kann. Signifikanz oder Höchstrelevanz als Basis und das Prinzip Hoffnung als Perspektive, so könnte man sagen, konzipieren Lieben als ständigen Dialog. Dieser wird so lange geführt, wie die Partner ihre Liebe glaubhaft machen, nämlich – unter dem Gebot der Gegenseitigkeit – handelnd durch Empathie und Rücksicht, Verzicht und Konzilianz und aufrichtig kommunizierend. Loyalität und Aushalten werden zum einen von Höchstrelevanz und dem Prinzip Hoffnung getragen. Zum anderen inspirieren psychologische Attitüden dazu, die Beziehung nicht „zu früh" zu verlassen, weil der Partner prinzipiell unerschöpflich die Selbsterkenntnis erweitern kann. Er hat die Möglichkeit, immer neue blinde Flecken zu enttarnen und das Selbstkonzept zu bereichern. Dieser Prozess der „bereichernden Entblößung" läuft einher mit Verletzungen, auf die Partner mit Verdruss, Aggression und damit reagieren können, dem Feedback-Geber Urteilskompetenz abzusprechen oder ihm sogar böse Absichten zu unterstellen. Doch Psychosemantik und Psychoprofis stehen schon helfend parat, indem sie die Streitenden auffordern, jede Rückmeldung als Lernchance zu akzeptieren, beispielsweise aus Vorwürfen zu lernen (z. B. Willi 2002) und stets Versöhnung anzustreben (z. B. Wolf 2002), um dem individuellen und dem Wohl der Beziehung zu dienen. Da der psychotherapeutische Diskurs aber keinen allgemein gültigen Stopp einbaut, weder ein Rezept noch präzise Kriterien an die Hand gibt, nach denen die Liebenden vorgehen und Sinn und Unsinn einer Fortsetzung definieren können, sind sie auf sich selbst verwiesen. Doch die Entscheidung fällt schwer, weil psychologische Konzepte immer wieder mit neuen Erkenntnissen aufwarten, mit dem Finger auf noch ungenutzte Techniken und Chancen verweisen und auf diese Weise das Aussteigen verzögern oder verunmöglichen. Auch das kann eine Liebesbeziehung zu einer unendlichen Geschichte machen.

Das publikumswirksame Nachdenken über Liebe grübelt über einem „Problem", das existiert, seit Liebe mit einer erfüllten Sexualität verschlungen wird: Wie kann eine „Langzeitpartnerschaft" mit einer leidenschaftlichen Erotik vereinbart werden? (z. B. Der Spiegel 9, 2001, 86–89; Focus 12, 2001, 282–286; Frankfurter Allgemeine Sonntagszeitung v. 6. 1. 2002, 49; Jellouschek 1992, 1998). Abgesehen davon, dass dieser Diskurs das Erotisch-Sexuelle zu einer notwendigen Bedingung deklariert und die Qualität der Erotik zum Gradmesser von Beziehung und Kontinuität macht, warten hier insbesondere Psychologen und Psychotherapeuten mit Lösungsvorschlägen auf – die bedauerlicherweise nicht als Stein der Weisen empfunden und praktiziert werden können, wie die Dauerkonsultationen und damit die Erweiterung des Liebesdialogs um den externen Dritten zu einem therapeutischen Setting dokumentiert. Obgleich

zuweilen konzediert wird, dass Leidenschaft und Lieben differenten
Logiken unterliegen, Passion dem Moment gehorcht und gar „Aben-
teuer und Wagnis" sucht, Liebe hingegen Vertrauen und Verlässlichkeit, wird mit den Interventionen das Ziel angepeilt, das Dilemma
zwischen Anspruch und Wirklichkeit aufzulösen. Psychoexperten treten an, die Kluft zu schließen, indem sie den Liebenden, deren Sexualleben schal geworden ist, eine Brücke bauen, auf der sie agieren
können. Eine Verlebendigung versprechen im Wesentlichen drei Impulse, die sich, mal mehr, mal weniger deutlich, in Ratschläge verwandeln. Erstens wird auf die auffrischende Kraft „diskreter Seitensprünge" verwiesen (Der Spiegel, a. a. O., 86). Diskret ist der Seitensprung dann, wenn er ein flüchtiges Erlebnis, ein Einsprengsel im
Verhalten des untreuen Partners bleibt und keine destruktiven Fern-
wirkungen auf den Partner oder die Beziehung ausübt. Im Gegenteil,
diese ephemeren Episoden bereichern das subjektive Erleben, ermuntern zu mehr Fröhlichkeit, wecken gar ungeahnte Ströme passio-
nierten Ausdrucks – und befruchten dadurch die Liebesbeziehung (so
auch Jellouschek, a. a. O.). Paartherapeut Mary (2002) legitimiert
diese Praxis psychologistisch, indem er behauptet, „Lust braucht
Fremdheit und Aufregung", und betont den Gewinn mit der Möglichkeit, die bestehende Beziehung „stimulieren" zu können. Um die
Früchte, die das Seitenspringen säen sollen, in der Lebensgemeinschaft ernten und genießen zu können, sei es ratsam, sich als Liebende zu geloben, die Seitensprünge keinesfalls zum Thema zu machen,
sondern zu beschweigen. Ehrlichkeit ist nicht gefragt, weil Wissen
Fakten schafft, und da anzunehmen ist, dass der übergangene Teil mit
Verletzung und Tränen, vielleicht noch mit gravierenderen Folgen
droht und diese umsetzt, soll die Chance von Untreue erhalten bleiben durch Einhaltung des Gebots der Verheimlichung. (Wenn diese
Diskretion unterbrochen wird, sei es, weil sich der erfrischte und be-
lebte Partner verplaudert, sei es, weil der angebliche Nutznießer es
selbst entdeckt oder von Dritten erfährt – nun, dann ist die therapeutische Intervention besonders gefragt, oder gerade nicht mehr.) Die
zweite Lösungsidee sind Fernbeziehungen. Ihr Charme liegt in der
Seltenheit der persönlichen Begegnung. Das erhöht ihre Chance, das
Begehren vital zu halten. Drittens wird Abstinenz empfohlen, über einen so langen Zeitraum hinweg, der gewährleistet, das Begehren wieder neu zu entfachen. Inmitten dieser Konzepte, das Junktim zwischen Leidenschaft und freundschaftlicher Liebe in einer Lebensgemeinschaft aufrechtzuerhalten und praktikabel zu machen, ver-
lautbaren (noch vereinzelt) Stimmen, Liebende sollten sich von

dieser Illusion verabschieden. Leidenschaftliche Sehnsucht und die sexuelle Attraktivität verblichen nun einmal – und anstatt verkrampft und mit psychotherapeutischen Winkelzügen Reanimation zu betreiben, sollten sich die Partner auf jene Inhalte ihrer Beziehung konzentrieren, die sie beide beglückten (z. B. Der Spiegel, a. a. O., 89).

Zusammenfassend: Heutzutage haben wir es mit einem Panoptikum von Altem und Neuem zu tun: Zwischen den Antipoden der Renaissance frühromantischer Liebesvorstellungen und der Geltung geschlechtsideologischer Doktrin flattern Kompromisse beider Großsemantiken sowie ihre Erweiterung auf homosexuelle (Ehe-)Paare. Der Tenor der Liebessemantik klingt wie ein Abgesang auf das tradierte Bild einer geschlechtscharakterologisch und moralisch normierten sowie prinzipiell auf Unvergänglichkeit angelegten Zweierbeziehung, deren Sinn in der Gemeinschaftlichkeit liegt. Stattdessen hebt er die Lebensgemeinschaft als kontingent und das Ego als Adressat der Beziehung hervor, die ihrerseits als Kooperative erscheint, deren Leitidee und Handlungsanweisungen erst diskutiert und vereinbart werden müssen und deren moralische Codierung sich am Leitfaden psychologischer Diskurse orientiert. Die Verkümmerung des Tradierten führt Unordnung und Verunsicherung im Gefolge – und damit das Erfordernis, alles zu verhandeln.

Ratgeber

In der säkularen Eheratgeberliteratur schlagen die semantischen Strömungen bis in die 60er Jahre in drei Richtungen aus. Erstens kursieren Ratgeber, die dem nationalsozialistischen Geist verhaftet, also biologisch und geschlechtscharakterologisch geprägt sind und den rassehygienischen Aspekt der Arterhaltung reklamieren. Ein zweiter Strang nimmt implizit psychologische Codierungen von Liebe und Ehe auf, realisiert aber das emanzipatorische Potenzial noch nicht. Selbst dem dritten Zweig gelingt es nicht, das Deutungsmonopol der Geschlechterideologie zu brechen, obwohl er psychologische Auf- und Erklärungen explizit verarbeitet. Ab den 70er Jahren wird das Spektrum heterogener. Neben dem Ratgebertypus mit konservierender Tendenz kristallisieren sich jene heraus, die die kommunikative Seite der Partnerschaft oder Zweierbeziehung betonen und dem heterosexuellen Schema entrinnen. Deren psychologische Semantik (Psychoanalyse, Individualpsychologie und Gestaltpsychologie) hält

zum Teil am klassischen Geschlechterschema fest (z.B. Beer
1971/1977). Daneben gibt es jene Literatur, die zwar neben psychologisierenden auch soziologisierende Einschläge zeigt, allerdings
dies mit der traditionellen Semantik verknüpft (z.B. Reuter 1973).
Schließlich fällt in diesen Zeitraum die Umwertung des Konflikts, die
in der Literatur im Gewand der positiven Besetzung erscheint und das
konstruktive Streiten als Liebes-förderliche Aktivität postuliert (Bach
und Wyden 1970). Ab Ende der 70er Jahre rudimentiert das konser-
vative Modell merklich, sodass es als repräsentatives Medium entfällt. Stattdessen setzt der Typus seinen Siegeszug fort, der kommunikative Kompetenz und Konfliktfähigkeit in den Vordergrund
schiebt (z.B. Willi 1978). Ab 1980 verschaffen sich soziologisierende und gestalttheoretisch fundierte Ratgeber eine vernehmbare Stimme (z.B. Partner 1984) und bevölkern tiefenpsychologisch-mystifi-
zierende und eine Literatur den Markt, die die psychologische Dik-
tion einem im weitesten Sinn religiösen oder spirituellen Diskurs-
element einspeisen (z.B. Jellouschek 1992, 1998; Mandel 1984; Merz
1986).

Aus Gründen der Aktualität und weil die vorgängigen Ausführungen die qualitativ neuartige Innovation, nämlich die Entdeckung der
kommunikativen, der konfliktuellen und der Dimension der Aushandlung im Liebesleben, bereits eingehend diskutiert haben, schau-
en wir uns (nur) zwei Ratgeber (ausschnitthaft) an. Sowohl der
Diskurs von Karl-Heinz Mandel als auch der von Hans Jellouschek spiegeln Geist und Grundeinstellung, Schwierigkeiten und
Konflikte wider, die auch gegenwärtig „en vogue" sind und damit das
Licht anknipsen, das die Motten umkreisen, von dem sie sich wärmen
lassen – in das sie aber auch hineinfallen und wo sie verbrennen
können.

Karl-Heinz Mandel

Mandel, Verfasser zahlreicher Fachbücher und einer der bekanntesten Paartherapeuten der 80er und – neben Jürg Willi und Hans Jellouschek – der 90er Jahre, beschreibt in einem soziologische wie so-
zial- und persönlichkeitspsychologische Erkenntnisse aufgreifenden
Diskurs auf den ersten elf Seiten seines Ratgebers >Frieden in der
Ehe< (1984) liebesbedeutsame Modifikationen in der Gesellschaft.
Diese Veränderungen konfigurieren alte Konfliktfelder neu und bringen zusätzlich bisher unbekannte hervor. Mandel spannt den Bogen
von zwei souveränen, fordernden zu zwei selbstunsicheren, klam-

mernden Partnern. Sie markieren Extremfälle, die er in ein Netz psychopathologischer Begrifflichkeit einspinnt.

Mandel visioniert einen inneren, persönlichen Frieden als notwendige Bedingung und eine friedvolle Harmonie als ideale Liebesbeziehung. Konsequent thematisiert er Konflikte in der Liebesbeziehung als „Unfrieden", deren Hauptquelle eine neurotische Störung ist, nämlich eine „Zwangsvorstellung, glücklich zu sein und den Partner glücklich machen zu müssen" (a. a. O., 21). Der Leser reibt sich verwundert die Augen, fragt sich, wozu, wenn nicht dazu, gemeinsam glücklich zu sein, er eine Partnerschaft begründen sollte, resigniert aber nicht, sondern stellt den Befund, ein solches Bestreben drücke eine zwangsneurotische Erkrankung aus, erst einmal zur Seite. Beim Weiterlesen erfährt er, dass Mandel diese Glückssehnsucht nach Erhalten, Geben und Schaffen von Glück in bester Absicht dramatisiert, weil er die Liebenden einer Illusion berauben will. Bevor sie es nicht unterlassen, den Partner und die Beziehung mit „Riesenerwartungen" zu überfrachten, sind Liebeskrisen eingraviert, weil die Erwartungen sich der Erfüllung entziehen und die Liebenden vor ihnen kollabieren. Deshalb müssen – so der Ausweg – die übertriebenen, unrealistischen Erwartungen auf ein pragmatisches Maß schrumpfen (ebd.). Bei dieser Aufgabe begleitet und leitet der Ratgeber durch seine Aufklärung, Erklärung und Empfehlungen.

Diesem basalen Konfliktfeld entfleucht, stolpern die Liebenden bereits über das nächste, das Mandel den insuffizienten oder unterlassenen „Blick in die Tiefe" nennt (23 ff.). Gestützt auf Carl Gustav Jung erläutert er, dass „wir unseren inneren Frieden anscheinend nicht finden, wenn wir wesentliche Lebens-Bestandteile unserer Seele aus unserem Bewusstsein und unserer Lebenspraxis wegschieben" (a. a. O., 23 f.). Deshalb ist es im wörtlichen Sinn not-wendig, sich den Sonnen- und Schattenseiten, dem Bewussten und dem Unbewussten zu stellen, es allein und gemeinsam an die Oberfläche zu ziehen, um „die Sehnsucht nach dem Guten und die persönliche Gotteserfahrung" zu ermöglichen (ebd.). In diesem Kontext wartet eine weitere Konfliktgrube, in die hineinstürzt, wer versucht, sich gewissen „Gefühlstatsachen" zu entziehen, nämlich dem „unverfügbaren Gefühlskern, der ein Paar bindet oder trennt". Die Rede ist von der Konfrontation mit der „naturnotwendigen" Vorlage von Zeichen, die die innere Kohäsion, die Liebende empfinden, als illusionär oder real entlarven. Denn neben Sympathie oder Zuneigung „muss eben etwas schwer Definierbares Hochindividuelles hinzukommen, was sich schon in den Anfängen zu erkennen gibt" (a. a. O., 30). Bedauerlicherweise versäumt Mandel es, Liebende, die die machtvolle Wirkung eines solchen Gefühlskerns vehement bestätigten, mit differenzierenden Kriterien zu versorgen. Sein Diskurs beugt sich hier der Verklärung der Liebesbeziehung als Verschmelzung von mystisch-religiösen und folglich nicht operationalisierbaren Reflexionen und Visionen.

In soziologisierender Manier führt Mandel eine Reihe exogener Einflüsse an, die die Ehe nicht nur konfliktträchtig machen, sondern gar scheitern lassen können, „Umwelteinflüsse" und materielle Not. Seine hauptsächliche Kritik gilt der von „einflussreichen Personen propagierten Auffassung, die Ehe sei als Instrument der Unterdrückung ohnehin überholt und zwecks Beglückung und Befreiung abzuschaffen". Daran sei insbesondere die Psycho-Szene schuld. Denn sie klage die Öffnung der Ehe für Dritte ein. Gegen diese „Szene" zieht Mandel moralisierend zu Felde: Sie destruiere selbst „lebensfähige Ehen", indoktriniere „ohne jede Rücksicht", initiiere eine „Kettenreaktion" und agiere „verantwortungslos" (a. a. O., 28 f.). Kein Wunder also, dass Mandel, der diese Missionen als unmenschlich verwirft, Eifersucht als weiteren Kernkonflikt problematisiert.

Vor diesem turbulenten, verführerischen und Versprechungen flüsternden Hintergrundrauschen entwickelt Mandel Maßnahmen, um seinem Ideal der Liebesbeziehung zur Geburt zu verhelfen. Der erste Schritt in eine friedliche Liebe ist ein Schritt in sich selbst. Liebende müssen jeweils „inneren Frieden" spüren. Er ist Conditio der Möglichkeit und sein Fehlen provoziert mit schicksalhafter Determiniertheit Konflikte. Denn wir als Liebende müssen „zuerst und immer wieder vorrangig um den inneren Frieden ringen, müssen uns mit uns selbst auseinander setzen, müssen uns auf die Erkenntnis und die Veränderung unseres inneren Verhaltens konzentrieren, bevor irgendwelche Gesprächsversuche oder Übungen mit dem Partner fruchtbar werden" (a. a. O., 62). Ganz im Sinne Carl Gustav Jungs konzipiert er den „Schatten", das Böse, und das Licht, das Gute, als anthropologische Konstanten und mahnt, „vor dem Bösen in uns" nicht auszuweichen, sondern es anzunehmen, weil es Teil des Innersten ist, als „Wegweiser für unser Leben" fungiert sowie die „Heilung der Seele" ermöglicht, um „inneren und äußeren Frieden" zu gewinnen (a. a. O., 56, 66 ff.). Mandel definiert Selbsterkenntnis als Voraussetzung für die Fähigkeit, sich dem Partner widmen zu können, und streift in diesem Zusammenhang tiefenpsychologische (Jung, Freud, Fromm) und religiös-christliche (Gott, Jesus) Semantiken (a. a. O., 74 ff.). Die Empfehlungen, die zum inneren Frieden leiten, sind entsprechend indexikalisiert. Expressis verbis rät der Autor zur kontemplativen Versenkung durch Meditation und verweist auf Techniken der Selbstbeobachtung. Deren Ziel ist es, Licht und Schatten zu reflektieren und innere Balance zu schaffen. Sie ist das Sprungbrett in eine harmonische Liebesbeziehung. Die Introspektion weist über ihre Funktion als Medium zur Selbstklärung und Selbstversicherung hinaus. Aus dem Gesichtspunkt der Beziehung ist sie neben der Bedingung der Möglichkeit auch Weg zum ehelichen oder partnerschaftlichen Frieden. Liebende sind aufgefordert, die Aufrichtigkeit, die sie selbstreflexiv anwenden, auf den relationalen, den Beziehungsaspekt zu übertragen. Dabei erleben sie, dass auch die Liebe Schatten- und Lichtseiten hat. Mandel verfällt hier in eine mystifizierende Rhetorik des Schmerzes, den er als naturbedingte und dem Lieben essenzielle „Bürde" etikettiert, die jeder für sich selbst zu tragen und zu bewältigen hat (a. a. O., 78 ff.).

Mandel behält den egozentrierten Diskurs in emphatischer und Liebe ermöglichender Absicht bei, wenn er den Liebenden zu bedenken gibt, lernen zu müssen, um der Beziehung willen „einsam und erfüllt" zu bleiben: „Ich muss meine Sehnsuchtsträume aufgeben, will ich nicht das Glück des Zusammenlebens überanstrengen, um es so zu verderben" (a. a. O., 85). Nicht interaktive Auseinandersetzung und verbales Aushandeln, nicht die Verwirklichung der persönlichen Bedürfnisse und Wünsche, sondern Verzicht als Akzeptieren der „Begrenzung durch den Partner" und Selbstgespräch bezeichnen den Weg zum „Frieden in der Ehe" (a. a. O., 87). Mandel verklausuliert konflikt-vermeidende Strategien in Begriffen der Innenschau und der Selbstreflexion und bettet sie in eine psychologisierte Semantik spirituellen Redens ein. Die Liebenden beugen Konflikten vor und sichern ihren Frieden, indem sie füreinander Zeit haben und aus ihrem „inneren Leben, aus unserer Geschichte" erzählen, einander vertrauen und gemeinsam meditieren (a. a. O., 109 ff.). Die Partner leben ihre Liebe „als immer wieder neu zu erringendes, nie gesichertes Ergebnis geistig-seelischer Bemühungen", als „Frucht der Mühsal, aber letztlich doch als ein Geschenk der Gnade" (a. a. O., 117).

Zusammenfassend: Mandel akzentuiert die Liebesbeziehung als „Bund", als langfristiges, verbindliches und stabiles Zusammensein. Wegen dieser Fokussierung der Zweisamkeit hebt er die introspektiven Leistungen des Einzelnen heraus und verleiht ihnen die Macht, die Qualität der Gemeinschaft zu bestimmen. Der eindringliche Appell an die kontemplative Versenkung (in klärender, erkennender Absicht) konterkariert die Beziehung nicht, sondern ermöglicht und komplettiert sie. Dass Mandel introspektive Kompetenzen und Stra-

tegien den kommunikativen vorzieht, wurzelt zum einen darin, dass
er – konditional gedacht – die innere Ruhe und Gelassenheit, die
sanfte Selbstbesinnung und Bejahung der ganzen Person dem Frieden
in Ehe oder Partnerschaft notwendig vorschaltet. Sein Harmonieideal klammert Leid, Schmerz und Konflikt nicht aus. Er verhält sich op-
positionell zum gängigen psychotherapeutischen Glaubenssatz, indem
er von dem Dogma Abschied nimmt, Konflikte und Leid ließen sich
redend beseitigen. An Stelle des Gesprächs heißt er die Innenschau,
das Selbstgespräch willkommen – getragen von einer Einstellung, die
nicht Individualisierung um jeden Preis oder auf Kosten des Partners
auferlegt, sondern auf Gemeinsamkeit und damit Rücksichtnahme als
regulativer Idee für das subjektive Verhalten insistiert. Das altruisti-
sche Moment spaziert zwar im Gewand jungianischer und religiöser
Idiomatik daher. Es wäre allerdings ein Missverständnis, bezichtigte
man Mandel, das traditionale Liebes- und Eheideal in einem psychologisierenden und soziologisierenden Diskurs aufzuwärmen. Mandel
formt angesichts der Beobachtung, dass die Menschen im Treibsand
des „Werteverfalls" zu versinken drohen, mit transzendentalem oder
metaphysischem Sand seine Antwort auf die weit verbreitete Verunsicherung, Vereinsamung und Irrläufe der Menschen seiner Zeit. Er
bietet ihnen Figuren an, die ihre Sehnsucht nach verbindlicher Zuwendung verwirklichen helfen können.

Hans Jellouschek

Jellouschek, Ex-Pfarrer und Paartherapeut, transportiert in seinen
beiden Büchern >Die Kunst als Paar zu leben< (1992) sowie >Wie
Partnerschaft gelingt – Spielregeln der Liebe< (1998) identische Botschaften, nur unterschiedlich akzentuiert. Während er sich im ersten
Buch detailliert mit den Irrtümern und Fallgruben der „neoromantischen Liebe" beschäftigt, die er zu zersausen verspricht (1992, 151),
rezipiert er im zweiten die gesellschaftlichen Bedingungen und ihre
Wechselwirkungen mit dem Innenleben einer Liebesbeziehung. Er
akzentuiert kardinale Konfliktanlässe und katalogisiert „Spielregeln",
die den Paaren als Handlungsanweisungen dienen sollen, die hürden-
reiche Wegstrecke zu einer Liebe, die einen „Ausgleich" herstellt
zwischen Autonomie und Bindung, Nähe und Distanz. Die Spielregeln sind Verabredungen und Interventionstechniken, die Jellouschek
in erklärende Ausführungen einrahmt, die – ähnlich wie bei Mandel
– einer psychologischen, insbesondere tiefenpsychologisch, existen-

zialistisch und religiös ausgerichteten Semantik verpflichtet sind. In der Auseinandersetzung mit dem romantischen Liebesideal können wir seine Denkbewegungen ausführlicher rekonstruieren und die Infiltration des Diskurses mit soziologisierenden und den Einsprengseln der genannten Provenienz besser verfolgen. Deshalb widmen wir uns dem ersten Buch.

Jellouschek startet mit der Feststellung, dass heutzutage der auf Dauer angelegten Liebesbeziehung „ein zentraler Stellenwert eingeräumt [wird]. Vor allem darin suchen wir unser individuelles Glück, wir suchen es und finden es oft nicht" (a. a. O., 10). Und daran, so seine Diagnose, ist das romantische Liebesideal schuld. (Dass er nicht den romantischen, sondern den frühromantischen Entwurf meint, der die Misere heraufbeschwört, sollten Sie gedanklich mitlaufen lassen. Sie erkennen seine Referenz auf die Frühromantik an seiner Formulierung der Leitideen.) Meistens spricht er von der „neoromantischen" Konzeption. „Neo", weil das diskutierte Liebesideal neben Komponenten der frühromantischen Liebe Aspekte aus der Psychoanalyse, hier vor allem Wilhelm Reichs, aus der humanistischen Psychologie, aus dem Existenzialismus und Ergüsse der Frauenbewegung impliziert (a. a .O., 19).

Das neoromantische Ideal zeigt die Liebesverbindung als Gemeinschaft gleichberechtigter Partner, die einander sowohl leidenschaftlich als auch geistig-emotional ergeben sind (a. a. O., 20). Das romantische Liebesideal gaukle die Vereinbarkeit von erotischer Liebe und Dauer vor, während es doch vor diesem „unvereinbaren Widerspruch" in die Knie sacken sollte. Jellouschek räumt ein, dass der romantische Liebesentwurf offenkundig fest in unseren Seelen hocke, und nimmt sich deshalb vor, den unrealistischen Entwurf praktizierbar zu machen und das Ausschließungsverhältnis aufzuheben (a. a. O., 14 f.). Er attackiert die frühromantische Liebe zwar als Schreck-gespenst alltäglichen Zusammenlebens. Spannend ist zu sehen, wie er sie als Popanz aufbaut; denn am Ende vereinigt er sein Liebesideal mit dem gegeißelten in den Himmeln metaphysischer, spiritueller oder religiöser Vervollkommnung.

Jellouschek setzt sich in dem Buch mit den Leitideen der neoromantischen Liebe auseinander, wie er sie versteht. Er fragt nach den Auswirkungen, die dieses Ideal noch heute in uns zeitigt, und wie Paare den Entwurf in ihren Alltag übersetzen können, welche Fallstricke ausgebreitet liegen und wie Paare diese umgehen können. Das Buch ist als „Schilderungen mit Übungen" angelegt, aufgehängt an die Liebesauffassung vom Autor als seinem Paradigma.

Für den Autor war die Ehe „früher" ein „Schicksal" (aufgrund ihrer Einbindung in definierte Regularien), heute ist sie eine „Kunst", „ein Können, das man, teilweise jedenfalls, erlernen kann" (a. a. O., 10, 13); man ist verführt, „muss" zu addieren; denn da „die Liebe zum Partner immer mehr zum Einzigen [wird], was den Bestand einer Dauerbeziehung sichert und auch rechtfertigt" (a. a. O., 13), hängt alles von dem Geschick oder den Kunstgriffen der Liebenden ab. Folgen wir nun den Leitideen, entlang deren Jellouschek Kritik und Hilfe exemplifiziert.

Die erste Leitidee: Liebe als Liebeserlebnis unterlegt Jellouschek mit dem Tenor: „Verliebt in die Liebe" (19–36), ohne diese eigenwillige und einseitige Interpretation zu begründen. Vielleicht fällt sie seinem Anklageinteresse zum Opfer. Jedenfalls formt er die Leitidee um und identifiziert im Tenor Verliebtsein und Liebe. Das ist das Damoklesschwert über der Liebe und die Falle, in die die Neoromantiker tapsen; denn Verliebtheit ist momenthaft, situativ und rein emotional getrieben und fällt als Kandidat für unvergängliche Liebe deshalb aus. Liebe hingegen ist auf Ewigkeit angelegt. Was tun, wenn Liebende trotz dieser Belehrung Verliebtheit und hier besonders das erotische Erleben, den Mythos von der dionysischen Selbstauflösung und apollinischen Verschmelzung mit dem Geliebten leben wollen? Zunächst sollen die Verliebten begreifen, was mit ihnen im Verliebtheitsstadium passiert. Sie sollen differenzieren zwischen erotischer Zuneigung und dem, was sie sonst noch im Zusammenleben erhalten. Jellouschek hebt den Zeigefinger und warnt, die Liebesbeziehung disponierbar zu machen, indem sie auf erotische Anziehung verkürzt wird. Denn in diesem Fall entzieht sich Liebe der Beeinflussung durch therapeutische Interventionen. Affekte lassen sich nicht kognitiv steuern und an- und ausknipsen. Jellouschek gibt zu bedenken, Liebende sollten doch nach Funktion und Sinn des erotisch-emotionalen Liebeserlebnisses fragen, und antwortet gleich selbst. Liebe ziele darauf, ein Kunstwerk zu erschaffen. Jellouschek integriert die Themen Vorhersehung und Fatum, indem er Verliebtheit nicht als Episode, sondern als intuitive Vorwegnahme dessen schildert, was die Liebenden visionieren, wünschen und für möglich halten. Um die Vision mit ihren Potenzialen zu realisieren, brauchen sie „Material, Werkzeug, Können und vor allem: Handeln, Tun, Arbeit" (a. a. O., 27) – und das heißt psychologisches Instrumentarium und Wissen und dessen Anwendung und Nutzung. Dabei sollen sie der Lernpsychologie folgen und mit dem Einfachen beginnen, etwa: bei Tisch sitzen bleiben, bis die bessere Hälfte auch mit dem Essen fertig ist (a. a. O.,

30 f.). Leider unterlässt Jellouschek, die hinter den angesprochenen Intoleranzen hausenden Wertorientierungen und persönlichen Partikularitäten oder simpel Macken als Geschmacksfragen zu problematisieren oder als Themen differenter Lebensphilosophie, etwa Ataraxie versus Geschäftigkeit, Gemütlichkeit versus bürgerlicher Ordnungssinn. Der Autor weist lediglich darauf hin, zwischen Machen und Geschehenlassen zu unterscheiden (schweigt sich über das Warum aus), und betont, dass „Beziehungsarbeit" nötig ist, um die Möglichkeiten der Leitidee zu entfalten. Jellouschek streut Tipps, wie Paare „die Intuition bzw. Vision des Anfangs immer wieder zum Leuchten" bringen können (a. a. O., 31), und spätestens bei dieser empfohlenen Beziehungsarbeit vergeht die Romantik. Es geht nämlich um Kunstgriffe, den Alltag so zu gestalten, dass neoromantische Wallungen wieder aufleben können. Die Partner sollen Rahmenbedingungen schaffen, die das Verliebtheitsflackern wahrscheinlich machen. So etwa durch Zeit und Muße als „Zeiten der Erinnerung", „des Vorausphantasierens", „der Stille, in denen man einfach beisammensitzt", „der Zärtlichkeit und der körperlichen Begegnung" (a. a. O., 33). Schön und gut, doch Jellouschek bleibt leider schuldig, die Partner auf die Sei-spontan-Paradoxie hinzuweisen, relativiert den Erfolg der Strategie immerhin insofern, als er vor zu großen Erwartungen an eine wieder wilde Erotik warnt und stattdessen die Metamorphose leidenschaftlicher Eruptionen in eine Zärtlichkeitserotik in Aussicht stellt.

Die zweite Leitidee: Liebe als Verschmelzung tönt in dem Tenor: „Ohne dich kann ich nicht leben" (a. a. O., 37–60). Jellouschek formuliert – wieder durchaus parteiisch – eine mögliche Implikation oder Folgerung aus dem Verschmelzungsparadigma. Zudem scheint er Ergänzung und Vervollkommnung mit Verschmelzung zu verwechseln, zumindest zu verweben, wenn er paraphrasiert: „Ich liebe dich, weil ich dich brauche; wenn es dich für mich nicht mehr gibt, fehlt mir ein wesentlicher Teil meines Ichs" (40 f.). Wie dem auch sei – die Aufhebung der Individuationsgrenze und Komplettierung der eigenen Person in und durch die Beziehung geißelt der Autor als ein symbiotisches Muster, das entweder „Gefängnis" oder „goldener Käfig" (ebd.) ist und den Personen Gewalt antut, weil Bedürfnisse auseinander laufen können. Gemessen am Ideal sind Divergenzen, gar Antagonismen verboten, sodass nicht nur Konflikte ausbrechen, sondern gar noch die Liebe in Frage gestellt wird. Das sagt Jellouschek zwar nicht, weist indes zutreffend darauf hin, dass das Dogma Schwierigkeiten produziere und „Störungen" in der Beziehung nach sich ziehe, einschließlich Bestrafungen wie Liebesentzug, Migräne, Depression, sexuelles Desinteresse. Jellouschek soziologisiert die Verschmelzungssehnsucht und deklariert sie als (psychisch bedingten) Kotau vor dem sozialen Anspruch, ein Paar müsse sich harmonisch, als „ein Herz und eine Seele" zeigen. Zudem breitet er sein psychoanalytisches Nähkästchen aus und diagnostiziert die Verschmelzungsidee als Ausdruck regressiver, folglich unreifer, folglich unpassender bis krankhafter Tendenzen. Das Dogma ist anachronistisch, sowohl von der Warte persönlicher Entwicklung her als auch von der Warte sozialer Machbarkeit. Als Ausweg empfiehlt Jellouschek, die Verschmelzungsromantik zu verabschieden, indem Liebende sie als psychologisches und zu therapierendes Symptom betrachten und erkennen, dass „Individualität, Autonomie, Distanz" mit Liebe vereinbar sind. Sie sollen sie als eine „Pendelbewegung zwischen den Polen der Verschmelzung und der Distanzierung" (a. a. O., 49) inszenieren und dabei fünf Phasen der Paarwerdung beachten und soziodynamischen Verläufen folgen. Seine Ausführungen und Ratschläge füttert er mit Schritten, wie die angestrebte Distanzierung sowie die Harmonisierung mit Liebesbeweisen bewerkstelligt werden kann, und macht die Partner darauf aufmerksam, dass sie die unterschiedlichen Entwicklungsgeschwindigkeiten berücksichtigen sollen.

Die dritte Leitidee: Liebe als Selbstverwirklichung transportiert den Anspruch: „Ich bin ich – und du sollst für mich da sein!" (a. a. O., 61–78). Jellouschek erklärt den psychologischen Gehalt dieser Leitidee, indem er sie zum Transmissionsriemen für die Aufwertung des eigenen Selbst deklariert: „Der Liebespartner wird für mich zum Spiegel, in dem ich meine eigene Person in strahlendem Licht sehe. In der Liebe des anderen erscheine ich mir plötzlich selbst höchst liebenswert" (a. a. O., 64). Und sie bezeichne die „Einverleibung des Partners in das eigene Ich. Die Liebe ist deshalb so faszinierend, weil ich mich durch den anderen so aufgewertet fühle, nicht weil ich so an ihn hingegeben bin" (ebd.). Diese Erwartung führe notwendig in die Krise, weil beide so denken, fühlen, handeln – als Individuen, die sich durch den anderen verwirklichen wollen. Diese egozentrierte Sicht- und Handlungsweise entfachen „Beziehungsmuster endlosen Streits" (a. a. O., 65), der den je anderen verantwortlich macht. „Der Inhalt des Streits", so der Ratgeber analytisch, „ist ein Vorwand für den Kampf um die Anerkennung des eigenen Selbstverwirklichungsbedürfnisses" (a. a. O., 67). Aufgrund der psychologischen Überformung von eventuell purem Egoismus gibt sich der Autor verständnisvoll und gütig und stellt seine Empfehlungen pädagogisch einfühlsam darauf ab. Zwar haben „Liebe und Selbstverwirklichung viel miteinander zu tun, denn letztlich verwirklichen wir uns nur in der Liebe, aber dieses kostet uns die Selbst-Hingabe. Die Bewegung ganz von mir weg, ganz auf den anderen hin ist aber wiederum etwas, was [...] eingeübt werden muss in einem langen 'Übungs-Prozess'." Davon abgesehen, dass die Eltern des Gedankens die persönliche Überzeugung des Autors von echter Liebe sind, rät er zur Einübung in zwei Schritten: „den anderen als anderen in den Blick zu bekommen" vermittels Techniken der Gesprächsführung, und zweitens sollten die Liebenden einander die Pforten ihrer subjektiven Welt öffnen und sich hineinführen lassen. Willkommen ist der Partner dann, wenn er Rücksicht nimmt und Empathie übt, wenn er, schlicht gesagt, die Wünsche des anderen erfüllt und sich ihnen anpasst.

Die vierte Leitidee: Liebe als Totalanspruch mit ihrem verklärenden Tenor: „Du bist mein ein und alles" (79–95) schlägt zuerst in „Überforderung" um und provoziert ihr Gegenteil, weil kein Mensch einem anderen zu jedem Zeitpunkt all das bieten kann, was er benötigt. Die romantisierte Vorstellung von dem glücklichen Paar auf einer einsamen Insel verweist Jellouschek des Raumes und lenkt die Aufmerksamkeit – folgerichtig – auf die notwendigen Funktionen weiterer sozialer Kontakte. Vermutlich eingedenk der Anfälligkeit einer lang dauernden Partnerschaft für die Verlockungen, denen Partner in diesem „Netz freundschaftlicher Beziehungen" ausgesetzt sind und erliegen können, öffnet er die Schere der Exklusivität der Intimbeziehung für Dritte (a. a. O., 88 ff.). Ausdrücklich hält er es in unsere „leibfeindlichen Kultur" für geboten, auch körperliche Zuwendung bis hin zu „sexuellen Außenbeziehungen" zuzulassen. Er fordert den „Aufbau einer neuen Beziehungskultur" und gestattet Seitensprünge mit dem (uns bereits bekannten) Hinweis, sie so lange zu tolerieren, gar zu begrüßen, wie sie kurzfristig ein Gewinn für die Persönlichkeitsentwicklung des Untreuen sind und die Beziehung keinen Schaden nimmt, idealerweise durch den erfrischenden Seitensprung erotisches Knistern regeneriert. Scheinbar aus Angst vor der eigenen Courage und vielleicht auch als Verbeugung vor den Gefühlen seiner Klientel plädiert er für „Beschränkung", in der sich „der Meister" zeige (a. a. O., 95); denn: „Der Verzicht darauf, jede nur mögliche Beziehung bis zur Neige auszukosten, ist nötig, um jenen Binnenraum an Intimität zu schützen, den wir zu einem glücklichen Leben brauchen" (ebd.). Salopp gefasst, lautet die Botschaft: Fremdgehen ist sowohl nützlich als auch schädlich – es kommt darauf an; im Zweifel eher nicht.

Die fünfte Leitidee: Liebe als sexuelle Lust spitzt Jellouschek ultimativ zu und überschreibt sie mit dem Titel eines Liedes von den Bea-
tles: „All you need is love" (99–112). Die Zuspitzung der Erotik auf
den „Inbegriff einer glücklichen Beziehung" (a. a. O., 99) scheint
dem Autor als Mittel zum Zweck, zunächst der vernichtenden Kritik
an der angeblichen Überbetonung des sexuellen Lusterlebens, zu dienen (a. a. O., 101). Unterstellt, der Autor überblickt Szene und Diskurse, sollte ihm nicht entgangen sein, dass diese Behauptung zumindest problematisch ist, wenn von lang dauernden, von Liebesbeziehungen die Rede ist, die dem Embryonalstadium von Flirt und
Verliebtheit entwachsen sind und die ersten selbstständigen Gehver-
suche im selbst gezimmerten Laufgitter starten. Nicht die Diagnose
von der enormen Relevanz des erotischen Ausschnitts ist damit be-
stritten, sondern die einseitige Identifikation. Für Jellouschek gilt
zweifelsfrei: „Eines ist sicher: Die Sexualität macht die Paarbeziehung zur Paarbeziehung" (a. a. O., 102). Aber wieso eigentlich? Wo
es doch Sexualität ohne Liebe gibt – warum dann nicht Partnerliebe
ohne Sexualität? Diese skeptische Frage kommt dem Ratgeber aufgrund seiner ideologischen Fixierung nicht in den Sinn. Er zementiert
die dominante Ideologie vielmehr dadurch, dass er ein Sowohl-als-
auch probiert. Er fordert eine „Neueinstellung" (die, mit Verlaub, so
neu nicht ist), in der gilt, dass Paare zwar dauerhaft eine sexuelle Beziehung haben können, „aber nicht das dauernde Erlebnis sexueller
Lust" (a. a. O., 104). Der Kunstgriff gelingt, indem der Autor zwischen „Hingabe" (in der Liebe) und Lust (in der Sexualität) differen-
ziert (a. a. O., 106). Die Unterscheidung verdanken wir dem persönlichen Liebesideal des Autors. Er propagiert, in der Sexualität sollte
es nicht primär um die Befriedigung der eigenen Bedürfnisse gehen,
sondern um die Hingabe an den Partner und dessen Erfüllung (a. a. O.
106 ff.) Die Fundierung dieser Distinguierung gewinnt der Autor aus
der psychoanalytischen Semantik und ihrer Deutung sexueller Lust
bis hin zur These der Kompensation: „Das sexuelle Erleben wird zu
einem Ersatz für die Befriedigung anderer Bedürfnisse, die mit se-
xuellem Verlangen nicht viel zu tun haben" (a. a. O., 105). Der Hinweis auf Ersatzhandlung und damit einem neurotischen Ursprung möge, so wahrscheinlich die Hoffnung, die Umdeutung des Stellenwerts
der Sexualität erleichtern. Den Aspekt der Hingabe stilisiert er zu einem Akt „umfassenderen Sinns", nämlich ein Kind zu zeugen. Jellouschek entkommt seiner theologischen Herkunft nicht und verbrämt
sie mit modernistischer Liebesrhetorik.
    Die sechste Leitidee: Liebe als Wachstumsprozess unterlegt Jellou-

schek mit dem Tenor: „Dazu brauchen wir nicht zu heiraten" (a. a. O.,
113–129). Das erstaunt – und auch wieder nicht. Verwunderung, weil
in seinem Liebesdiskurs Liebe und Ehe keine notwendige Verbindung
zeigen und die frühromantische Liebe dieses Junktim ohnehin
lockert. Die Wünschbarkeit und, verstärkt, die Notwendigkeit einer
Heirat schiebt Jellouschek seinem Leserkreis unter, wenn er, erstens,
von der Erfüllung der Liebe in einem Kind spricht und, zweitens, den
Ehevertrag zwar nicht als Garant, so doch als Vereinbarung deutet,
der die Wahrscheinlichkeit erhöht, den Wachstumsprozess als lebens-
länglich gemeinsames Unternehmen zu deuten. Diese Option auf un-
vergängliches Glück nutzen die Liebenden dann, wenn sie sich sowohl die Gestaltungsnotwendigkeit als auch den Gestaltungsraum,
innerhalb dessen sie sich bewegen, bewusst machen und weder davor
zurückschrecken, ihre Lebensplanung auf ein Leben mit einem Partner festzulegen, noch sich scheuen, die nötige „Beziehungsarbeit"
(a. a. O., 120) zu leisten. Die Partner sind aufgerufen, ihre Beziehung
als „gelenkte Reifung" zu betreiben, Verbindlichkeit als Ausdruck der
Hingabe der ganzen Person zu erkennen und zu respektieren.
    Die siebte Leitidee: Liebe als Religion interpretiert Jellouschek als
Manifestation eines metaphysischen Strebens: „Gott nicht, Priester
nicht, Kirche nicht – dann wenigstens du!" (a. a. O., 132–147). Er
unterstellt, dass Liebende in ihrer Verbindung nicht einfach „Glück"
als „gefühlsmäßig erlebte und sexuelle Erfüllung" ersehnen – das
mag so sein –, sondern mit „Erlösung" gleichsetzen – fragt sich nur,
von was. Jellouschek offenbart sich in dieser transzendentalen Dimension ein Drängen, das dem Menschen ontologisch mitgegeben ist.
Es ist ein „Sehnsuchtspotenzial", das „auf Dauer in keiner erotischen
Beziehung unterzubringen ist" (a. a. O., 139). Abgesehen von der
misstrauischen Frage, wer denn diese „quasireligiöse Überbewertung
der erotischen Liebe" (a. a. O., 151) wolle, belegt diese Reverenz an
eine „erfahrungsbezogene Religiosität" (ebd.) die Rückkehr zur frühromantischen Sehnsucht nach liebevoller Vereinigung, Vervollständi-
gung und Verschmelzung als metaphysischer Erfahrung.

Zusammenfassung

    Unter der Leitfrage, welche einflussreichen Metamorphosen die
Liebesidee durchlaufen hat, können wir knapp resümieren: In der Liebe ist alles möglich, von der traditional codierten ewigen und in Ehe
mündenden bis zur avantgardistisch-anarchischen und vorübergehen-

den Zweierbeziehung („Lebensabschnittspartner"), von einer Gemeinschaft wechselseitigen sympathischen Respektierens zu einer
Veranstaltung von Selbstinszenierung und Selbstverwirklichung. Die
ehemals disziplinierenden Haltegurte im Gefährt der Lebensgemeinschaft sind fakultativ, und in dem Gefährt sitzen zwei Geschlechter
oder zwei Personen desselben Geschlechts. Das Harmonieideal unterliegt der Umdeutung des Konflikts, der zunehmend als Bedingung der
Möglichkeit für beides gilt, für die Chance auf Selbstentfaltung und
für ein lang andauerndes Zusammenleben. Unter dem Einfluss
psychologischer Diskurselemente reüssiert der Konflikt zum Liebes-
zeichen. Was zählt, ist die Bereitschaft, sich kommunikativ mit dem
eigenen und dem fremden Ich auseinander zu setzen und Arrangements zu treffen. Sowohl der soziologisierenden als auch der psychologisierenden Semantik ist zu verdanken, dass die Exklusivität der Intimbeziehung perforiert und für Dritte geöffnet wird. Dies gilt für platonische Freundschaften genauso wie für erotische „Seitensprünge".
Letztere werden dem Diskurs der Individualisierung und des persönlichen Wachstums zugeführt und auch an die Reifung der Beziehung
rückgebunden. Der Einzelne kann im Seitensprung Facetten entdecken, von deren Anwesenheit er bis dahin nichts wusste, und sich
selbst bereichern. Die Beziehung erhält durch Untreue eine Chance,
aufgefrischt zu werden sowie Anhänglichkeit zu erzeugen und den
Wert des Partners durch Vergleich herauszukehren. Ein Schelm, der
diese „innovativen" Aspekte verdächtigt, ideologisch zweckrational
und Konzession an tief verwurzelte Sehnsüchte einer- und andererseits an moderne empirische Auswüchse zu sein. Das Geschenk der
frühromantischen „Pathetisierung der Liebe" genießen oder verteu-
feln wir bis heute, nämlich den gestiegenen „Aufwand an Indiskre-
tion" (Anders 1997, 14): Die Liebe erfordert Eloquenz und perma-
nentes Reden über gar das Intimste.

Psychologische Konzepte und Eheratgeber von den 50er Jahren des 20. bis zum Beginn des 21. Jahrhunderts

In der Nachkriegszeit kehren Gestalt- und Ganzheitspsychologie sowie Charakterologie auf die akademische Bühne zurück (zum Folgenden v. a. Ash/Geuter 1985). Nicht zuletzt infolge des Bemühens, erklären zu können, wie das Naziregime möglich geworden war, fokussieren sie gemeinsam mit den Tiefenpsychologien und Typologien das Individuum. Bezogen auf Liebe und Ehe wird insbesondere die eheliche Sexualität in ihrer qualitativen klimatischen Funktion am Leitfaden der Psychoanalyse dekliniert. Im Verbund mit der Sensibilisierung für auch feminine Erotik wird das Recht der Frauen auf eigene Sexualität verteidigt. All das rüttelt nicht am Thron der Geschlechtercharakterologie. Mit der Auf- und Neubewertung ehelicher Sexualität ist eine neue Konfliktstrategie entdeckt. Sie wird operational. Sie lässt sich als Instrument einsetzen, das Konflikte entschärft und behebt. Die genannten psychologischen Strömungen erhalten Einzug in die Ratgeberliteratur, wenn sich diese auch meistens damit begnügen, die Kerngedanken der Konzepte herauszuschälen. Das gilt besonders für tiefenpsychologische Erkenntnisse. Von der Gestalttheorie wird das Bild der Ganzheit liebes- und eheideologisch vereinnahmt. Mann und Frau erhalten erst als Gatten ihre „wahre" Identität und Entfaltung, weil sie sich in dem Ganzen, der Gemeinschaft wechselseitig vervollständigen. Die phänomenologisch-deskriptiv und hermeneutisch-verstehend verfahrende Ganzheitspsychologie eignet sich zudem dazu, mit der jungianischen Psycho-Philosophie, insbesondere dem Individuationsprogramm, zu konvergieren. Die Apologie und Legitimation der Ergänzungs- und Verschmelzungsidee zieht die ganzheits- und gestalttheoretische Figur von der Ehe als „Gestalt", Ganzheit oder Totalität heran: vom Ich und Du zum Wir.

Die Konzentration auf persönlichkeitspsychologische Aspekte und Themen bringt eine veränderte Kausalattribution menschlichen Verhaltens. Verantwortung wird nach innen verlagert, sei es biologisch und in Termini von genetischer Disposition, sei es aus der anthropologisch-ethischen Warte von der (dem Menschen wesensmäßig zukommenden) kognitiven Kompetenz und der moralischen Verpflichtung, sei es aus entwicklungspsychologischer Sicht von der geistig-psychisch-sozialen Reifung des Einzelnen. Die Verlagerung von Verantwortung und Schuld in den Menschen wirkt sich auf den Liebes- und Ehediskurs aus. Noch flankiert von der geschlechtscharakterologischen Semantik legt die Subjektivierung von Konflikten der ehelichen Konfliktkommunikation zusätzlich Steine in den Weg. Pointiert: Die Frau verursacht Konflikte, weil sie emotional ist (ontologisch, biologisch) und weil sie von objektiven Normen abweicht (sittlich versagt). Konflikte gelten als personal, nicht als relational bedingt.

In den 50er Jahren setzt (forciert durch den Methodenstreit zwischen qualitativen und quantitativen Verfahren) eine Vervielfältigung und Ausdifferenzierung psychologischer Entwürfe ein. Der Charakterologie und der Ganzheitspsychologie erwächst eine unschlagbare Konkurrenz in der (aus den USA importierten) pragmatischen, quantitativ-methodischen Psychologie. Zur gleichen Zeit expandieren behavioristische und klinische Psychologie. Angesichts der Hinwendung zu Methoden diagnostischer Messung, zur Trennung von Symptomerfassung und Diagnostik sowie zur sozialpsychologischen Betrachtung des Einzelnen in seinem sozialen Milieu taucht die ganzheitlich-charakterologische Sichtweise unter die Oberfläche. Diese Perspektive motivierte ein Umschwenken großer Teile der Psychologie von einer vorwiegend diagnostischen zu einer therapeutisierenden Disziplin. In der therapeutischen Szene dominieren Gruppen- und analytische Spieltherapie, tiefenpsychologisch genährtes autogenes Training, Gesprächspsychotherapie und die Weiterentwicklung der Psychagogik das Feld. Beides, Diagnostik und Therapie, befördern die „Aufladung der Psychologie im Alltagsbewusstsein" etwa in Form inflationär angebotener Persönlichkeitstests in Illustrierten (Nagel/Seiffert 1979, 9 ff., 19). Spätestens in den 70er Jahren verlagern sich pädagogisch-psychologische Beratungstätigkeit und Diagnostik auf therapeutische Aktivitäten und verstärken die Tendenz zur Psychologisierung des Alltagsbewusstseins. Die (in den 60ern verbreiteten) verhaltens- und gesprächspsychotherapeutischen Verfahren werden ergänzt um Gestalttherapie, Transaktionsanalyse, Psychodrama, Bioenergetik und andere Varianten der humanistischen Psychologie. Der Psychoboom bahnt sich an und stürzt sich auf das Ich. Der Sturm auf das Ich soll es befreien und in seinem Potenzial entfalten, und dazu bieten Psychoexperten dissoziativ-reparative, homöostatische und expressiv-katalytische Vorgehensweisen feil und werden

von asiatischen Modellen der Innerlichkeit, des Selbstseins und der
Balance unterstützt (Thomae 1977, 185 ff.).
Ratgeber reflektieren diese Entwicklungen nur zum Teil. Ab den
späten 60er Jahren nehmen sie den gesprächs- und konfliktorientier-
ten Ansatz auf und speisen ihn in gestalt- und tiefenpsychologische
Überlegungen ein. Sowohl Persönlichkeitspsychologie als auch die
Zentrierung der Ich-Entfaltung im Zuge des Psychobooms tragen dazu bei, dass die Geschlechtercharakterologie zunehmend ausgehöhlt
wird. Manifest wird die Individualisierung von Liebe und Zusammenleben am Diskurs über Sexualität. Sie wird in ihrer Partikularität
vergegenwärtigt, hinsichtlich der Personen und bezüglich der Beziehung. Sie entwindet sich durch die Rückbindung an subjektive
Eigentümlichkeiten der Liebe und hört auf, notwendig Liebesbeweis
zu sein. Folgerichtig werden auch „Seitensprünge" als der Person und
Beziehung grundsätzlich förderlich propagiert, und wenn Liebende
damit Schwierigkeiten haben, dann sind sie narzisstisch oder sonst-
wie neurotisch gestört und sollten Fachleute konsultieren. Individualisierung läuft Hand in Hand mit der Personalisierung von Problemen
und Konflikten. Dank des psychologisch initiierten Ich-Diskurses
wird den Partnern auferlegt, sich als voneinander verschiedene Subjekte mit individuellen Biographien und Lebensentwürfen zu begreifen und es als ihre Aufgabe anzusehen, sich über dichte, offene und
aufrichtige Kommunikation zu verständigen und zu arrangieren. Eine eminent wichtige Auswirkung hat diese Rezeption in den Ratgebern auf das Register der Strategien, Konflikte zu handhaben. Sie
liegt in der Öffnung für verbalkommunikative Techniken und der
Umdeutung des Konflikts zu einer Chance. Die Akzentuierung der individuellen Person lenkt den Blick auf partikulare Bedürfnisstrukturen und verändert die Vorstellung von einem liebevollen Zusammenleben. Die psychologische Durchleuchtung des Subjekts greift auf
Liebe und Partnerschaft über, die jetzt als Gemeinschaft zweier Individualitäten erscheint und zwei Zwecke verfolgt: das persönliche
Wohlbefinden und das gemeinsame Glück. Beides muss realisiert
werden, weil die Psychoexperten die Selbstverwirklichung als onto-
logisches Anliegen und notwendige Voraussetzung für das gemeinsame Wohl handeln. Dies deromantisiert den Liebesbegriff insofern, als
die Endlichkeit der Liebe als wahrscheinlich, erwartbar und normal
implementiert ist. Das Liebesversprechen auf Ewigkeit wird als
deplatzierte Betrachtung und anachronistische Anwandlung in die
Ecke zum Verstauben geschickt.
Doch es verstaubt nicht. Anstatt sich verschämt mit dem eigenen

Tod abzufinden, entfaltet es im Verborgenen gewaltige Kraft und plagt, leuchtend, vital und staublos, noch heute die Liebenden, die beides wollen: sich entfalten und lebenslanges Liebesglück. Sie mühen sich redlich ab. Die Psychofachleute haben sie nämlich darüber aufgeklärt, warum die kommunikative Kompetenz ein konstitutives und stabilisierendes Moment der Beziehung ist, und zu welchem Ziel diese Fähigkeit eingesetzt werden soll. Auf den Punkt gebracht, rufen sie die Liebenden dazu auf, die Reflexion des Zusammenlebens (ob als Nah- oder Fernbeziehung) permanent mitlaufen zu lassen und als unaufhörlichen Aushandlungsprozess zu akzeptieren.

Diese ernüchternde Sicht von Liebesglück gefällt offenkundig nicht allen unisono. Denn neben den pragmatischen Versionen der Hilfeleistung finden Ratgeber Nachfrage und Absatz, die einem neuen Mystizismus, einer Neoromantisierung oder einer metaphysischen Verklärung entstammen. Sie vermengen Einsichten von Gesprächspsychotherapie, Ganzheits-, Gestalt- und Tiefenpsychologien mit spirituellen, im weitesten Sinn religiösen Glaubenssätzen. Vermutlich Motiv wie Effekt zugleich ist das Abfangen einer totalen Egozentrierung der und in der Liebe. Die in der Psychoszene lauthals verkündete Zuwendung zum Ich bedeutet – bezogen auf die Liebe – eine Abwendung, eine Distanzierung von dem geliebten Menschen. Nähe und Distanz zu balancieren und so zu leben, dass neben dem Ich das Wir gepflegt wird, erfahren die Betroffenen als beschwerlich bis unmöglich. Dem setzt diese „philosophierende" Linie im Liebesdiskurs eine Vision entgegen und fängt damit den Tod des Wir ab. Der Traum von einer metaphysischen Vereinigung findet sein Äquivalent im Innern des Menschen, sei es ontologisch im biologischen oder archetypisch im Sinn des jungianischen kollektiven Unbewussten. Die transzendierende Sehnsucht nach Einheit in Vollkommenheit, die Suche nach Geborgenheit und Vertrautheit wird mit der (antiken, frühromantischen) Vision der Komplementarität verwoben. Diese Kombination stoppt das Sterben, indem sie die individuelle Entfaltung, die Individuation nach C. G. Jung, zusätzlich relational wendet und ein Programm entwirft, das die Ich-Werdung in die des Wir einflicht. Etwa gemäß der Logik: Ich bin, aber erst im Leben mit dir werde ich.

Glücklich im Hier und Jetzt und in alle Ewigkeit

Müssen wir in den Chor einstimmen, der die unvergänglichen Liebe und das lebenslange Liebesglück verabschiedet? Das Ja auf diese Frage scheint unumgänglich und ist ebenso kompetent untermauert wie kritisch diskutiert worden (z. B. Guggenberger 1987; Mahlmann 1991, 311 ff.). Die theoretischen und ideologiekritischen Reflexionen auf die Seite gestellt (systemtheoretisch z. B.: Luhmann 1984; Mahlmann 1991, 1992), wiederholen sich die Argumente gegen die Option, den Glückshimmel auf die Erde zu ziehen. Da wir sie bereits kennen gelernt haben, seien sie stichwortartig erinnert. Die Bereitschaft, sich dem oder der Einen vollständig hinzugeben, sich „total auf ihn/sie einzulassen" und dem eigenen Lebensentwurf die Präsenz des Geliebten einzuschleusen, scheint heute geschrumpft und in mit Spinnennetzen verbundenen Falten dazuliegen. Dem Risiko, sich mit dem anderen möglicherweise zu ruinieren, weichen Menschen heute eher aus oder ziehen es als Möglichkeit erst gar nicht in Erwägung. Der Wein des Liebens hat sich in Wasser verwandelt, und es gibt keine Wiederverzauberung, weil das Pathos der Liebe und ihre feierliche Zusammenfügung zweier Individuen zu einem Dritten, einer Ganzheit, die ihrerseits die Individuation erst ermöglicht – diese Liebe erkennt sich nicht mehr im Spiegel. Sie ist ernüchtert und ersetzt durch „Zweckbündnisse", denen nicht selten „Zufallsarrangements" (Guggenberger 1987) zu Grunde liegen, wird Intimität fast beiläufig als flexibles bis flüchtiges Koordinieren fabriziert, und die Protagonisten sind substituierbar. Das Pathos der Ewigkeit ist abhanden gekommen. Der beklagte Mangel ist beobachtbar – etwa an der Trennungsfrequenz von Paaren, an der praktizierten seriellen Monogamie und daran, dass Intimbeziehungen a priori mit dem Vorbehalt des Scheiterns eingegangen werden und sogar Pfarrer den Abschied ritualisieren und seine positive, weil Chancen eröffnende Funktion untermauern möchten, indem sie ein Trennungszeremoniell durchführen (Scherer in: FAS, 6. 1. 2002). Auch das Studium von Bekanntschaftsinseraten in Zeitungen und im Internet dokumentiert die Bemühung, schnell und aufwandsarm, vor allem aber zielstrebig mit dem oder der Richtigen ein Rendezvous abzumachen. Und wer die oder der Richtige ist, entscheiden nicht Liebesgefühle, sondern – der Verblendung ausweichend wie einer matschigen Pfütze – in erster Linie gemeinsame Interessen und Werthaltungen (z. B. Bild der Wissenschaft 8/2001, 88 f.; Focus 28/2002, 146 f.; Focus 13/2002, 60–73). So zelebriert das Kalkül freudige Wiederkehr, drängt das Liebesgefühl an den Abgrund, nur dass jetzt die Betroffenen selber abwägen und wegdrängen.

Als Vorbote des Liebestodes wird zuweilen bereits die Notwendigkeit genannt, sich überhaupt darüber unterhalten zu müssen, welches Verständnis von Liebe die Partner haben. Reden steht im Vordergrund, nicht Fühlen. Die Faszination, die den Liebenden schweben lässt, ist dahin, es geht um von erotischer Anziehung gestiftete, zweckrational verabredete „Beziehungskisten", in die man sich hineinbegibt, die aber unverschlossen sind und die Flucht jederzeit ermöglichen. Es geht nicht mehr darum, einer empfundenen Affinität, einer aus den Tiefen des Seins emporsteigenden intuitiven Faszination zu folgen und ihr die Regie über das Handeln zu lassen. Das Reden über Liebesvorstellungen wird nötig, weil nichts mehr selbstverständlich ist und dank der Individualisierung das Einverständnis, Liebe zu zeigen und zu beweisen, unterschiedliche Verhaltensweisen auslöst und differente Schwerpunkte setzt. Liebe braucht Reden für Zwecke der Klärung und Verständigung, der Verhandlung und Verabredung. Instrumentelle Vernunft, so die Klage, erstickt das Gefühl.

Vom Ende der ewigen Liebe zeugt das praktische Unvermögen, die Ansprüche, die Partner an die Liebe stellen, zu verwirklichen. Wir haben verfolgt, dass daran neben gesellschaftlichen Entwicklungen Botschaften aus psychologischen Disziplinen maßgeblich beteiligt sind. Sie feiern die Ethik des Selbst, werten Selbstliebe und Selbstentfaltung als notwendige Voraussetzungen für eine Liebesbeziehung. Dabei konzipieren sie Individualität als infinit steigerungsfähig, ohne indes klare Kriterien an die Hand zu geben, die Leitplanken definieren und ermöglichen, den Fortlauf der Anstrengung zu überprüfen. Die Folge ist, dass der sich individualisierende Mensch nie weiß, ob er angekommen oder wie weit er noch von seinem eigentlichen Selbst entfernt ist. Die Referenz „Wohlbefinden" bleibt schemenhaft und nebulös und dehnt das Spektrum an Handlungen eher aus als ein. Es gibt immer noch etwas, das den Liebenden fasziniert und er ausprobieren kann und will. Und da das für den Geliebten genauso gilt, treffen sich die beiden zufällig oder, je nach Verschiedenheit der Persönlichkeiten und ihren Idiosynkrasien, mehr oder wenig häufig und beglücken einander immer nur für eine Weile. Sie sind voneinander verschieden und nicht notwendig kompatibel, weder in ihren Strukturen noch in ihren Bedürfnissen. Sie ringen um Durchsetzung, reden und handeln, in der Absicht, Konvergenzen herzustellen. Solange es sich lohnt, der Nutzen größer scheint als der Aufwand und der subjektive Einsatz als Investition wahrgenommen wird, sodass die Liebenden entschlossen sind, zumindest den nächsten Lebensabschnitt miteinander zu verbringen, greifen die Partner zu bereit hängenden Rettungsringen. In den Brandungen des Liebesmeeres gibt es keine verbindlichen und damit erwartbaren Rettungsinseln mehr, sondern nur Instrumente, die dem Überleben so lange dienen, wie Wille und Kraft reichen. Diese Rettungsringe stellen Psychoexperten zur Verfügung und fordern die Liebenden auf, dicht und viel, offen und aufrichtig zu kommunizieren und eine konstruktive Streitkultur zu schaffen sowie zu kultivieren. Außerdem sollten sie bereit sein, im Zweifel die Beziehungskompetenz an den Experten abzutreten und die Kompetenzdelegation an den Therapeuten als selbstverständliche Rettungsofferte vorsehen. Die Liebesbeziehung geht auf in der Frage nach dem, was der Selbstliebe nutzt, und realisiert sich in interaktivem Geschick sowie in souveräner Handhabung von Gesprächstechniken mit dem Ziel, eigene Wünsche durchzusetzen. Sie gerinnt zur nutzenorientierten und therapeutisch flankierten Dauerkonversation, die abgebrochen wird, sobald Ärgernisse die Freude überwiegen – und das kann sehr schnell empfunden werden. Die therapeutische Intervention, moralische Überlegungen und psychologisierte Reflexionen können Trennung verzögern.

In einem Satz: Die Logik und das Ethos der Individualität vergiften die Liebesbeziehung und führen zum Tod der lebenslangen Liebe. Die Individuations-Gemeinschaft baut die Revision in Permanenz ein, die Vorläufigkeit aller Festlegungen, setzt damit Dauer kontingent und lässt ewige Liebe entschweben. Aber ihr stürmen nicht nur Neoromantiker und hoffnungsfroh Suchende hinterher, um sie einzufangen. Der Schweif, den die Verfolger bilden, zeigt uns Liebessehnsüchtige und Psychotherapeuten.

Die skizzierten Beobachtungen verleiten dazu, von dem Geschehenen, von Äußerlichkeiten auf Bereitschaften, Sehnsüchte und Träume zu schließen. Darin liegt eine Gefahr, die beides ist: Denkfehler und Irrtum. Der Schluss vom Beobachteten auf Motivation ist heikel, weil er eine kategoriale Kluft überwinden muss – und das ist ein spekulativer Sprung. Fatal wird die Konklusion dann, wenn sie als korrekte Tatsachen-Aussage über die behauptete Identität von Schein und Sein behandelt wird. Nehmen wir etwa den Gang zum Therapeuten: Genau das Gegenteil vom Scheitern sein, nämlich ein Symbol für die Zuversicht, die Liebesbeziehung so zu gestalten, dass sie ein Leben lang hält. Empirische Befragungen in der Bevölkerung wie mediale Inszenierungen von Liebe (Lieder, Filme, Gedichte etc.) belehren uns durchaus dahingehend, dass der frühromantische Liebestraum uns noch heute verzaubert und – befragt man Paartherapeuten – genau dieses Ideal es ist, an dem das praktische Zusammenleben wenn nicht zerbricht, so doch Zermürbung und Leid bringt. Diese Fakten, Daten und Interpretationen ermuntern dazu, die eingangs aufgeworfene Frage mit einem Nein zu beantworten und auszurufen: Dauerhaftes Liebesglück ist möglich. Nur: wie?

Für die Antwort brauchen wir einen Vorlauf, der noch einmal das Grundproblem hervorhebt, das als dilemmatische oder paradoxe Lage empfunden wird. In der aktuellen Liebessemantik herrscht eine radikalisierte Egozentrik vor. Sie macht den Zusammenprall der Interessen unvermeidlich. Das Risiko, zu kollidieren, wurzelt darin, dass korrelativ Individualisierungsansprüche geltend gemacht werden und simultan Liebessignale gesendet werden sollen, die die Zuwendung zum Partner implizieren. Sowohl das eigene Ego als auch das andere Ego müssen bedient werden. Der Andere gerät dabei nicht mehr als Vertreter seiner geschlechtlichen Gattung in den Blick, sondern als spezifisches Individuum, als Konfiguration bestimmter Partikularitäten, die erst entdeckt werden müssen. Während dieser Entdeckungsreise tastet das liebende Ich den Geliebten permanent daraufhin ab, inwiefern er zum eigenen Ich passt, mit dessen Ansprüchen der Selbstverwirklichung harmoniert oder doch wenigstens dabei helfen kann. Die Paradoxie verbirgt sich darin, dass gleichzeitig zu den beiderseitigen egozentrierten Reklamationen von beiden Partnern Rücksichtnahme und Veränderungsbereitschaft eingefordert werden. Der Geliebte soll seine Eigeninteressen zu Gunsten meiner Bedürfnisse zurückstellen und bereit sein, sich wegen (seiner Liebe zu) mir zu verändern. Jeder will ich bleiben und weiß doch, dass er sich in die Richtung des Geliebten bewegen muss, wenn die Liebe leben soll. Auflösen lässt sich dieses Dilemma, analytisch betrachtet, unter zwei Voraussetzungen. Die erste betrifft das Konzept der Individualität. Individualität wird ganz im Sinne des „individuellen Gesetzes" von Georg Simmel als Potenzial begriffen, als Personalität in der Form einer angelegten Möglichkeit, die zur Verwirklichung drängt. Individualität bezeichnet nicht das „fertige" Individuum, sondern impliziert seine empirische Unfertigkeit oder Unabgeschlossenheit. Das personale

Sein erscheint als Werden, das den geliebten Menschen benötigt. Mit ihm gemeinsam geht der Liebende seinen Weg – bis zum Ende; denn so, wie die Individuierung erst mit dem Tod zum Abschluss kommt, bedarf es der Perpetuierung des Wir, um die Optionalität in Faktizität zu verwandeln. Die zweite Voraussetzung verlangt von den Liebenden, einander nicht einfach als Kombination von Eigentümlichkeiten zu begreifen. Diese Ansicht präsentiert die Eigenarten nämlich als unabhängig von der Gesamtperson, die damit austauschbar wird. In dieser Perspektive erscheint der Geliebte als Träger von Eigenarten, die eine Funktion für mich haben, und ist als solcher nur in der Hinsicht relevant für mich, als er mir nützliche Leistungen bringen kann. Der personalen Totalität gegenüber verhalte ich mich – wegen meiner utilitaristischen Annäherung – indifferent. Anders gewendet: Solange ich den Geliebten daraufhin prüfe, inwiefern er über Fähig- und Fertigkeiten und Neigungen verfügt, die mir im Einzelnen zudienen, übe ich einen sozusagen induktiven oder selektiven Blick. Die Fokussierung auf Details vernachlässigt ihre Einbindung in die Ganzheit der personalen Identität und erleichtert es mir, mich von der Person zu trennen, sobald die Eigenheiten nicht mehr genügen, meine Bedürfnisse zu saturieren. Diese Distanzierung wird dann erschwert, wenn der Liebende den Geliebten statt als Sammelsurium brauchbarer Kompetenzen als individualisiertes Weltverhältnis begreift, das für ihn bedeutsam wird. Der Liebende schaut die Gesamtperson, erkennt und schätzt im Geliebten dessen Art, die Welt zu sehen und sich in ihr zu verhalten. In diesem Augenblick gewinnt der Geliebte in seinem totalen Sein eine ausgezeichnete Relevanz für den Liebenden. Der Liebende wendet sich dem Geliebten zu, flicht ihn in das Netz seiner eigenen Lebensbezüge und damit in seinen Lebensentwurf ein und verleiht ihm damit eine ganz bestimmte Bedeutung. Der Geliebte wird zu einem Bestandteil des eigenen Lebenlaufs und zum Anlass und Motiv dafür, über sich selbst hinauszuwachsen (vgl. Luhmann 1984, Systeme, 397). Folglich liegt dem Liebenden an der Fortführung und Verewigung der Liebesbeziehung. Es ist diese Grundsemantik des An-der-Liebe-Wachsens, die der modernen Individuations-Beziehung Dauerhaftigkeit in Aussicht stellen kann. Die Stimme der Utilität verstummt dabei nicht zwingend. Muss sie auch nicht. Indes: Sie ruft nach etwas anderem als nach atomisierten Fertigkeiten. Die Semantik legt nahe, die Liebe und das Liebesverhältnis noch einmal zu individualisieren. Der geliebte Mensch wird von dem Liebenden als einziger Mensch erfasst, der dem Liebenden bei seiner Individuation hilfreich sein kann. Die Konsequenz ist zwar ein ausgeprägtes wechselseitiges Abhängigkeitsverhältnis, aber immerhin bietet diese Lösung Kontinuität.

Das Fazit lautet also: Die Leitsemantik der Individualisierung, die die Fragilität der Intimbeziehung begründet, wirkt gerade dadurch, dass ihre Geltung dupliziert wird, stabilisierend. Der Anspruch des Ich, eigene Interessen in der Intimbeziehung zu verwirklichen, wird ergänzt durch zwei Einsichten. Die eine zentriert, dass die Fähigkeit des Geliebten, die die Selbstentfaltung erst ermöglicht, einzigartig und unersetzlich ist – weil der Geliebte in seiner personalen Identität ein Unikum verkörpert. Die zweite – aus der ersten geboren – realisiert, dass ein Gefühl von Zusammengehörigkeit nötig ist, die perspektivische Erfüllung zu erleben – und so der Geliebte den Status der Höchstrelevanz erhält. Durch die so motivierten Anpassungsleistungen nimmt die Leitsemantik die Grundsehnsucht auf, die Liebesbeziehung auf Zukunft anzulegen. Die Suche hat ein Ende. So jedenfalls der erste Eindruck. Denn Einsichten sind revidierbar, und so stellt sich die Frage, ob es für die Stabilisierung und Kontinuierung der Liebe nicht doch der Integration (früh-)romantischer Ideen bedarf.

Für die frühromantische Liebe warf sich Dauer nicht als Problem auf, weil „echte" Liebe per definitionem unvergänglich war. Warum Unverbrüchlichkeit heute thematisch ist, haben wir ausgeführt. Ketzerisch könnte man fragen: Warum sollten Menschen überhaupt eine dauerhafte Liebesbeziehung anstreben? Warum genügt es ihnen nicht, ihr Bedürfnis nach Zuwendung und Geborgenheit in einer Sequenz von Episoden zu stillen? Die Antwort auf diese Frage verweist uns auf die gesamten vorgängigen Erörterungen und lautet in Kurzform: Entweder es ist so etwas wie eine anthropologische Konstante, die dem menschlichen Wesen eignet und es determiniert, eine prinzipiell unendliche Verbindung einzugehen, um sich wohl und glücklich fühlen zu können. Diese These ist den Beweis, dass dies für alle Menschen gilt, schuldig und provoziert ethnologische Studien. Oder die zweite These gilt: Sie zieht historische und gesellschaftliche Aspekte in Betracht und belegt, dass es soziokulturelle Konstellationen sind, die die Sehnsucht nach Intimität und andauernder Verlässlichkeit hervorrufen.

Wir greifen eine weitere Fragerichtung auf, die die Brisanz besonders exponiert. Wenn die Entscheidung gefallen und der höchstsignifikante Andere gefunden ist – wie können sich die Liebenden wechselseitig zu der nötigen Bereitschaft und den Leistungen der Anpassung oder Empathie motivieren und diese gelingen lassen? Diese

Frage haben wir oben teilbeantwortet. Da die Replik durchaus kompliziert ist und der Ergänzung bedarf, gehen wir ihr weiter nach. Es gibt auch hier eine Kurzantwort, die darauf verweist, dass das Ich auf den Beitrag eines anderen Ich angewiesen ist. Diese Einsicht von der inexistenten Autarkie steht am Beginn einer Beziehung und offenbart sich als „unerklärliche" und meistens überraschende Anziehung, als intuitiver Eindruck des Zueinanderpassens oder als Verliebtheit. Wichtig ist, dass die Intuition nicht atomisiert, sondern synthetisierende Wahrnehmung meint: Sie überstrahlt den Anderen in seiner Ganzheit, in seiner Gestalt, in seiner kompletten Person und nimmt ihn in seiner Totalität auf. Entwickelt sich der Anfang als tragfähig und relativ enttäuschungsresistent, konkretisiert und verfestigt sich die Intuition zur Überzeugung. Sie gewinnt damit Anschlussfähigkeit an die frühromantische Vision der Verschmelzung und wechselseitigen Vervollkommnung. Die Impression des Zueinanderpassens reift durch gemeinsame Erfahrungen zu dem Gefühl des Zueinandergehörens. Mit diesem Gefühl, das innere und nicht präzise explizierbare, nicht analytisch ausbuchstabierbare Überzeugung ist, ist ein qualitativer Sprung getan; denn jetzt ist die grundsätzliche Austauschbarkeit des geliebten Menschen aufgehoben, verleiht der Partnerschaft an Stabilität und legt die Saat für Permanenz. Zwar kann auch die Einsicht in die Abhängigkeit, die Erkenntnis, ohne die Fähigkeit des Partners das eigene Entfaltungsprogramm nicht starten, geschweige denn erfolgreich ablaufen lassen zu können, dazu führen, dass die Partnerschaft auf feste Beine gestellt wird. (Das wäre die Wiederkehr der Vernunftehe, nur diesmal gestützt auf psychische und interaktive Qualitäten.) Aber Einsichten unterliegen Lernprozessen, und diese führen die prinzipielle Revidierbarkeit im Gefolge. Nun könnte man einwenden, Gefühle seien nicht gerade verlässlich, weil sie affektuösen Sprüngen, Launen und damit der Spontaneität unterworfen seien. Schon korrekt. Der Einwand kann aber relativiert werden mit dem Bezug auf die intuitive Einverleibung des Anderen als höchstbedeutsamer Anderer und der imperialen Tendenz der Intuition. Hier spielen nicht nur (situative, punktuelle) Gefühle eine Rolle. Gefühle sind hier gestärkt mit und eingebettet in (bewusste und unbewusste) Bedürftigkeit, Befindlichkeit und individuelle Grundausrichtung des In-der-Welt-Seins und münden in emotional-kognitive und ahnungsvolle Überzeugung. Diese Totalmobilisierung wird unterstützt von der Ganzheitlichkeit der intuitiven Wahr-Nehmung des Geliebten und transzendiert situative Begrenztheiten von Affekten und Beurteilungen. Dadurch entfaltet sie ihre Macht, die weniger veränderungsan-

fällig ist als Kognitionen und spontane Gefühle. (Die verhältnismä-
ßig ausgeprägte Resistenz von Grundhaltungen und Attitüden belegen
Forschungen etwa in den Bereichen der Emotionspsychologie, Attri-
butions- und Vorurteilspsychologie.)

Die gegenwärtige Liebessemantik erweist sich also dann als fähig,
Liebesbeziehungen zu konsolidieren, wenn sie frühromantische Elemente einwebt. Diese benötigt sie, um den Schritt vom funktionalen
Interesse am Geliebten zum fundamentalen Gefühl der Zusammengehörigkeit, vom Ich zum Wir, machen zu können. Die Chancen dafür stehen nicht schlecht, wenn man bedenkt, dass das Zueinanderpassen in heutigen Intimbeziehungen zum Schlüsselthema ange-
wachsen ist. Die Grenze vom Zueinanderpassen zum Zusammen-
gehören ist fließend, besonders dort, wo das Grundmotiv des An- und
Miteinander-Wachsens die Äußerlichkeiten des Lebens hinter sich
lässt und in die geistig-seelische Innerlichkeit hineinläuft. Dieses
Grundmotiv des personalen Wachstums durch und mit dem Geliebten
gebärt die lebenslange Liebe, weil sie das sonst kalkulierte Arrange-
ment zur existenziellen Verflechtung umdefiniert. Die Verbindung
frühromantischer und partnerschaftlicher Facetten begründet Liebe
als An-, Durch- und Miteinander-Wachsen. Liebende versichern einander, durch die Liebe zum Partner, durch den um das Du bereicherten Rückfluss der eigenen Liebe und durch die Liebe, die der
Partner schenkt, erst die eigene Personalität entfalten und Sinn finden
zu können. Der Liebende offenbart seine Liebe, indem er bereit ist,
sich den Individuierungsbedürfnissen des Geliebten zu öffnen, sich
seiner Probleme zu stellen, sich auf sie einzulassen, sie zu fördern
und sie dem eigenen Lebensentwurf zu integrieren, und zwar unabhängig vom eigenen Nutzen und Schaden, Gewinn und Verlust.

So weit zur semantischen Fundierung, dem Liebesglück eine Zukunft zu geben. Die Leitsemantik kommt zwar ohne psychologische
Referenzen aus (wenn sie will oder soll; denn selbstverständlich ist
sie psychologisierbar). Angewiesen ist sie auf jeden Fall auf Glaubenssätze, Überzeugungen oder Visionen des frühromantischen, vielleicht mystisch, metaphysisch oder transzendental zu nennenden Diskurses. Was wir bisher unterlassen haben, ist, die Leitsemantik zu der
Frage zu interviewen, wie es den Liebenden gelingen soll, die erwähnten Bereitschaften und Adaptionsleistungen zu erbringen. Konsequenterweise zieht sie sich stoisch schweigend zurück, wenn sie
konkrete Procedere, genaue Handlungsanweisungen geben soll. Das
obliegt der operationalen, nicht der Ebene der Metafolie, der sie an-
gehört. Was sie leistet, ist, auf basale Bereitschaften und Kompeten-

zen hinzuweisen, auf die Liebende nicht verzichten können. Als unabdingbar und essenziell hebt sie die Bereitschaft, Fähig- und Fertigkeit zur Kommunikation, Konzession und Konfliktaustragung hervor. Die Liebessemantik gewährt lebenslange Liebe und Liebesglück. Dies gilt, solange die Liebenden um des gemeinsamen Wachstums willen prinzipiell unbegrenzt leidensfähig und willens sind, aus Schmerz zu lernen. Anders formuliert, räumen sie der Beziehung, ebenso wie sich selbst, auch Schatten-Seiten ein, akzeptieren sie als schicksalhaft und unvermeidlich und deuten sie als Zeichen in der Evolution der Person und der Beziehung. (Die Semantik funktioniert nach den Gesetzen eines selbstreferenziell prozessierenden, logisch geschlossenen Systems.) Mit dem Blick auf die praktische Umsetzung, auf das Leben der Leitsemantik weicht ihre Leistung auf, weil sie nun – operational – psychologische Tatbestände nicht umgehen kann. Auf den empirischen Boden gezogen, gewährt sie zwar lebenslange Liebe, aber nicht lebenslanges Liebesglück. Sie hält die Auflösung der Gemeinschaft optional, allerdings trotz Liebens. Das Ende der Liebesbeziehung koinzidiert nicht mit dem Ende der Liebe. Wie kommt es dazu?

Der Semantik wohnt eine Leitsymbolik inne oder – profan ausgedrückt – ein Dogma. Sie schreibt den Liebenden vor, die Liebe handelnd zu beweisen. Untrüglich dokumentieren sie ihre Liebe dann, wenn sie Probleme und Konflikte thematisieren und behandeln. Der Liebende zeigt seine Liebe insbesondere in Konstellationen, in denen er sich den Problemen des Geliebten gerade dann öffnet, wenn er keinen Vorteil davon hat. Nun kann das sehr anstrengend und langwierig sein. Es können sich gar Wolken auftürmen, die den Horizont verdunkeln und daher das Ende nicht in Sichtweite bringen. Der Liebende reibt sich auf, zehrt an seinen letzten Kraftreserven, sackt schließlich zusammen und resigniert, mit Tränen in den Augen. Die Kapitulation besiegelt nicht das Ende der Liebe, sondern der Liebesbeziehung. Der kollabierte Liebende verlässt die Gemeinschaft, obwohl er liebt. Er scheitert nicht an seiner Liebe, sondern an der Lebbarkeit der Liebesbeziehung. Und wenn er, erschöpft und traurig, die Beziehung auflöst, braucht ihn kein schlechtes Gewissen zu plagen. Trostvolle Worte, die sein Handeln legitimieren, flüstert ihm nicht nur die semantische Orientierung an der Ethik der Individualisierung und des personalen Glücks zu. Beruhigung und Rechtfertigung sprechen ihm vorzugsweise psychologische Einstellungen, Erkenntnisse und Doktrinen zu, die das Aufkündigen legitimieren, ja gar anraten: Der Liebende kann nur dann wirklich lieben, wenn er mit sich selbst zufrieden ist. Das ist er, solange er seinen Weg der Individuation verfolgen kann. Und das befähigt ihn, sich völlig auf den Geliebten einzustellen. Stößt er immer wieder auf Schwierigkeiten, die für ihn unlösbar sind und ihn derartig beanspruchen, dass er permanent leidet, sind ihm Empathie, personales und Beziehungsglück verwehrt. Werden diese Defizite und das Leiden chronisch, stellt sich früher oder später Unzufriedenheit ein, Kraftlosigkeit und kann die dramatische (und psychologisch kategorisierte) Spirale von Depressivität, Selbstverhinderung, Selbstausbeutung in Gang geraten, während die Beziehung neurotische Muster ausbildet. Sowohl die Leitsymbolik als auch die psychologische Codierung von Liebe erlauben Liebenden, die Zweisamkeit zu verlassen, sobald sie quälend wird. Der Liebende ist nicht verpflichtet, sich einem vergeblichen Kampf zu stellen. Doch den Zeitpunkt zu wählen, ist äußerst diffizil. Denn der Liebende erhält direktive Hilfe, weil die psychologisierte Semantik einem Therapeutismus Tür und Tor öffnet. Ihm liegt ein Menschenbild zu Grunde, das den Menschen als ein Wesen konstruiert, das unendlich plastisch, prinzipiell beliebig veränderbar und lernfähig ist. Diese unbegrenzte Lernfähigkeit wird ihm zum Verhängnis, weil die psychologisierte Semantik die Partner auf unvermeidbare Lernnotwendigkeit festschreibt. Dieses Diktum macht das Bestehen der Beziehung zu einer Sache manipulativer Beharrlichkeit. Nicht lieben tut dann der, der dem Teufelskreis der Liebesbehandlung entflieht, indem er aufhört, den Geliebten oder sich selbst ändern zu wollen, und zwar, dass er zu mir und ich zu ihm und wir beide für die Beziehung passen. Jene hingegen, die den Einfluss des Therapeuten oder des psychologischen Diskurses nicht fürchten, mögen die Liebesbeziehung als eine „wechselseitige Dauertherapierung" (Luhmann 1984, Liebe, 211) installieren und auf diese Weise lebenslanges Liebesglück finden. Liebe kehrt hier als ewige zurück – nun aber unter anthropologisch-psychologischem und nicht unter dem frühromantischen Vorzeichen dionysischer und apollinischer Erhöhung.

Und wer an die Möglichkeit lebenslangen Liebesglücks nicht glaubt, das Hauchen der Sehnsuchtsstimme aber dennoch vernimmt, der ersticke sie nicht, sondern wähle die ewige Liebe zu seiner regulativen Idee, zu seiner konkreten Utopie, zum Leitstern seines Liebeshandelns. Dadurch vergibt er sich nicht nur nichts, sondern ermöglicht eine Partitur in einem Wunschkonzert zu zweit.

Bist du ich. Dann wirst du du.
Bin ich du. Dann werd' ich ich.
Du bist. Ich bin.
Und ich „bist", du „bin" …

Ich ist du-sein. Du ist ich-sein.
Sein ist wir. Denn wir sind – wir.
Wir ist du. Und wir ist ich.
Sind wir wir – sind du und ich.

Literatur

Anders, G., Lieben gestern. Notizen zur Geschichte des Fühlens. München 1986

Ash, M., Die experimentelle Psychologie an den deutschsprachigen Universitäten von der Wilhelminischen Zeit bis zum Nationalsozialismus, in: Ash/Geuter, a. a. O., 45 ff.

Ash, M. G./U. Geuter (Hrsg.), Geschichte der deutschen Psychologie im 20. Jahrhundert: ein Überblick. Wiesbaden 1985

Bach, G. R./P. Wyden, Streiten verbindet. Formeln für faire Partnerschaft und Liebe. Köln 1970

Badinter, E., Ich bin Du. Die neue Beziehung zwischen Mann und Frau. Weinheim, Basel 2001

Barthes, R., Fragmente einer Sprache der Liebe. Frankfurt, 1988 6. Auflage

Beck-Gernsheim, E., Von der Liebe zur Beziehung? In: Soziale Welt, Sonderband 4, Die Moderne – Kontinuitäten und Zäsuren. Göttingen 1986, 209 ff.
– Das ganz normale Chaos der Liebe. Frankfurt 1987

Beckel, A., Ehe im Umbruch. Münster 1969

Beeking, J., Der eheliche Mensch. Salzburg, Leipzig 1938

Bergner, H., Ehe. Ärztliche Ratschläge und Belehrungen. Hamburg 1922, 25. Auflage

Bettermann, S., So lieben wir morgen. In: Focus 12 (2001), 282 ff.

Beziehungs-TÜV für Heiratswillige. In: P.M. 8 (2001), 36

Bleske, E., Konfliktfeld Ehe und christliche Ethik. München 1981

Böhme, K., Ansätze zu einer Theorie der Partnerschaft. Hahnstein 1979

Bollinger, H., Hof, Haushalt, Familie. In: Ostner, I./B. Pieper (Hrsg.), Arbeitsbereich Familie: Umrisse einer Theorie der Privatheit. Frankfurt, New York 1980, 13 ff.

Botzian, M., Er sucht/Sie sucht Liebe und Sex. In: Focus 17 (2002), 161 ff.

Bovet, Th., Die Ehe. Ein Handbuch für Eheleute. Tübingen 1959, 2. Auflage
– Kompendium der Ehekunde. Tübingen 1969

Brehmer, I. et al. (Hrsg.), Frauen in der Geschichte IV. Düsseldorf 1983

Brunner, O., Vom „ganzen Haus" zur „Familie". In: Rosenbaum, H., a.a.O., 83 ff.

Bundesminister für Jugend, Familie und Gesundheit (Hrsg.), Die Rolle der Hausfrau. Bonn 1976
– Nichteheliche Lebensgemeinschaften in der Bundesrepublik Deutschland. Bonn 1985, Bd. 170

Campe, J. H., Väterlicher Rath an meine Tochter. Braunschweig 1832

Csikszentmihalyi, M., Flow. Das Geheimnis des Glücks. Klett-Cotta, Stuttgart 1992, 2. Auflage
– Das Flow-Erlebnis. Klett-Cotta, Stuttgart 1996, 6. Auflage

Das ganz normale Chaos der Liebe. In: Universitas 10 (1990)

Dath, D., Ist denn gar nichts mehr heilig? In: FAZ, 22. 12. 2001, 50

Davidis, H., Die Hausfrau. Leipzig 1876, 8. Auflage

Dechmann, B./Chr. Ryffel, Vom Ende zum Anfang der Liebe. Ein Leitfaden für die systemische Beratung und für Paare, die zusammenbleiben wollen. Weinheim, Basel 2001

Dedekind, A. (Hrsg.), Das protestantische Ehescheidungsrecht und Verwandtes. Zusammenstellung neuerer Entscheidungen der Braunschweigischen Obergerichte. Braunschweig 1872

Der Mutterschutz, Jg. 1905 ff.

Die Frau, Jg. 1903 ff.

Die Neue Generation, Jg. 1908 ff.

Dörner, H., Industrialisierung und Familienrecht. Die Auswirkungen des sozialen Wandels dargestellt an den Familienmodellen des ALR, BGB und französischen Code Civil. Berlin 1974

Dornreich, J./A. und R. Scherer (Hrsg.), Ehe und Familie. 2 Bde., Freiburg 1956

Drews, R., Der bezaubernde Gatte. Kleine Anleitung zur glücklichen Ehe. Freiburg 1942

Drum prüfe, wer sich neben dir schindet. In: Die Zeit, 18. 10. 2001, 1 f.

Dunkelmann, H., Die erwerbstätige Ehefrau im Spannungsfeld von Beruf und Konsum. Tübingen 1961

Eicke, D.-R., „Teenager" zu Kaisers Zeiten. Marburg 1980

Fallend, K. et al., Psychoanalyse bis 1945. In: Ash/Geuter, a. a. O., 113 ff.

Ferch, J., Liebe und Ehe in der arbeitenden Klasse. Oranienburg 1913

Fetscher, R., Ehegesuche und Ehevermittlung. Eheberatung, Eheverbote und Ehezeugnisse. In: Marcuse, a. a. O., 550 ff.

Fischalek, F., Faires Streiten in der Ehe: Partnerkonflikte besser lösen. Freiburg 1979, 2. Auflage

Foucault, M., Sexualität und Wahrheit. Frankfurt/M. 1979

Frau und Gesellschaft. Bonn 1981

Freudenthal, M., Bürgerlicher Haushalt und bürgerliche Familie vom Ende des 18. Jahrhunderts bis zum Ende des 19. Jahrhunderts. Und: Strukturelle Merkmale proletarischen Familienlebens zwischen 1880 und 1900. Beides in: Rosenbaum, a. a. O., 342 ff. und 375 ff.

Fried, E. und P., Liebes- und Eheleben. Ein praktischer Ratgeber für die gesunde und harmonische Ehe sowie für sexuelle Notfragen. Wolfenbüttel 1929

Früh, D., Beziehungen zweiter Klasse. In: Psychologie heute August/2002, 42 ff.

Gebert, F., Die verschmuste Generation. In: Focus 18 (2002), 226 f.

– Das dressierte Herz. In: Focus 28 (2002), 146 f.

Gerhardt, U., Verhältnisse und Verhinderungen. Frauenarbeit, Familie und Rechte der Frauen des 19. Jahrhunderts. Frankfurt/M. 1979

Glasl, F., Konfliktfähigkeit statt Streitlust. Frankfurt/M. 1998

– Selbsthilfe in Konflikten. Konzepte, Übungen, Praktische Methoden. Stuttgart, Bern 1998

Guggenberger, B., Sein oder Design. Zur Dialektik der Abklärung. Berlin 1987

Habermas, J., Strukturwandel der Öffentlichkeit. Neuwied 1962

Halberstadt, H., Psychologische Beratungsarbeit in der evangelischen Kirche. Geschichte und Perspektiven. Stuttgart 1983

Hassel, S. L., Von der Verkennung des hässlichen Entleins. In: vfp-forum 2 (2002), 25 ff.

Hilgers, M., Leidenschaft, Lust und Liebe – Psychoanalytische Ausflüge zu Minne und Missklang. Stuttgart 2001
– Zwischen Himmel und Hölle. In: Frankfurter Rundschau, 27. 11. 2001, 25

Hobsbawm, E., Im Rosenbaum, Frankfurt/M. 1980, S. 404 ff.

Hörning, K. H., Der „neue" Arbeiter. Zum Wandel sozialer Schichtstrukturen. Frankfurt/M., 1973, 3. Auflage

Horvath, D., Bitte recht weiblich – Frauenbilder in der Zeitschrift Brigitte 1949–1982. Zürich 2000

Jaeger, S./I. Staeuble, Die gesellschaftliche Genese der Psychologie. Frankfurt/M., New York 1978

Jellouschek, H., Die Kunst als Paar zu leben. Stuttgart 1992
– Wie Partnerschaft gelingt. Spielregeln der Liebe. Freiburg 1998

Jung, C.G., Die Ehe als psychologische Beziehung. In: Keyserling a.a.O.,294 ff.

Karlweis, M., Die Ehe und die verwandelte Frau. In: Keyserling, a.a.O., 181 ff.

Kaufmann, F.-X., Familie und Modernität. In: Lüscher, K. et al. (Hrsg.), Die „postmoderne Familie". Familiale Strategien und Familienpolitik in einer Zeit des Übergangs. Konstanz 1988, 391 ff.

Kaufmann, J.-C., Single-Frau und Märchenprinz. Konstanz 2002

Keupp, H., Auf dem Weg zur Patchwork-Identität. In: vfp-forum 3 (2001), 3 ff.

Keyserling, H. (Hrsg.), Das Ehebuch. Celle 1925

Klein, A., Zur Ideologie des weiblichen Charakters im 19. Jahrhundert. In: Ostner/Pieper, a. a. O., 73 ff.

Klencke, H., Das Weib als Gattin. Lehrbuch über die physischen, seelischen und sittlichen Pflichten, Rechte und Gesundheitsregeln der deutschen Frau im Eheleben. Leipzig 1872, 1889, 10. Auflage

Knigge, A. Freiherr v., Über den Umgang mit Menschen. Essen, München, Hamburg 1788, 1848, 4. Auflage

Kocka, J., Lohnarbeit und Klassenbildung. Arbeiter und Arbeiterbewegung in Deutschland 1800 bis 1875. Berlin, Bonn 1983

Krumpholz-Reichel, A., Ihre Karriere, seine Karriere. In: Psychologie heute Juni 2002, 44 f. und 46 ff. (Interview)

Kunz, M. et al., Im Rausch der Gefühle. In: Focus 27 (2002), 117 ff.

Larenz, K., Allgemeiner Teil des deutschen bürgerlichen Rechts. München 1980, 5. Auflage

Liebe als Vertrag. In: Neue Zürcher Zeitung, 29./30. 7. 1989

Liebe und Paarbeziehung heute. In: Dialog 3 (1990)

Liebesordnungen. Kursbuch 114 (2001)

Lindsey, B. B./W. Evans, Die Kameradschaftsehe. Leipzig, Berlin 1930, 1966

Löll, Chr., Die Lust im Kopf. In: Die Zeit, 10. 1. 2002, 27 f.

214   Literatur

Luhmann, N., Liebe als Passion. Zur Codierung von Intimität. Frankfurt/M. 1984, 5. Auflage
– Soziale Systeme: Grundriss einer allgemeinen Theorie. Frankfurt/M. 1984
Mahlmann, R., Psychologisierung des Alltagsbewusstseins. Die Verwissenschaftlichung des Diskurses über Ehe. Opladen 1991
– Zur medientheoretischen Formulierung der Wandlungen im Verständnis von Liebe. In: System Familie 5 (1992)
– Liebe als Code und Diskurs. In: Wiener Zeitung, 17. 1. 1992
– Zur medientheoretischen Formulierung der Wandlungen im Verständnis von Liebe. In: System Familie 5 (1992), 105 ff.
– Konflikte managen. Psychologische Grundlagen, Modelle und Fallstudien. Weinheim, Basel 2000
Malina, M., Wachset und mehret Euch. München 1959
Mandel, K. H., Frieden in der Ehe. München 1984
Mangel an Begehren. Und: Glück gibt es nur mit Unglück. In: Der Spiegel 9 (2001), 86 ff.
Marcuse, M. (Hrsg.), Die Ehe. Ein biologisches Ehebuch. 1927
Maues, G., Sexualberatungsstellen in Hamburg. In: Neue Generation 20 (1924), 217 ff.
Mayntz, R., Die moderne Familie. Stuttgart 1955
Merz, H., Ein mal Eins der Partnerschaft. Wie man miteinander glücklich wird. Freiburg 1986
Metz-Göckel, S./U. Müller, Partner oder Gegner? Überlebensweisen der Ideologie vom männlichen Familienernährer. In: Soziale Welt 1 (1987), 4 ff.
Mieth, D., Ehe als Entwurf. Zur Lebensform der Liebe. Mainz 1984
Möller, H., Die kleinbürgerliche Familie im 18. Jahrhundert. Berlin 1969
Nagel, H., Therapie als Ende der Politik? In: ders., M. Seifert (Hrsg.), Inflation der Therapieformen. Reinbek 1979, 8 ff.
Nipperdey, Th., Deutsche Geschichte 1800 bis 1866. München 1984
Nuber, U., Du kannst so bleiben, wie du bist! In: Psychologie heute März 2002, 26 ff.
O'Neill, N. und G., Die offene Ehe. Konzept für einen neuen Typus der Monogamie. Frankfurt/M. 1975
Ostner, I./B. Pieper (Hrsg.), Arbeitsbereich Familie. Umrisse einer Theorie der Privatheit. Frankfurt/M. 1980
Otto, J., Liebe deine Firma. In: Zeitchancen April 2002, 5 f.
Pfeil, E. Die Berufstätigkeit von Müttern. Tübingen 1961
Popp, A., Jugendgeschichte einer Arbeiterin. München 1909
– Erinnerungen. Stuttgart 1915
Popp, A. (Hrsg.), Gedenkbuch. 20 Jahre Österreichische Arbeiterinnenbewegung. Wien 1912
Pross, H., Die Wirklichkeit der Hausfrau. Reinbek 1975
– Die Männer. Eine repräsentative Untersuchung über die Selbstbilder von Männern und ihre Bilder von der Frau. Hamburg 1978

Pross, H., Familie – wohin? Reinbek 1979

Pross, H. et al. (Hrsg.), Emanzipation und Familie. Hannover 1981

Rattner, J./G. Danzer, Liebe und Ehe. Zur Psychologie der Zweierbeziehung. Darmstadt 2001

Rauterberg, H., Wohnzimmer ist überall. In: Die Zeit, 10. 1. 2002, 33

Reuter, R. I., Ehe – altes Spiel mit neuen Regeln. München 1973

Richter, C., Einführung. In: Beckel, a. a. O., 7 ff.

Rosenbaum, H. (Hrsg.), Seminar: Familie und Gesellschaftsstruktur. Frankfurt/M. 1980, 2. Auflage

Rothenbacher, F., Haushalt, funktionale Differenzierung und soziale Ungleichheit. Evolutionäre Wandlungsprozesse. In: Zeitschrift für Soziologie 16 (1987), 6, 450 ff.

Sachse, K., Was die Singles wollen. In: Focus 13 (2002), 61 ff.

Saße, G., Die Ordnung der Gefühle, Das Drama der Liebesheirat im 18. Jahrhundert, Darmstadt 1996

Schenk, H., Freie Liebe – wilde Ehe. Über die allmähliche Auflösung der Ehe durch die Liebe, München 1987

Scherer, S., ... bis dass die Kirche Euch scheidet. In: FAS, 6. 1. 2002, 49

Schneider, L., Arbeits- und Familienverhältnisse in der Hausindustrie (Heimarbeiterfamilie). In: Rosenbaum, a. a. O., 269 ff.

– ebd., 334 ff.

Siebenschön, L., Ehe zwischen Trieb und Trott. München 1968

Soder, M., Hausarbeit und Stammtischsozialismus. Arbeiterfamilie und Alltag im Deutschen Kaiserreich. Gießen 1980

Sullerot, E., Die Frau in der modernen Gesellschaft. München 1971

Thomae, H., Psychologie in der modernen Gesellschaft. Hamburg 1977

Tyrell, H., Familie und Religion im Prozess der gesellschaftlichen Differenzierung. In: Eid, V./L. Vaskovics (Hrsg.), Wandel der Familie – Zukunft der Familie. Mainz 1982, 19 ff.

– Romantische Liebe – Überlegungen zu ihrer „quantitativen Bestimmtheit", in: Baecker, D. et al. (Hrsg.), Theorie als Passion. Festschrift für Niklas Luhmann zum 60. Geburtstag, Frankfurt 1987, 570–599

Ulze, H., Frauenzeitschrift und Frauenrolle. Berlin 1979, 2. Auflage

van de Velde, Th. H., Die vollkommene Ehe. Eine Studie über ihre Physiologie und Technik. Zürich 1928

Weber, M., Die Idee der Ehe und der Ehescheidung. Königstein 1929

– Die Frauen und die Liebe. Königstein 1938

Weiland, D., Geschichte der Frauenemanzipation in Deutschland und Österreich. Düsseldorf 1983

Willi, J., Die Zweierbeziehung. Reinbek 1976

– Therapie der Zweierbeziehung. Reinbek 1978

– Vorwürfe: Der Partner als Stimme des Unbewussten. In: Psychologie heute März 2002, 20 ff.

– Psychologie der Liebe. Stuttgart 2002

Wingen, M., Nichteheliche Lebensgemeinschaften. Osnabrück 1984

Wörterbuch der philosophischen Grundbegriffe. Hamburg (Darmstadt) 1998
Wolf, A., Versöhnung: Die Kunst, neu anzufangen. In: Psychologie heute August 2002, 20 ff.
Wolf, J., Die neue Sexualmoral und das Geburtenproblem. Jena 1928
Wolfsburger, A., Unheiliger Abend. In: Focus 5 (2002), 40
Wurzbacher, G., Leitbilder gegenwärtigen deutschen Familienlebens. Stuttgart 1969, 4. Auflage
– Zur bundesdeutschen Familien- und Sozialisationsforschung in der Nachkriegszeit. In: Zeitschrift für Soziologie 16 (1987), 6, 223 ff.